불가능을 경험하라

천국의 능력을 땅에 풀어내는 간단한 방법들

빌 존슨 지음 / 김광석 옮김

서로사랑

불가능을 경험하라

1판1쇄 발행 2014년 10월 15일

지은이 빌 존슨
옮긴이 김광석
펴낸이 이상준
펴낸곳 서로사랑(알파코리아 출판 사역기관)
만든이 이정자, 윤종화, 주민순, 장완철
　　　　이소연, 박미선, 엄지일
이메일 publication@alphakorea.org

등록번호 제21-657-1
등록일자 1994년 10월 31일
주소 서울시 서초구 방배1동 918-3 완원빌딩 5층
전화 02-586-9211~3
팩스 02-586-9215
홈페이지 www.alphakorea.org

ⓒ서로사랑 2014
ISBN _ 978-89-8471-321-5 03230

이 책을 크리스와 케시 밸러튼에게 바친다.
두 사람의 사랑과 우정 그리고 동역을 통해
지난 35여 년 동안 나의 삶과 사역은 말할 수 없는 진보를 이루었다.
사랑과 애정을 듬뿍 담아 깊은 감사를 표하는 바다.

목차

감사의 말

나의 개인 비서인 마이클 반 틴테렌, 주디 프랭클린, 메리 벌크 그리고 케지아 뉴쉬에게 특별한 감사를 드리고 싶다. 그들의 지칠 줄 모르는 섬김으로 너무나 많은 일들이 가능했다. 만일 그들의 섬김이 없었다면 그 일들은 불가능했을 것이다.

들어가는 말

하나님은 모든 신자들이 불가능한 것을 경험하길 기대하신다. 이 말 자체가 불가능하게 들리는가? 용기를 내라! 불가능을 가능하게 하는 것은 우리에게 임하시는 그분의 임재다. 우리가 할 일은 먼저 하나님께서 진실로 우리와 함께하신다는 것과, 둘째로 그분께서 그분의 이름과 영광을 위해 우리가 지상명령을 따라 모든 임무를 완수하길 원하신다는 사실을 깨닫는 것이다.

그렇다면 어디서 시작해야 하는가? 우리가 머물면서 성장하고 이 하나님 나라의 열매를 맺을 수 있는 동산은 어디란 말인가? 나는 짧은 글로 이뤄진 이 책이 이 질문에 답을 주길 기도한다. 성경에서 가장 유명하고 사랑받는 구절 중 하나인 고린도전서 13장 13절을 근거로 우리는 믿음, 소망, 사랑을 탐구할 것이다. 우리에게—그리고 우리 안에—임하는 예수님의 은혜의 이세 가지 요소는 우리가 그분의 형상을 닮고 그분처럼 자라 가도록 도우며, 또한 천국의 능력을 이 땅에 풀어내는 비옥한 토양과 비와 햇빛이다.

믿음은 우리를 능력과 연결시킨다. 하나님의 역사(work)가 우리를 통해 효과적으로 성취되도록 해 주는 것은 믿음이다. 모든 사람은 일정 분량의 믿음을 받았다. 우리의 가진 것을 가지고 우리가 무엇을 할지는 우리가 능력 가운데 움직이는 범위에 따라 달라진다. 믿음이 없으면 하나님을 기쁘시게 할 수 없다.

소망은 좋은 것을 즐거운 마음으로 기대하는 것이다. 믿음이 성장하는 곳은 바로 소망이다. 소망은 가장 중요한 태도와 가치 중 하나이며, 참된 그리스도의 형상을 닮는 것이다. 소망은 예수님의 완전한 선하심을 발견하고, 그분을 만나며, 그분의 완전한 약속들을 경험할 때 생겨난다.

사랑은 모든 것을 변화시킨다. 사랑이 없으면 절망밖에 없다. 사랑이 없으면 믿음을 택할 수 있는 품성을 갖지 못한다. 사랑은 하나님의 약속을 찾아낸다. 사랑은 완전한 사랑이신 아버지 하나님에게서 오는 해결책을 찾는다. 사랑이 없으면 오직 율법만 남고, 우리가 승리하기를 원하시는 하나님의 갈망을 놓치게 된다.

이 책에 수록된 79개의 짧은 이야기는 모두가 이런 중요한 주제들을 탐구하고 있으며, 매 이야기는 기도와 선언으로 끝난다. 하나님이 우리와 함께하심을 진실로 믿을 수 있다면 우리는 하나님 나라의 능력 가운데 행할 뿐만 아니라, 또한 그렇게 행하길 기대하시는 그분의 부르심을 듣게 될 것이다.

예수님은 병자를 고치고, 죽은 자를 살리며, 큰일을 행하도록 하기 위해 우리를 부르셨다. 주님은 우리에게 불가능한 것은 없다고 말씀하셨다. 이제는 그분의 이름으로 불가능한 것을 경험하며, 그분의 영광을 위해 말씀하신 대로 주님을 믿어 드려야 할 때다.

1

믿음

믿음은 노력해서 생기는 것이 아니라 포기할 때 생긴다.

하나님은 언제나 마음으로 드리는 희생 제사를 찾으신다. 왜냐하면 순복하는 마음만이 믿음을 가질 수 있기 때문이다. 믿음은 생각(mind)이 아닌 마음(heart)에서 나온다. 하나님께 순복하는 삶을 살아야 계속해서 믿음이 성장하게 된다. 이렇게 순복의 자리가 있다는 것은 하나님을 의존한다는 표현이다.

이와 같은 의존은 겸손에서 나오며, 이는 근본적으로 '그분이 행하시는 대로 우리 자신을 본다' 는 뜻이다. 의존은 순복이 겉으로 명백하게 드러난 것이다. 참된 겸손의 모습은 바로 이와 같은 것이다. 그러므로 믿음과 겸손은 상관성을 지닌다.

믿음은 인간의 지성이나 노력의 산물이 아니다. 그것은 우리 노동의 산물도 아니다. 만일 그렇다면 그 근원은 인간이 될 것이다. 믿음은 초자연적인 것이며, 하나님의 성품과 임재 그리고 그분의 약속들에 굳건한 닻을 내리고 있다. 경외감 가운데 그분 앞에 나오는 법을 배우고 그분께서 우리를 받으셨다는 사실을 아는 것은 위대한 믿음을 갖는 데 절대적으로 중요하다. 믿음은 그분과 상관없이 생겨난 산물이 아니라 그분 때문에 생겨난다. 믿음은 신자의 마음에 영향을 미치시는 그분 성품의 결과물이다.

구약의 제사장들은 양모로 된 옷을 입을 수 없었다. 양모로 된 옷을 입으면 땀이 났기 때문이다. 그들은 명령에 따라 세마포 옷을 입었다. 그림은 아주 분명하다. 우리는 우리 자신의 노동(땀)을 통해 하나님 앞에 나아갈 수 없다. 우리는 그분의 노동을 통해 그분 앞에 나아가야 한다. 그분의 노동을 통해 우리는 그분이 받으시기에 합당한 존재가 되었다.

믿음은 성령의 열매이며 선물이라 불린다. 과일 나무가 열매를 맺기 위해 산고의 신음소리를 내는 것을 우리는 들어 본 적이 없다. 과일이 익어 가는 것은 그 나무가 양분과 햇빛 그리고 습기를 얻기 위해 흙에서 제대로 위치를 잡고(거하고) 있다는 증거다. 마찬가지로 그리스도 안에 거하는 자들도 그분의 말씀과 그분의 명백한 임재를 통해 그분의 성품에 계속해서 노출될 경우에 믿음 안에서 자라 갈 수밖에 없다. 사과나무가 사과를 맺듯이 그것은 자연스러운 결과다.

내 마음에 근심이 있을 때 나는 스스로에게 아주 중요한 질문을 한다: "어디서 내 평화를 잃었는가?" 만일 이에 답할 수 있을 경우에 보통 나는 내 영혼에 그와 같은 갈등을 초래한 그 거짓말을 찾아낼 수 있다. 이어서 고백과 죄를 버리는 작업이 뒤따른다. 이는 평화를 회복시키시는 하나님의 방법이다. 그리고 평화의 자리는 믿음이 성숙해 가는 자리이기도 하다.

기도

아버지, 저는 예수님께서 제가 아버지 앞에 나아올 수 있게 하셨음을 인정합니다. 이 특권은 제가 애써서 얻는 것이 아닙니다. 그러므로 저는 예수님께서 저를 위해 이루신 공로 안에서 안식합니다. 또한 제가 아버지께 순복할 때 아버지의 마음이 저를 통해 나타나는 것을 깨닫습니다. 그리고 저는 항상 그렇게 되기를 간절히 원합니다. 오늘도 제 안에서 그리고 저를 통해 영광을 받으시옵소서!

선언

나는 오늘도 순복의 삶을 살기로 작정한다. 그리고 하나님께서 나의 존재를 통해 그리고 내가 하는 일을 통해 영광 받으실 것을 믿는다. 내가 이처럼 사는 것은 내가 주님의 사랑받는 자가 되었기 때문이다. 나의 분깃은 그분의 평강─천국의 기운─이다.

2

소망

주님이 임재하실 때 우리는 기적을 행할 수 있는 위치에 선다.

성경에서 많은 경우에 주님은 자기 종들에게 그들과 함께 하시겠다고 말씀하셨다. 때로 주님은 이것을 다음과 같이 묘사하셨다: "주님의 영이 그들에게 임하시니." 한번은 성경에 이와 같이 기록된 경우를 모두 찾아보았다. 흥미로운 사실이 발견되었다. 주님께서 누군가와 함께하시겠다고 말씀하실 때마다 그에겐 불가능한 임무가 맡겨졌다.

하나님은 이런 약속을 모세에게도 하셨다. 그것은 이스라엘을 애굽과 바로의 잔혹한 압제에서 빼내어 약속의 땅으로 데려가는 것이었다. 비슷한 말씀이 여호수아에게 주어졌다. 그는 모세에게 약속의 땅에 들어가는 것이 허락되지 않자 그의 뒤를 이은 자다. 여호수아는 거인들과 다른 무서운 적들이 있음에도 불구하고 이스라엘 백성을 그들의 기업으로 인도해 가는 임무를 받았다. 동일한 약속이 기드온에게 주어졌다. 그 후에 그는 연약하고 굴욕적인 이스라엘을 미디안의 강력한 압제의 손에서 구원해야만 했다. 그리고 또 다시 마태복음 28장에서 남아 있는 열한 명의 제자들에게 지상명령이 주어졌다. 그것은 모든 족속을 제자 삼으라는 임무였다. 임재를 약속할 때의 그 의미는 현기증이 날 정도다. 하나님의 임재는 우리에게서 무언가를 요구한다. 그것은 불가능을 침공하는 것이다.

하나님께서 우리와 함께하시겠다고 계시하실 때 그분은 우리에게서 언제나 무언가를 기대하신다. 성령께서 단지 위로와 격려를 위해 우리 가운데 계신다고 생각하면 큰 오산이다. 그것은 당연한 것이다. 그분이 우리와 함께하시는 것은 우리 앞에 놓인 불가능한 임무를 가능케 하시기 위함이다! 아마도 바울이 우리에게 부르심의 소망이 무엇인지 보여 달라고 하나님께 구했을 때 우리가 보길 원하는 것이 이것이었을 것이다(엡 1:18~19를 보라).

내가 좋아하는 성경 말씀이 있는데 이 말씀은 나에게 가장 중요한 말씀 중 하나다. 그 말씀은 영원한 하나님의 아들이신 예수님과 관련이 있다.

> "하나님이 나사렛 예수에게 성령과 능력을 기름 붓듯 하셨으매 그가 두루 다니시며 선한 일을 행하시고 마귀에게 눌린 모든 사람을 고치셨으니 이는 하나님이 함께 하셨음이라" (행 10:38)

이 말씀은 복음서 전체에 이미 계시된 개요를 우리에게 보여 준다. 즉 예수님은 자기에게 오는 모든 자들을 고쳐 주시고 귀신을 쫓아 주셨다. 또한 이 말씀은 질병이 마귀에게서 온다는 사실을 보여 준다. 그러나 성령께서는 치유와 축사가 무엇 때문에 가능했는지 우리가 알기를 원하신다. 그것은 "하나님이 함께 하셨"기 때문이었다. 예수님은 영원한 하나님이셨고 한 번도 하나님 되시기를 중단한 적이 없으셨지만, 성령께서는 누가에게 영감을 주셔서 "이는 하나님이 함께 하셨음이라"는 말씀을 기록하게 하셨다. 이러한 선언은 구약의 영웅들처럼 예수님도 마찬가지이셨음을 보여 준다. 하나님이 누군가와 함께하시면 그분은 그가 불가능한 것을 침공하길 기대하시고, 또한 그것을 행할 능력을 주신다. 그분이 우리와 함께하시는 것을 깨닫고 발견할 때 우리는 하나님이 주신 임무와 우리 자신을 연결시킬 수 있다.

시계가 10시 38분을 가리키면 나는 일을 멈추고 내 마음을 하나님께로 향하며 그분께서 자연을 통해 주신 계시와 예수님의 생애 가운데 주신 하나님의 약속에 대해 감사하는 시간을 종종 갖는다. 흥미로운 것은 내가 지금 이 글을 쓸 때 휴대폰에 있는 시계를 보았는데 10시 38분이다. 그분의 이름으로, 그리고 그분의 영광을 위해 불가능한 것을 침공할 많은 이들의 마음에 불을 지필 이 성경 말씀을 주셔서 감사하다. 왜냐하면 하나님은 우리와 참으로 함께하시기 때문이다!

예수님은 다음과 같은 담대한 선언과 함께 사역을 시작하셨다: "주의 성령이 내게 임하셨으니 … 내게 기름을 부으시고"(눅 4:18). 그분의 사역을 알리는 이 선언은 그분의 사역의 본질을 드

22

러냈다. 그것은 사람들에게 자유를 주는 것이었으며, 하나님의 영이 그분과 함께하셨기 때문에 가능했다.

기도

주님의 임재가 불가능에 침투하라는 저의 부르심의 소망임을 더욱 깨닫도록 도우소서. 저에게 맡기신 임무가 불가능한 것임을 깨닫고 주님의 능력 대신에 저의 능력을 신뢰하지 않도록 도우소서. 제가 성령의 전이라는 기이한 지식을 발견함으로 인해 오늘이 위대한 돌파가 일어나는 날이 되게 하소서.

선언   ·

주 하나님의 성령이 예수님에게 임하신 것과 동일한 이유로 그 성령께서 나에게 임하신다. 나는 하나님께서 온 땅에서 영광을 받으시도록 하기 위해 불가능한 일로 부르시는 부르심을 받아들인다.

3

사랑

예수님을 죽은 자 가운데서 살리신 그 동일한 성령께서
당신 안에 계시며, 자신을 드러내길 원하신다.

예수님께서 요한복음 7장 38절에서 내주하시는 하나님의
성령을 비유적으로 표현하셨을 때 강(river)을 사용하셨
다. 강은 어디에선가 발원하여 어디론가 흘러간다. 이 경우에
부활하신 그리스도의 영은 우리 가운데 거하시는 하나님 자신
에게서 발원하여 우리 밖으로 흘러 우리 주변의 세상을 만지신
다. 그분은 호수가 아닌 강으로서 우리 안에 거하신다. 그분은
계속해서 움직이신다.

마태복음 10장 8절에서 예수님은 제자들에게 "거저 받았으
니 거저 주라"고 명하셨다. 이로써 주님은 그들에게 줄 것이 있
다는 사실을 말씀하셨다. 사랑은 줄 것을 요구한다. "하나님이
세상을 이처럼 사랑하사 … 주셨으니"(요 3:16). 나는 이 말씀이
주는 교훈은 먼저 성령을 주시는 것을 가리키는 것이라 믿지만,

그분이 우리에게 주신 모든 것에도 적용된다고 생각한다. 그리고 그 모든 것 가운데는 은총, 자비, 사랑, 시간 그리고 돈도 포함된다. 그분이 주시는 목록은 정말 끝이 없다. 그분은 우리에게 주실 때 우리가 다른 사람에게도 줄 것을 기대하신다. 그분의 생명이 이 땅에 배가되는 길은 그분의 은총을 받은 자들이 그것을 다른 사람들에게 풀어 주는 것이다. 흥미로운 것은 우리는 우리가 주는 것만을 계속 소유하게 된다.

이런 그림은 기본적으로 신자인 우리의 활동을 통해 하나님의 영이 풀어진다는 것을 말해 준다. 만일 이것이 사실이라면 우리는 그분의 성품과 열정을 숙고하는 것이 현명할 것이다. 그분은 그분의 심장을 가진 자들과 함께 일하신다. 긍휼은 하나님의 마음을 표현하는 데 매우 중요한 부분이다. 그것은 동정도 아니며, 문제를 가지고 있는 사람과 단순히 동일시하는 것도 아니다. 동정은 사람을 문제 가운데 가두지만 긍휼은 그를 그곳에서 끄집어낸다. 동정은 사람의 정체성을 소경 바디매오의 경우처럼 질병과 같은 문제를 중심으로 세운다. 그러나 긍휼은 가능성을 보고 그것을 지금이라는 시점으로 끌어낸다.

성령을 강에 비유한 것은 우리의 삶에 무언가가 흐른다는 것을 보여 준다. 우리가 사람들을 사랑할 때 이 '흐름'이 생긴다. 하나님의 능력은 참으로 그분을 기쁘시게 하는 모든 삶과 사역 안에서 우리를 통해 표현되고 풀어진다. 우리가 그분의 이름으로 사역하고 그분의 진리를 선포하며, 그분의 심장을 가지고 섬기고 그분의 능력을 나타내면 우리로부터 흐름이 생긴다. 이 개념이 서구의 이성적인 문화에서는 다소 추상적일지 모르지만 이는 무척이나 하나님 나라답다. 하나님을 기쁘시게 하는 모든 삶과 사역은 실제로 그분의 임재를 상황 속에 풀어 내는 사건이다.

자기중심적인 삶에는 상황 속에 임하시는 하나님의 임재의 풀어짐이 거의 없다는 것을 우리는 본능적으로 알고 있다. 예를 들어, 우리는 예수님을 우울한 마음으로 따르는 자의 그림자(병을 고친 베드로의 그림자를 빗대어 말한 것임—옮긴이)가 어떤 사람의 병을 고칠 것이라 결코 기대하지 않을 것이다. 왜 그런가? 왜냐하면 좋든 싫든 우리 모두는 우리가 가장 많이 인식하고 있는 세계의 본성을 우리 주변 세계에 풀어내기 때문이다. 우울한 신자는 하나님의 지속적인 임재, 즉 그분의 나라나 그분의 약속들에 초점을 맞추지 않는다. 그래서 우울증은 사람의 마음과 감정을 너무 깊이 통제하여 그의 영혼에 먹구름이 끼게 만든다. 그러나 그리스도의 말씀으로 마음을 가득 채우고서 그분 안에 거하는 자는 성경에 나오는 동일한 결과를 기대할 수 있다. 그의 마음속에 있는 분위기에 따라 그의 주변 분위기가 달라진다. 이것이 바로 지역 사회에서 복음을 살아 낼 때 나타나는 위대한 영향력이다. 그래서 천국을 누룩이라 부른다. 그것은 자신의 마음속에서 하나님께 자리를 내어 드린 모든 자들을 통해 미묘하게 역사한다.

이 진리를 깨달을 때 우리는 보다 더 의도적으로 살 수 있다. 우리가 우리 안에 계신 하나님의 영을 인식하며 살면 우리는 그분의 임재가 우리를 통해 풀어질 때 이를 그만큼 더 많이 인식하게 된다. 비밀(the mysterious)의 본질을 발견하는 것은 그 이름이 진리이신 그분을 따를 때 얻는 큰 즐거움 중 하나다.

기도

다른 어떤 것보다 주님을 인식하며 살려면 주님의 도움이 필요합니다. 저의 관심과 사랑을 끄는 것들이 너무나 많습니다. 그래서 때로는 제 안에 거하시는 주님의 성령을 계속해서 인식하며 살기가 어렵기도 합니다. 그러나 그것이 바로 제가 참으로 갈망하는 것입니다. 제 인생의 다음 계절에 주님의 지속적인 임재에 대한 신뢰가 자라 가도록, 그리고 주님이 사랑하신 것처럼 사랑을 줄 수 있도록 도우소서. 성령을 주심에 대해 무한 감사를 드립니다.

선언

"내가 여호와께 바라는 한 가지 일 그것을 구하리니"라고 고백한 시편 기자와 동일한 고백을 나도 드린다(시 27:4). 나는 예수님께서 친히 나에게 보내신 선물인 성령 안에서 영원히 기뻐하며, 또한 말로 표현할 수 없는 그분을 계속해서 나타낼 것이다. 나는 이 목적, 즉 이 영광스러운 분을 알고 그분을 나의 사랑하는 지인들에게 알리기 위해 태어났다.

4

믿음

믿음의 수준에 상관없이 예수님은 언제나 기적을 일으키셨다.

믿음은 하나님의 말씀에 닻을 내린다. 그분의 말씀에 대한 신뢰성은 그분의 성품과 연결되어 있다. 그분을 알려면 우리는 그분을 만나고 그분의 성품을 경험해야 한다. 성경에서 사람들이 하나님을 경험하는 방법 중 하나는 기사와 표적과 이적을 경험하는 것이다. 예수님은 믿음의 문제를 다루실 때 불신앙을 먼저 노출시킨 다음에 사람들로 하여금 믿도록 독려하실 때가 많았다. 그러나 그분은 결코 믿음이 적기 때문에 기적을 유보하신 적이 없으시다. 그분은 자기에게 나아오는 모든 자를 고쳐 주셨으며, 그 사람의 마음의 상태와는 상관없이 그렇게 하셨다. 예수님은 믿음이 적은 문제를 다루실 때 결코 무안을 주시거나 정죄하신 적이 없으셨다. 주님은 언제나 그 사람의 믿음이 자라 가도록 도우셨다. 왜냐하면 믿음이 없이는 하나님을 기쁘시게 할 수 없기 때문이다. 기적을 통해 사람들은 하나

28

님과의 만남의 순간을 더욱 깊이 인식했고, 이전보다 더 큰 신뢰—그것은 더 큰 믿음을 의미하며, 그 믿음은 그들의 경험의 산물이었다—를 가지고 하나님께 반응할 수 있었다.

적은 믿음에 대해 말한다면 마가복음 9장에 나오는 한 아이의 아버지의 믿음보다 더 적은 믿음이 있는지 모르겠다. 그 아이는 치유와 축사가 필요했다. 아들을 긍휼히 여기지만 어찌할 바를 모르는 이 아버지는 귀신들이 자기 아들을 죽이려 하는 것을 곁에서 목도했다. 하지만 그는 속수무책이었다. 설상가상으로 그 아이를 제자들에게 데려왔을 때 그들은 아무런 도움이 되지 못했다.

그 아버지는 예수님/하나님에게 "무엇을 하실 수 있거든" 이라고 말했다(막 9:22). 하나님이 무언가를 하실 수 있을 거라고 확신도 하지 못했던 그런 종류의 믿음을 상상해 보라. 그러나 예수님은 요청한 기적을 행하시기 전에 먼저 "할 수 있거든이 무슨 말이냐 믿는 자에게는 능히 하지 못할 일이 없느니라"라고 하시면서 반전을 일으키신다(23절). 다른 말로 하면, 기적을 행하실 수 있는 하나님의 능력은 의문의 여지가 없다. 문제는 단지 '당신이 정말로 믿는가?' 하는 것뿐이다. 이 이야기에서 저 유명한 구절이 나온다: "내가 믿나이다 나의 믿음 없는 것을 도와주소서."

우리 대부분은 실제 인식하는 것보다 훨씬 더 많이 종교적, 문화적 편견을 가지고 성경을 읽는다. 예를 들어, 다음과 같은 말씀을 살펴보자. 예수님께서는 "너희는 표적과 기사를 보지 못하면 도무지 믿지 아니하리라"고 말씀하셨다(요 4:48). 나는 주님이 역겨운 듯한 음성으로 말씀하시는 것을 상상하면서 성장했다. 왜냐하면 나는 주님이 그 약한 믿음을 책망하고 계시며, 믿음을 가지려면 어떤 경험이 있어야만 한다고 생각했기 때문이다. 그러나 만일 주님께서 단지 믿음이 어떻게 성장하는지를 알려 주려고 하셨다면 어떻게 되는 걸까? 이런 추측이 가능한 것은 예수님께서 이 말씀을 하신 후에 기적을 베푸셨기 때문이다. 왜 그러셨을까? 먼저, 기적이 나타난 것은 언제나 주님께서 사람들을 사랑하셨기 때문이었다. 그러나 두 번째 생각할 것은, 주님께서는 그들의 믿음이 자라길 원하셨기 때문이다. 그리고 주님은 그들의 믿음이 자라는 과정—즉 표적과 기사를 보는 것—을 단지 보여 주셨을 뿐이었다.

예수님은 이 아버지의 정말 적은 믿음을 사용하셔서 그가 하나님의 마음과 성품 그리고 뜻(purpose)에 마음을 기울이게 하심으로써 그의 믿음이 자라도록 하셨다. 신약성경 전체가 이 사실을 확증해 준다. 그러나 그 과정은 분명하다. 즉 사람들이 믿는 것은 기적 때문이다.

믿음은 정말 중요하다. 우리가 하나님을 기쁘시게 하는 것도 믿음이다. 믿음은 그렇게 필요하다. 그러나 우리의 초점을 우리의 믿음의 크기에만 두는 것은 예수님께서 아무리 작은 믿음을 가졌다 할지라도 자신이 누구에게 나아오는지 아는 자라면 어느 누구도 벌을 주신 적이 없으셨다는 사실을 무시하는 것이다. 우리가 단지 특정 분량의 믿음을 가졌는지 아닌지에 대해서만 관심을 둘 때마다 우리는 우리의 초점을 그분의 약속을 통해 보여 주신 그분의 성품과 하나님 자신으로부터 우리 자신과 우리가 지닌 것으로 바꾸게 된다. 그것은 언제나 막다른 골목이다.

기도

하늘에 계신 아버지, 당신의 선하심과 인자하심은 언제나 저의 상상을 초월합니다. 제가 주님을 심히 사랑하는 것은 주께서 언제나 저의 기대 이상으로 응답해 주셨기 때문입니다. 제가 얼마나 일을 잘하고 있는지에 따라 평가하지 않도록 저를 도우소서. 대신에 주님이 누구신지 그리고 주님이 어떤 분이신지 저의 관심이 온통 거기에 있게 하소서. 흠 많고 연약한 저의 모습 이대로 주님께 나아갑니다. 주께서 제 안에서 시작하신 착한 일을 이루실 것에 대해 미리 감사드립니다.

선언

나는 나의 믿음 때문에 하나님의 선하심이 제한받지 않는다는 것과 또한 하나님께서 약한 것을 들어 지혜로운 것을 부끄럽게 하신다는 것을 선언한다. 나는 하나님을 믿도록 지음 받았다. 그것이 바로 나의 본성이다.

5

소망

주님의 임재를 즐기면서 정복하지 않는 것은 불법이다.

이사야가 주님 앞에 나아갔을 때 그는 보좌에 앉으신 주님을 뵈었다. 이때 그는 자신이 본 것에 압도되고 만다. 그는 말로 표현할 수 없는 것들을 보았다. 그러고 나서 그는 "내가 누구를 보내며 누가 우리를 위하여 갈꼬"라는 주님의 질문을 들었다. 이에 이사야는 "내가 여기 있나이다 나를 보내소서"라고 응답했다.

예배는 최고의 사역이다. 그러나 나는 자신을 위대한 예배자라고 생각하면서 예배 행위 이외에는 아무것도 하지 않는 사람들을 자주 만난다. 나는 주님을 만났다고 말하면서 기꺼이 섬기려 하지 않는 자들의 경험에 대해 의심의 눈초리를 보낸다. 보좌 앞에서 가진 이사야의 경험의 진실성을 입증해 주는 것은 하나님께서 자발적으로 섬기려는 그릇을 찾으실 때 그가 재빨리 자원하겠다고 한 신속성에 있다. 그분의 마음을 보고 난 뒤에 자원자(volunteer)를 찾으시는 하나님께 냉정하게 등을 돌리기란 거의 불가능하다.

나는 예배의 아름다움을 믿는다. 실제로 신자가 하나님의 보좌로 초청을 받고 그분의 시중을 드는 것은 **커다란 특권**이다. 이를 가벼이 여겨서는 안 된다. 그러나 그분의 시중을 들면서 그분을 섬기지 않는다면 그것은 예배 가운데서 그분의 마음을 보지 못했거나 만나지 못했다는 것을 보여 준다. 예배 분위기 속에서 우리는 초점을 잃고 실제로는 예배를 위한 예배를 하기가 쉽다. 그것은 음악과 분위기를 좋아하고 하나님의 백성으로서 함께 있는 것을 즐기지만 실제로는 하나님의 얼굴을 결코 본적이 없는 경우다. 그것은 부자 친구의 파티를 즐기길 좋아하는 것과 같다. 그곳에는 친구들과 멋진 음식과 멋진 음악이 있고, 방의 분위기는 매우 즐겁다. 방을 둘러보았을 때 당신은 파티 주인을 눈치 채지만, 결코 그에게로 가지 않고, 심지어 파티를 열어 준 것과 그의 친절함과 당신의 인생에서 차지하는 그의 존재에 대해서 감사의 표시도 하지 않는다.

자신을 온 맘을 다해 하나님을 예배하는 예배자로 생각하는 자는 누구든지 다음과 같은 질문을 스스로에게 해야 한다: "그분의 임재를 원하는 나의 열정은 예배라는 표현 이외의 다른 것에서도 측정될 수 있는가?" 만일 그렇지 않다면 무언가가 바뀌어야 한다. 예수님은 우리로 하여금 아무것도 하지 않도록 하기 위해 모든 것을 행하신 것이 아니다. 하나님을 향한 우리의 사랑의 분량은 사람에 대한 우리의 사랑으로 측정된다. 우리 삶

가운데서 보이지 않는 현실(하나님을 향한 우리의 사랑)은 보이는 현
실(사람을 향한 우리의 사랑)로 측정되어야 한다.

하나님을 향한 위대한 사랑은 그분이 미워하시는 것들—죽
이고, 훔치고, 사람들의 생명을 파괴하는 그런 것들—을 미워하
고 반대함으로써 그분의 사랑을 보여 주는 방식을 추구한다. 이
것이 바로 아버지 하나님께서 예수님에게 주신 영예로운 임무
이며, 이는 또한 지상명령을 통해 우리에게 전해졌다. 예수님께
서 하신 최후의 파송은 요한복음 20장 21절에 나와 있다: "아버
지께서 나를 보내신 것 같이 나도 너희를 보내노라." 하나님을
사랑하는 자들은 십자가에서 얻은 승리를 인류의 모든 원수들
에게 사용할 수 있는 특권을 지니고 있다. 실제로 이것은 우리
가 표현하는 예배의 한 부분이다.

예배 가운데 독특하게 임하시는 하나님의 영은 우리를 통해
우리의 사역과 헌신 혹은 예배 행위 밖에서도 나타나길 갈망하
신다. 우리가 사람을 향하신 그분의 마음을 수용하고 예수님의
구속 사역을 통해 우리에게 주신 승리로 말미암아 그분의 이름
을 높이려 할 때 예배는 참으로 온전해진다.

기도

예배자로서 주님의 보좌에 들어가는 특권을 주신 것을 감사합
니다. 제게 왜 이런 위대한 특권이 주어졌는지 그 이유를 결코
놓치지 않도록 저를 도우소서. 또한 사람들을 향한 주님의 열정
을 항상 지닐 수 있도록 주님의 심장 소리를 언제나 듣게 하시

길 간구합니다.

.

선언

나는 예배 가운데 주님의 얼굴을 뵈옵기 위해 나아갈 수 있는 은총을 입었다. 이 은총 때문에 나는 가는 곳마다 그분의 마음을 표현할 수 있다는 소망이 있으며, 이는 이 땅에서 그분을 높이기 위함이다.

6

사랑

우리가 초대 교회에 없었던 책을
그들에게 있었던 성령보다 더 소중하게 여길 때
초대 교회와 동일한 열매를 맺기란 어렵다.

이보다 더 내 마음을 슬프게 하는 말은 없다. 그리고 나는 그 이유를 안다. 행간을 읽으면서 사람들은 내가 성경을 귀하게 여기지 않거나 가볍게 여긴다고 생각할 수도 있을 것 같다. 어떤 사람들은 내가 성경이 우리 삶 가운데 지니고 있는 자리의 가치를 평가 절하한다고 비난한다. 만일 그것이 사실이라면 가장 강력한 반발을 받아야 마땅하다. 그러나 사실은 그렇지 않다. 그리고 그런 말도 사실이 아니다. 우리는 성령을 소중히 여기는 마음을 증가시키면서 동시에 성경의 가치를 유지해야 한다. 둘 중에 하나만 선택할 수는 없다. 둘 다 선택해야만 한다. 우리가 참으로 하나님을 사랑한다면 그 사랑을 또한 성령을 향해 표현해야만 한다.

감사하게도 우리는 성경 전체를 정경으로 소유하는 특권을 누리고 있다. 역사 속에서 너무나 많은 사람들이 이를 가능케 하기 위해 궁극의 대가를 치렀다. 나는 성경을 사랑한다! 많은 사람들이 하는 말처럼 나도 언제나 말씀 안에 거한다. 그리고 항상 그 말씀을 내 마음에 받아들이는 작업을 한다. 이 과정은 나의 가장 큰 기쁨이며 보물이다. 그러나 잊지 말아야 할 것이 남아 있다. 그것은 우리가 초대 교회에 없었던 책을 그들에게 있었던 성령보다 더 소중하게 여길 때 초대 교회와 동일한 열매를 맺기란 어렵다는 사실이다.

잭 테일러는 이 문제를 다음과 같이 말한다: "성부, 성자, 성령이지 성부, 성자, 성경이 아니다!" 그는 이 문제를 잘 말했다. 많은 사람들의 경우에 성경이 성령의 자리를 대신 차지했다. 그러나 저자는 성령이시다! 성경이 성령을 대신할 수는 없다. 성경을 연구할 때 우리가 성령의 음성을 듣고 그분과 함께 일하고, 또한 예수님이 사신 것처럼 성경의 명령대로 우리가 살아갈 때 하늘과 땅은 아름다운 파트너가 될 가능성을 지닌다.

그러나 궁극적으로 성경보다 경험을 더 강조할 위험성이 있다. 그런 염려는 타당한 것이다. 여러 계절 동안에 너무나 잘못된 것들이 교회 안에 들어왔다. 그러나 반대의 경우는 더 흔하며, 전자보다 더 잘못될 확률이 크다. 경험 없는 믿음이 바로 그것이다. 어떤 이들은 이것을 미덕으로 만들었다. 그리고 우리가 미덕이라는 꼬리표를 붙여 주면 그것이 성경의 기준에 아무리 맞지 않더라도 계속 합법적으로 머무른다. 그것은 새로운 표준이 되었다. 그 결과 경험이 없는 사람들이 성경이 말하는 바를 정의하기 시작한다.

우리는 거듭난 경험이 없는 자가 거듭남이 무슨 뜻인지를 가르치는 것을 결코 허용하지 않을 것이다. 경험을 통해 가르치는 것은 허용되어야만 하며 또한 반드시 필요하다. 우리가 염려해야 할 때는 경험이 성경과 맞지 않을 때뿐이다.

우리는 초대 교회보다 더 많은 특권을 지니고 있다. 이는 우리가 언제나 사용 가능한 성경 전체를 정경으로 다 가지고 있기 때문이다. 이 놀라운 선물—기록된 하나님의 말씀—은 초대 교회가 갖지 못한 유익을 우리에게 준다. 그러나 그들이 이처럼 정경을 다 갖지 못했는데도 세상을 뒤집어 놓았다면 우리는 할 말이 없다. 왜냐하면 우리는 성경을 가지고 있고, 그 저자가 우리 안에 살고 계시기 때문이다! 초대 교인들을 능하게 하시고, 그들에게 지시하시고, 그들에게 당면한 문제를 어떻게 다뤄야 하는지를 알게 하신 분은 성령 하나님이셨다. 그분은 말씀을 통해 그들 삶의 모든 영역에 생명을 불어넣으셨다. 왜냐하면 그분이 그들의 생명이었기 때문이다. 이 위대한 하늘의 은사로 인하여 그들은 예수님의 생애를 설명할 때 그분의 성품과 긍휼을 정확하게 설명했을 뿐만 아니라, 또한 기적과 표적과 기사를 행했다. 이제 하나님을 향한 열정적인 사랑은 하나님의 말씀인 성경 책에 영감을 불어넣으신 그분을 향해서도 나타나야만 한다.

기록된 하나님의 말씀을 평가 절하하는 사람의 말은 누구라도 듣지 말라. 그러나 성령을 향해 부드러운 삶의 모범을 보여 주지 않는 주변 사람들도 조심하라. 말씀과 성령은 우리에게 커다란 유익을 준다. 그래서 아마 성경이 "이 성전의 나중 영광이 이전 영광보다 크리라"고 말씀하는 것 같다(학 2:9).

기도

아버지, 오늘 천국의 위대한 보물인 성령과의 교제와 그분을 인식함이 더욱 커지게 하소서. 아버지께서 기뻐하시는 것처럼 저도 그분을 기뻐하길 원합니다. 그리고 그분의 능력으로 살면서 성경을 통해 주신 명령을 이루길 원합니다. 지혜와 계시의 성령께서 저에게 임하셔서 주의 말씀에 기록된 것을 계속해서 배우기를 갈망합니다. 참으로 오늘이 하나님의 영광을 위한 날이 되게 하소서.

선언

나는 이 목적을 위해 태어났고, 하늘과 땅과 협력하여 오늘을 살 준비가 완전히 되어 있음을 선언한다. 나는 성령이 거하시는 전이 된 특권을 큰 기쁨으로 받아들인다.

7

믿음

하나님의 '신실하심'을 경험하면
그 신실하심이 우리에게 믿음이 된다.

각 사람에겐 일정 분량의 믿음이 주어진다. 그 믿음을 사용하여 하나님과 그분의 기사를 즐거워할 때 그분에 대한 우리의 신뢰가 커진다. 청지기로서 믿음을 잘 관리하면 믿음이 스스로 자란다.

하나님께서 우리에게 임하셨다는 이유만으로 우리에게 변화가 일어난다는 점에서 예배는 신자의 활동에 있어 가장 심오한 것 중에 하나다. 믿음의 표현으로써 하나님께 찬양을 드리면 그만큼 더 하나님께 가까이 다가가게 된다.

그분은 신실하시되 완전히 신실하시다. 신실하신 그분은 우리를 신뢰와 위험의 관계로 이끄신다. 완전히 신실하신 그분은 우리에게 무언가를 행하신다. 향수를 진하게 바른 여인과 포옹을 나눴다고 상상해 보라. 그녀와 헤어져 걸어갈 때 그녀의 향수 냄새가 따라온다. 마찬가지로 신실하신 그분에게 가까이 나아가면 나의 믿음이 성장한다. 이를 보다 더 문자적으로 표현한다면, 그분께서 그분의 어떠하심을 내 마음과 생각에 남기시기에 그것이 항상 나에게 붙어 있다. 그 결과 믿음이 커진다. 우리가 그분을 만날 때 우리는 그분의 어떠하심과 그분의 모습을 발견한다. 믿음은 그분의 본성과 성품에 그 닻을 내린다.

우리는 이런 모습을 위대한 믿음의 사람들의 삶 속에서 발견한다. 그들은 많은 사람들이 자신의 신학을 통해 이미 알고 있는 사실, 즉 하나님은 그분의 말씀을 지키신다는 사실을 경험을 통해 발견했다. 말하자면 그런 신실함은 그분의 향수와 같다. 그분에게 있던 신실함은 우리에게 묻어난 신실함이 된다. 즉 믿음은 잔향(殘香, residue)이다.

많은 사람들이 노력과 자기 결단을 통해 그들의 믿음을 키우려고 애쓰는 실수를 범한다. 이런 시도는 언제나 실망과 좌절로 이어진다. 또한 이것은 건방짐(presumption)으로 이어지며, 이는 가짜 믿음이고 대단히 파괴적이다. 그분을 알기 위해 그분을 발견하려면 당신이 가지고 있는 믿음의 분량을 사용하라. 그러면 그로 인해 믿음이 커진다.

기도

아버지, 다음 계절에 아버지의 무한한 신실하심의 보화를 발견하게 하소서. 저는 아버지께서 어떠한 분이신지에 주목하기로 작정하고 저의 믿음의 수준에 초점을 맞추려는 유혹을 버립니다. 이 모든 것이 하나님의 영광이 되게 하소서!

선언

나는 신실하고 진실하신 그분을 섬긴다. 그분은 거짓말을 하실 수 없다. 오늘은 나의 상상과 사고를 초월하여 그분의 어떠하심을 발견하는 위대한 날이 될 것이다. 그분은 내 삶의 기쁨이시다! 나는 신자이며, 그분께 영광을 돌리기 위해 사는 자다.

8

소망

예수님은 하나님이 무언가를 하실 수 있다는 것을
보이기 위해 기적을 행하지 않으셨다.

우 리는 구약에서 하나님이 행하실 수 있는 놀라운 능력과
영광을 이미 얼핏 들여다보았다. 말씀으로 세상을 창조
하신 것은 표적의 절정이며, 우리는 이로 인해 경외감에 빠진
다. 예수님은 무언가 다른 것, 즉 예기치 못한 것을 계시하러 오
셨다. 그분은 하나님과 바른 관계를 맺은 한 사람이 할 수 있는
것이 무엇인지를 계시하러 오셨다. 이 계시의 의도는 목적이 충
만한 삶을 살 수 있다는 소망을 주기 위함이다.

예수 그리스도는 하나님이시며, 영원히 하나님이시다. 그분
은 이 땅에 계시는 동안에 한 번도 하나님 되심을 쉬신 적이 없
으시다. 환언하면, 그분은 언제나 하나님이시며 또한 하나님이
셨다. 그러나 그분이 완전한 인간이라는 점에서 그분의 지상에
서의 삶은 또한 자연적인 것이었다. 그분에게 힘을 더하기 위해

천사들이 왔다는 사실이 바로 이 사실을 증명한다. 왜냐하면 하나님은 그런 도우심을 필요로 하지 않으시기 때문이다. 이것은 영원한 시간 가운데 존재하는 위대한 신비다. 예수님은 완전한 하나님이시면서 동시에 완전한 사람이셨다. 그러나 예수님은 자신을 인자(the Son of Man)라고 말씀하셨다. 그분은 인자로서 사셨다.

이 점은 우리의 이해에 절대적으로 중요하다. 왜냐하면 그것은 우리 삶의 방식에 영향을 주기 때문이다. 예수님께서 치유와 축사, 오병이어의 기적과 죽은 자를 살리신 것을 하나님으로 하셨다 할지라도 그것은 여전히 감동적이다. 그러나 그럴 경우에 나는 그와 같은 일들을 해낼 수가 없다. 나는 방관자에 지나지 않으며, 만일 방관하는 것이 하나님이 주신 임무라면 나는 매우 행복하다. 그러나 예수님께서 한 사람으로서 하나님께 순종함으로 이 일을 행하셨다는 것을 깨달았을 때 나는 이것이 나에게 주어진 진짜 임무라는 사실을 발견하고 이를 따를 수밖에 없다. 그렇지만 나는 결코 그분이 하신 것들을 더 잘할 수 없다고 생각한다. 그러나 예수님께서 우리가 따르고 모방할 수 있는 기준을 세워 놓으셨기 때문에 나는 내가 있는 곳에 안주할 수 없다.

주님의 인성을 초자연적으로 능하게 만든 두 가지가 있었다. 첫째, 그분은 죄가 없으셨고 또한 완전하신 성령의 능력 아래에 사셨다. 이 두 가지 자질—우리도 그리스도 안에서 의로우며, 성령으로 능력을 받았다—은 예수님의 생명이 주시는 강렬한 초대를 수용하길 갈망하는 모든 남녀와 어린이에게도 필수 요소가 된다. 이제 "나를 따르라"는 말씀은 새로운 의미를 지닌다.

예수님께서 모든 고난을 당하신 것은 우리로 교회에 출석하게 하시기 위함이 아니었다. 그분은 죄를 대속하기 위해 그분의 일을 행하셨다. 그리고 그렇게 하심으로써 그분은 세상을 바꿀 새로운 인류를 일으키실 수 있었다. 그들은 주님께서 사랑과 순결 그리고 권능 가운데 세우신 기준을 유지할 수 있는 자들이다. 이러한 실상(reality)은 예수님이 말씀하신 위대한 예언 중 하나다: "나를 믿는 자는 내가 하는 일을 그도 할 것이요 또한 그보다 큰 일도 하리니 이는 내가 아버지께로 감이라"(요 14:12를 보라). 예수님의 생애를 통해 우리는 기적을 행하는 자들이 되어야만 할 뿐만 아니라, 또한 그렇게 함으로써 그분의 약속을 성취한다.

그러므로 예수님의 보혈로 인해 우리는 이 방정식의 첫 부분에 대한 자격을 얻는다. 용서받은 아들로서 나는 의롭다 하심과 씻음을 받고 깨끗하게 되었다. 이것은 죄 많은 나의 과거보다 훨씬 더 큰 현실이다. 이제 나는 그리스도 안에서 아버지 하나님 앞에 서 있다. 그분은 자신의 아들인 예수님을 보시는 것과 똑같이 나를 보고 계신다. 그러므로 이제 오직 한 가지 조건만이 남아 있다. 그것은 내가 얼마나 많이 성령의 영향 아래 살고자 하는 것인가이다.

기도

아버지 하나님, 오늘 저는 새롭게 제 자신을 아버지께 드립니다. 저는 예수님을 정확히 드러내는 대리자가 되고 싶습니다. 저를 죄에서 자유케 하시고 불가능한 것을 할 수 있도록 자격을 부여해 주신 당신의 아들의 보혈에 감사를 드립니다. 저는 저의 삶을 통해 순전한 복음을 보다 더 충만하게 살아 내는 모습을 보길 너무나 갈망합니다. 성령께서 이 시간 저에게 임하시고, 사람들이 저를 볼 때 예수님을 볼 수 있을 때까지 더 임하시길 초청합니다. 당신의 영광을 위하여 이 꿈이 실현되게 하소서.

선언

나는 '더 위대한 역사' (greater works)의 세대의 한 부분이 되도록 창조되었음을 선언한다. 나는 내 인생을 향해 부르시는 하나님의 이 부르심을 받아들이며, 이는 이 땅에서 예수님의 이름에 가장 높은 영광을 돌리기 위함이다.

9

사랑

무능한 교회에는 마귀가 모조할 만한 것이 거의 없다.

일단의 어떤 그리스도인들은 기적과 변화된 삶을 보여 주는 복음을 보고도 흥분하지 않는다. 그런 경우에 오히려 경고를 한다. 하나님이 안 계신 지 너무나 오래되어서 무언가 강력한 것이 일어나면 그들은 그것이 마귀 때문이라고 생각한다. 그래서 기적을 보고 하나님의 복음을 선포하는 우리 중에서 어떤 이들은 그것이 종종 거짓 표적과 기사일지 모른다는 경고를 많이 듣는다. 성경도 이런 것들에 대해 경고하고 있기 때문에 이는 합당한 염려다. 그러나 마귀가 창조주가 아닌 것처럼, 모조품(counterfeit)이 있으면 실제로 진품이 있다는 사실을 기억해야 한다. 마귀에게는 창조의 능력이 조금도 없다. 대신에 그는 이미 존재하는 것을 왜곡시킨다. 성경이 거짓 표적과 기사에 대해 경고하고 있다는 사실 자체가 실제로 이것과 비교할 수 있는 진짜가 있다는 것을 암시한다.

많은 교회가 능력이 적거나 아니면 없는 상태에서 살고 있다. 신자들은 자신들이 영적 세력의 대적을 받지 않기 때문에 괜찮다는 생각에 안심하며 앉아 있다. 그러나 내가 지금 마귀와 부딪히지 않는다면 나는 아마도 그와 같은 방향으로 가고 있을지 모른다.

합법적으로 주차한 자동차가 법을 위반하지 않았다는 것은 사실이다. 그러나 **자동차**는 다니면서 많은 것들을 성취하도록 고안되었다. 실수에 대한 두려움과 특정 사역을 잘 못할 수 있다는 두려움으로 많은 신자들이 마비 환자가 되었다. 참으로 비극이다. 그들은 완벽주의가 (능력이 없는) 종교라는 사실을 깨닫지 못한다. 탁월함(excellence)은 하나님 나라다. 왕에게 먼저 "예"라고 답하는 것이 제자도의 첫 걸음이다. 그리고 사랑이 강권하면 가만히 앉아 있기란 불가능하다.

우리의 삶에서 가장 영광스러운 것 중 하나는 예수님을 정확하게 드러내는 대리자가 되는 것이다. 이는 사랑과 순전함과 권능으로 된다. 종종 우리가 이 땅에서 소중하게 여기는 것이 하늘나라에선 가치가 없다. 예를 들어, 신자들은 실수하지 않는 교회를 가장 높이 평가한다(합법적으로 주차한 자동차). 그러나 천국은 영향력 있는 교회를 높이 평가한다.

은행업 종사자들은 위조지폐 찾는 법을 훈련받는다. 그러나 그들은 위조지폐에 대해서는 아무런 훈련도 받지 않는다. 그들은 진폐를 연구하는 데 엄청난 시간을 들인다. 당신이 진짜 기적 가운데 살면 가짜 기적을 찾기가 더 쉬워진다. 참 선지자들이 무리를 이루면 거짓 선지자들은 금방 눈에 띈다.

많은 사람들이 예언이 부정확하면 거짓 선지자가 드러났다고 생각한다. 그러나 반드시 그렇지만은 않다. 사도행전에 나오는 아가보의 예언을 연구해 보라. 그는 하나님의 참된 예언자였고 성령의 인정을 받았지만, 그가 바울에게 한 말의 세부 항목들은 정확하지 않았다. 그렇기 때문에 신자는 세상을 심판하는 임무를 받았어도 선지자를 심판하는 임무는 받지 않았다. 거짓 선지자들과 거짓 기적들은 진짜 선지자들과 진짜 기적들 가운데서는 쉽게 발견된다. 왜냐하면 그들이 걷고 있는 '초자연적 영역'은 따르는 자들의 관심을 자기가 아닌 주님께 돌리기 때문이다. 거짓 선지자들은 그들 자신의 왕국을 건설하기 위해 살고, 추종자들로 자기를 따르게 하며, 사람들을 꼬드기어 자기를 위해 살도록 만든다.

기도

하늘에 계신 아버지, 오늘도 저로 하여금 예수님을 드러내는 훌륭한 대리자가 되게 도우소서. 저는 주님의 사랑과 순결과 권능의 기준에 저 자신을 맡깁니다. 제 삶을 통해 이러한 실상들이 점점 더 분명하게 나타나게 하시며, 이 모두가 하나님의 영광을 위한 것이 되게 하소서.

선언

나는 이 목적을 위해 태어났고, 또한 내가 예수님의 임재와 목적을 나의 주변 세상에 실어 나르기로 이미 결정되었음을 선언한다. 나는 주님의 사랑을 날마다 보여 주며, 장차 일어날 일에 대해 미리 그분께 감사드린다. 나는 이 모든 것을 하나님의 영광을 위해 한다.

10

믿음

믿음으로 행한다는 것은 설명할 수 없는 상황에서도
우리가 받은 계시를 따라 사는 것이다.

나는 계시를 사랑한다. 계시가 얼마나 중요했던지 바울은
에베소 교회가 계시를 받도록 기도했다. 나는 그분의
도움이 없으면 볼 수 없는 것들을 볼 수 있도록 하나님께서 우
리의 마음을 열어 주시는 걸 너무 좋아한다. 삶에서 가장 위대
한 경험 중 하나는 하나님께서 자신의 말씀을 개인에게 열어 주
실 때다. 그분의 관점에서 보면 모든 것이 달라지며, 그 시작은
우리부터다. 그러나 신자의 삶에 이해(understanding)가 중요한 만
큼 신비(mystery) 또한 중요하다. 실제로 계시도 동일하게 중요하
다. 환언하면, 내가 모르는 것이 내가 아는 것만큼 중요하다는 이
야기다.

신비의 영역(realm)은 내가 하나님에 대한 나의 신뢰의 분량
을 날마다 얼마나 살아 내고 있는지를 정의(定義)해 준다. 신비

가운데 기쁨으로 삶을 사는 것은 믿음이 크다는 증거이며, 이것은 그리스도 안에서 성장하길 갈망하는 모든 신자들에게 요구되는 영토(territory)다. 그래서 아마도 이런 복음을 '이해'(the understanding)라 하지 않고 '믿음'(the faith)이라 부르는 것 같다. 우리의 새로운 본성 속에는 하나님을 믿는 믿음이 들어 있다.

신비를 너무 강조하는 것을 반대하는 자들이 있다. 그들은 우리에게 이해(understanding)를 좇으라는 성경의 명령을 상기시킨다. 그들의 말이 옳다. 성경은 예수님을 따르는 모든 자들에게 그렇게 좇으라고 분명히 말한다. 특히 잠언서가 이런 면을 강조하며, 예수님을 따르는 자들 또한 이런 이해를 삶으로 살아 낸다. 이것이 절대적으로 사실이지만, 동시에 우리가 주님께 드리는 승리와 진심으로 가득한 응답이 있어야만 한다. 이것은 이성(reasoning)이 실패할 때 일어선다.

진짜 문제는 순종이다. 순종하기 위해선 이해가 필요하다. 믿음도 필요하다. 만일 내가 이해가 될 때만 순종한다면 나는 하나님을 내 크기로 축소시킨 게 되어 버린다. 그리고 내가 응답하기 전에 하나님은 언제나 자신의 입장을 내게 설명하셔야만 한다. 이는 포기와 절대 신뢰의 삶을 살도록 부르심을 받은 참된 신자들에겐 위험한 자세다. 그런 자세를 지혜롭게 여길지 몰라도 실제로 그것은 인간의 이성을 의지한다는 점에서 매우 미성숙한 표식이다.

누군가가 암에서 치유를 받는 것은 타당하다. 그것은 새로운 표준(norm)이 되고 있다. 암으로 신자가 죽어 가는 것은 신비이며 내가 이해하지 못하는 부분이다. 내가 이해하는 것은 하나님의 선하심이다. 나는 그분의 선하심으로 인해 우리의 치유를 위한 대가가 온전히 치러졌다는 것을 안다. 그래서 나는 누군가의 생명을 앗아 가는 암에 대한 설명을 듣기 위해 인간의 이성의 제단에 하나님의 성품에 대한 나의 이해를 희생으로 드리지 않겠다. 암은 잘못된 것이다. 천국에는 암이 존재하지 않는다. 그래서 암이 이 땅 여기에 존재해도 괜찮을 수 없다. 그것은 주기도문에 나오는 우리의 임무와 어긋난다. 그리고 나는 하나님께서 우리를 강한 백성으로 만드시기 위해 암이나 다른 질병을 사용하신다고 쉽게 받아들이는 풍조에서 주님의 이름의 불명예를 씻어 드려야만 한다. 예수님은 병자에게 한 번도 이런 접근법을 사용하신 적이 없다. 우리는 그분의 본을 따라야 한다.

기도

아버지, 저는 당신의 말씀, 당신의 성품 그리고 저를 향한 당신의 마음을 이해하길 갈망합니다. 저는 당신께서 선하시다는 것을 인정합니다. 당신은 제가 바랄 수 있는 그 어떤 것보다 더 선하십니다. 저는 당신께서 저에게 신비 한가운데서도 당신에 대한 저의 신뢰가 흔들리지 않도록 당신께 꼭 붙어 있는 은혜를 주시길 부르짖어 간구합니다. 저는 언제나 제게 섬김의 특권을 주는 사람들에게 당신의 선하심을 나타냄으로써 당신의 훌륭한 대리자가 되고 싶습니다.

선언

모든 일이 순조로울 때, 그리고 특히 일이 순조롭지 않을 때 나는 하나님의 선하심을 선언할 것이다. 나의 하나님은 변함이 없으시다. 나는 모든 상황을 그분의 영광과 나의 유익을 위해 바꾸시겠다는 그분의 위대한 약속을 고백한다. 그분은 완전히 놀라운 아버지이시며, 내가 즐거이 송축하는 분이시다.

11

소망

모든 손실은 일시적인 것이지만 모든 승리는 영원하다.

인생의 큰 비밀 중 하나는 선한 사람에게 나쁜 일이 일어
난다는 것이다. 심지어 신자들에게도 손실과 차질이 생
긴다. 사도 바울 한 사람의 인생만 봐도 이를 알 수 있다: 파선,
구타, 배고픔, 거짓말, 가는 곳마다 반대 등. 그러나 우리의 인
생을 향한 하나님의 부르심과 목적을 향해서 우리는 계속 위를
향하여 전진한다. 우리는 환경에 따라 규정되지 않는다. 이것은
예수님을 따르는 모든 제자들에게 가장 중요한 소망이다. 이러
한 순간이 올 때마다 우리는 완전하진 않지만, 대신에 완전해져
가고 있음을 깨닫게 된다.

어떤 이들은 하나님께서 우리를 더 강한 신자로 만드시기 위
해 나쁜 상황을 보내셨다고 추측하는 실수를 범한다. 어두운 상
황을 반전시키시는 그분의 능력 때문에 어떤 이들은 문제의 시
작을 그분 탓이라고 생각한다. 그것은 건강치 못한 논리의 비약

이다. 이는 하나님께서 자신의 선함을 드러내시기 위해 악을 창조하셨다고 하는 그런 종류의 논리와 같다. 그것은 아이를 사랑하고 위로하기 위해 그를 때리는 부모와 같다고 할 수 있다. 우리 중 많은 이들이 하나님의 주권에 대한 이해를 바꿔야 할 필요가 있다.

불신앙과 열정의 부족으로 인해 많은 사람들이 어두운 상황들에 항복하고 이를 하나님이 보내신 것이라고 가정한다. 그러나 건강 문제에 있어서 동일한 사람들이 하나님께서 보내셨다고 하는 그 질병을 의사에게 가서 고쳐 달라고 한다. 악을 대항해 싸우는 것은 정상적이다. 우리의 추론(reasoning)은 성경적이어야 하고, 본능적으로 옳다고 알고 있는 것을 따라야만 한다.

영원은 논리와 이성의 모퉁이돌이다. 영혼에 이 단순한 닻이 없으면 개념과 라이프스타일의 강물은 둑 없는 강을 흐른다. 비극적이게도 많은 이들이 어떤 목적이나 책임감 없이 움직인다. 우리가 우리의 삶에 대해 회계(會計)할 것이라는 사실을 깨닫고 살면 다른 어떤 방식으로는 도달할 수 없는 분량의 지혜를 얻게 된다. 이를 마음에 담고 다음을 숙고해 보라. 즉 영원은 손실의 코를 납작하게 만든다. 손실은 일시적이다. 모든 차질과 패배는 영원 때문에 코가 납작해진다. 그런 뒤에 여기에 구속자이신 그분의 역사로 모든 나쁜 상황들이 사라지고 그것이 오히려 우리의 선을 이룬다는 사실을 더해 보라. 그러면 모든 손실은 일시적인 것일 뿐만 아니라 실제로 역전되어 축복이 되며, 또한 개인의 발전과 유익을 위한 토대가 된다. 심지어 잘못된 것들도 우리를 탈선시킬 수 없다.

이생이 영원을 준비하는 학교이듯이 우리에게 일어나는 모든 긍정적인 것은 우리의 영원한 목적을 위한 건축 자재와 같다. 우리는 지금 그리스도와 함께 통치하는 훈련을 받고 있다. 우리는 구름 위에 앉아서 하프를 연주하지 않을 것이다. 하나님은 계속해서 진보하시는 하나님이시다. 신부인 교회는 그분의 영광을 위해 아름답게 치장될 것이다. 그리고 그녀는 그분이 그녀를 위해 계획하신 모든 충만함 가운데로 들어갈 것이다. 만일 우리에게 그 이야기를 해 준다 할지라도 우리는 아마 믿지 않을 것이다. 그것은 우리의 상상력의 한계를 뛰어넘는 것이다. 이생은 그 역할을 위한 준비 기간이다.

승리는 하나님의 상급 체계를 드러냄으로써 영원한 목적을 계시한다. 어떤 사람들은 상급에 관심이 없다고들 말한다. 그들은 단지 하나님을 알길 원한다고 말한다. 이는 매우 고상하게 들리지만 하나님의 믿음의 경제학을 심각하게 손상시킨다. 믿음은 우리가 "그가 자기를 찾는 자들에게 상 주시는 이심을 믿어야 할" 것을 요구한다(히 11:6).

우리의 모든 승리는 우리 이야기의 한 부분, 즉 우리의 간증이다. 이러한 간증은 영원히 보존될 것이다. 왜냐하면 각각의 간증은 우리 이야기의 건축 자재이기 때문이다. 우리는 서로를 자신처럼 알게 될 것이며, 서로의 이야기를 알게 될 것이다. 우리는 경외감 가운데 서서 사람들의 삶 가운데 이처럼 놀라운 일들을 행하시는 그분을 계속해서 찬양할 것이다. 우리는 마침내 인류 역사라 불리는 이 놀라운 그림을 보게 될 것이다.

승리는 영원하며, 우리로 천국을 미리 맛보게 하고, 영원을 위해 우리를 훈련시킨다.

기도

아버지, 저의 손실을 당신의 관점으로 볼 수 있도록 도우소서. 그리고 당신이 선하신 하나님이시기 때문에 이 모든 것이 선을 이룰 것을 깨닫게 하소서. 또한 저는 당신께서 우리에게 허락하신 것들을 모르며 살길 원치 않기에 저의 영원한 목적을 더 깊이 이해하게 하소서.

선언

나는 하나님께서 그분의 영광과 나의 선을 위하여 모든 일을 합력하여 선을 이루신다는 것을 선언한다. 나는 그분께서 영광을 받으시도록 나의 모든 연약함과 실패, 승리와 성공을 그분께 맡긴다.

12

사랑

하나님의 음성을 듣는 마음은
그분의 음성을 듣는 **능력**보다 훨씬 더 중요하다.

나의 장남인 에릭은 귀가 거의 들리지 않는다. 그는 우리 교회의 수석 리더인데 놀라운 가르침의 은사와 능력의 기름부음이 그에게 있다. 우리는 그가 귀머거리와 관련해 수많은 기적을 행하는 것을 보았다. 참으로 놀랍기 그지없다. 그러나 아직까지도 그 자신은 치유를 받지 못하고 있다.

그는 한쪽 귀에 보청기를 끼고 있지만 다른 쪽 귀에는 보청기조차 낄 수 없다. 그의 청각 손실률은 85~90퍼센트에 이른다. 따라서 이 장애로 그의 삶이 얼마나 심각한 영향을 받을지 상상이 갈 것이다. 그러나 정상적인 생활을 하는 그의 능력은 하나님이 주신 놀라운 은혜의 선물이다. 이 사실을 아는 모든 자들은 그저 놀랄 뿐이다.

지금까지 나는 그에게 내 말을 더 잘 들어 보라고 요청한 적이 없다. 나는 한 번도 부드럽게 말했을 때 그가 듣지 못해 그에게 화를 낸 적이 없다. 내 목소리를 그에게 들려주는 것은 내 책임이다. 사랑은 그의 능력에 따라 내 행동을 조정하게 만든다. 때로 나는 다른 사람에게 말할 때보다 훨씬 더 큰 소리로 말해야 한다. 만일 시끄러운 방에 있을 땐 그가 나를 보게 만드는데, 그가 내 입술을 보면 그가 무슨 말을 듣는지 더 잘 알 수 있기 때문이다.

우리 모두는 하나님의 음성을 듣는다. 우리는 다른 방법으로 구원을 받을 수 없다. 그분은 우리를 그분에게로 부르시며, 우리는 이에 응답함으로 거듭난다. 이것이야말로 회심이 일어나는 유일한 방법이다. 예수님은 자기 양은 그분의 음성을 안다고 말씀하시면서 하나님이 우리에게 주신 능력을 설명하셨다. 하나님의 음성을 듣는 것은 하나님께서 주신 은혜다. 그러나 신자들 중에는 그들이 존경하는 누군가와 자신을 비교함으로써 그들이 얼마나 잘못 듣는지에 더 신경을 쓰는 자들이 많다. 이것이 사실일지 모르지만 본질적으로 이는 파괴적이다. 듣고자 하는 **마음**(heart)이 들을 수 있는 우리의 **능력**보다 더 중요하다. 왜 그런가? 누군가가 하나님의 음성 듣기를 갈망할 때 그분의 음성을 들려줄 책임은 하나님께 있다. 말하자면 때로 우리는 시끄러운 곳을 떠나야 한다. 다른 말로 하면, 성경을 손에 들고 하나님을 찾는 조용한 시간을 마련해야 한다. 하나님의 음성을 듣는 우리의 능력이 약하든 강하든 이 능력을 작동시키는 아름다운 방법은 그분께 감사를 드리고 그분의 임재(얼굴)를 기뻐하는 것이다. 그분의 얼굴을 뵈면 그분의 입술을 읽는 데 많은 도움이 된다. 그분께서 성경을 통해 말씀하시는 것을 들으면 그분이 내 마음에 말씀하시는 것을 듣는 데 많은 도움이 된다.

야고보서 1장 21절은 이 과정을 아름답게 묘사한다: "그러므로 모든 더러운 것과 넘치는 악을 내버리고 너희 영혼을 능히 구원할 바 마음에 심어진 말씀을 온유함으로 받으라." 겸손은 말씀을 받는 토양이 갖춰야 할 조건이다. 이를 다르게 말하면 겸손은 하나님의 음성을 당신의 상황으로 끌어들이는 마음의 조건이다. 그리고 하나님께서 말씀하실 때 그분은 응답을 자기 자녀들의 부드러운 마음에 심으신다. 그 씨는 말씀이다. 말씀은 우리를 구원할 능력을 지니고 있다. 환언하면, 그분의 말씀은 우리의 마음 안에, 그리고 마음을 통해 일하시는 능력이 있다. 겸손한 마음이어야 그분의 음성이 잘 들린다.

기도

아버지 하나님, 제가 당신의 말씀을 듣는 저의 능력을 주께서 말씀을 들려주시는 능력보다 더 낮게 평가하는 함정에 빠지지 않게 도우소서. 대신에 저는 당신께서 저를 얼마나 사랑하시는지에 관심을 돌립니다! 저는 크든 작든 저의 능력이 아니라 당신께 계속해서 초점을 맞추길 원합니다. 저는 당신의 음성을 듣는 능력을 증가시키길 원합니다. 그러나 그 무엇보다도 당신께서 제가 겸손한 마음을 유지할 수 있도록 도와주시길 간구합니다. 이는 당신께서 언제나 소망과 약속의 씨를 심을 곳을 찾으실 수 있도록 하기 위함입니다. 제가 당신께서 본래 창조하신 모습 그대로 될 수 있도록 도우실 것에 미리 감사를 드립니다. 그것은 바로 하나님의 음성을 듣는 자가 되는 것입니다.

선언

나는 하나님의 음성을 들을 수 있는 능력을 갖도록 지음 받았다. 그 능력은 그리스도 안에서 내게 주신 새로운 나의 본성 안에 존재한다. 내가 약할 때 그분은 강하시며, 그분은 내가 그분의 음성을 들을 수 있을 정도로 큰 소리로 말씀하시고도 남는 분이시다. 나는 그분의 음성을 듣는 자가 되기 위해 내 마음을 정했다. 이는 내가 그분의 입에서 나오는 모든 말씀으로 산다는 것을 알기 때문이다. 그리고 나는 하나님의 음성을 듣는 자로서 그분이 내게 하라고 말씀하신 모든 것을 행할 것을 선언한다.

13

믿음

삶을 신중하게 살면 친구들은 당신을 지혜롭다고 부르지만
많은 산들을 옮기진 못할 것이다.

지혜에서 신중함이 탄생하지만, 우리에게 도전적인 것은
모조품을 찾아내는 것이다. 그것은 인간의 두려움에서
나온다. 이런 종류의 두려움은 마음에 고통이 된다. 이런 두려
움으로 인해 우리는 담대하게 움직일 경우에 사람들이 나를 어
떻게 생각할까 의아해함으로써 용기를 잠재운다. 나는 이 한 가
지 문제가 다른 그 어떤 것보다도 하나님의 사람들의 성장을 더
많이 방해해 왔다고 믿는다.

신중한 자들은 종종 훈련과 성경 공부로 유명하다. 그들은
보통 하나님의 말씀의 원리에 능한 교사들이며, 자신이 공적으
로 지고 있는 책임 밖에서는 조용하다. 이러한 성향들은 모두가
가치 있을 수 있다. 그러나 그러한 사람 중에 자신의 산을 옮길
만한 힘을 가지고 있는 자는 거의 없다. 그는 우리의 산들과 함

께 살며 그 산들을 견디는 방법을 우리에게 더 많이 가르쳐 주는 것 같다. 이런 맥락에서 소심함의 실상은 두려움이다. 고요한 영은 하나님 나라이지만 소심함은 그렇지 않다.

역사는 하나님의 용감한 사람들의 이야기로 가득하다. 그들은 통속적인 기준을 깨고 정상적인 그리스도인의 삶으로 여겨졌던 기준을 높여 놓았다. 그들의 돌파로 인해 우리의 삶의 방식이 달라졌고, 나아가 우리의 삶에서 일어날 수 있는 우리의 기대감에 변화가 생겼다. 그러나 그들은 대가를 치렀다. 오늘날 그들은 믿음의 영웅들이다. 그러나 그들의 시대에 그들은 동료들로부터 거절을 당하고 비난을 받기가 일쑤였다. 그들 중에 많은 이들이 고독하게 죽었으며 교회의 멸시를 받았다. 비극적이게도 이는 모든 사람들이 안고 있는 문제를 드러낸다. 하지만 모든 사람이 이를 도전으로 받아들이려 하는 것은 아니다. 우리는 희생과 상관없이 사랑과 순결, 그리고 능력의 충만한 분량까지 그리스도의 삶을 실제로 보여 줘야만 한다.

스미스 위글스워스가 그런 사람이었다. 나의 외가는 그의 사역에 무척 많은 영향을 받았다. 나의 할아버지는 모든 사람이 위글스워스를 좋아한 것은 아니었다고 일전에 나에게 말해 주었다. 물론 그는 전설적인 믿음의 사도로서 오늘날에도 깊은 존경을 받는다. 그러나 그것은 그가 죽었기 때문이다. 이스라엘도 선지자들에게 그렇게 행했다. 그들은 자기 시대에는 배척을 받고, 죽고 나서야 존경을 받았다. (지리적이든 아니면 시간적이든) 멀리서 업적을 칭송하는 것은 쉽다. 그러나 우리의 안전지대에 도전을 주는 그런 방식으로 복음의 순전함을 살아 내려 하는 사람들의 열정을 인내하고 존경한다는 것은 또 다른 문제다. 진정한 믿음의 본질은 그런 것이다. 그것은 안주하는 자들의 심기를 불편하게 만든다.

믿음은 어리석게 보이지 않는다. 믿음은 자신에게 관심을 끌지도 않는다. 믿음은 스스로를 입증할 필요도 없다. 왜냐하면 보통 믿음은 실망으로 끝나기 때문이다. 믿음은 오로지 하나님에게만 초점을 맞추고 그분 때문에 존재한다. 믿음은 적극적이고, 증명할 수 없고 열매를 맺지 못하는 이론이나 이상(ideals)에 완전히 불만을 느낀다. 믿음은 하나님의 음성과 본성에서 그 생명을 끌어낸다. 그것은 하나님을 향하며, 그분에게 기쁨과 영광을 안겨 준다. 그런 삶이야말로 신중함으로 인한 안락한 삶이 결코 아니다. 그것은 담대하고, 용감하고 용맹스럽고 위험한 삶이다.

기도

아버지, 저의 인생이 가치가 있길 원합니다. 그러기 위해 아버지께서 저에게 큰 은혜를 부어 주셔야겠습니다. 저는 다른 사람들이 나를 어떻게 생각할까 두려워서 당신께서 귀하게 여기는 것을 생각하지 못했습니다. 저는 당신의 목적에서 벗어난 산들과 함께 사는 데 신물이 났습니다. 그 산들에게 덕스러운 이름을 붙여 줌으로 그것들이 잔존하도록 한 저의 죄를 용서하옵소서. 당신의 은혜로 인해 저는 담대할 것이며, 당신에게는 수치나 두려움이 없으심을 선포하겠습니다.

선언

그리스도 안에 있는 나의 본질로 인해 나는 담대하며, 믿음으로 충만하다. 나는 어떤 사람도 두려워하지 않고 오직 하나님만을 두려워하며, 죽기까지 내 생명을 사랑하지 않을 것이다. 나는 이것을 예수님을 따르는 모든 사람의 특권으로 받아들인다. 그리고 하나님의 영광을 위하여 이제 모든 산들은 제거될지어다!

14

소망

결핍이 있어도 만족해하는 자들이
도가 지나칠 가능성이 있다고 하는 경고에
나는 귀를 기울이지 않는다.

교회 생활에서 가장 흥분되는 때는 성령께서 권능으로 움직이시기 시작할 때다. 너무나 많은 일들이 일상적인 경험 밖에서 일어나기 때문에 이것을 단지 **배움의 계절**이라고 하는 것은 너무 심한 평가절하다. 그리고 이제 그 가르침이 시작된다. 커다란 변화가 대기 중에 감돈다.

기적과 사람들의 삶이 변화되는 가운데 언제나 이런 일에 의문을 제기하는 그룹이 있다. 이런 질문과 더불어 겸손과 갈망이 뒤따르고, 이어 이 여정을 함께 떠난다면 이런 태도가 반드시 나쁘지는 않다. 실제로 우리 가운데 똑같은 방식으로 성령의 움직임에 응답하는 자는 없다. 우리도 이를 동일하게 받아들이지 않는다. 이 과정은 언제나 이렇게 시작된다. 개인적으로 그리고 공동체적으로 삶은 새로운 의미를 지니기 시작한다. 그러나 우리를 안전하게 지켜 주기로 결심하고 스스로 감시자가 되어서 이런 질문을 할 때면 비극이 시작된다. 그런 자들에겐 갈망과 동행하는 겸손이라는 성품이 없다. 없어도 하나도 없다.

살코기는 먹고 뼈는 버리려고 할 때 성경적이지 않은 것을 염려하는 마음이 무대 중앙을 차지한다. 우리 모두는 자신의 역사에서 배운 성경 지식대로 우리 앞에 놓인 것을 해석하려는 경향이 있다. 문제는 우리 모두의 지식이 제한적이며 진리에 부분적으로 노출되어 있다는 것이다. 우리가 진리로 알고 있는 것을 바라자. 그러나 우리가 아는 것 또한 제한적이다. 그러므로 지금 일어나고 있는 일이 전적으로 하나님에게서 온 것일 수 있지만, 어떤 이들은 그들이 이미 경험한 것과 다르다는 이유로 이를 거절할 것이다. 그들 중 대부분의 사람들은 하나님께서 새로운 일을 하시길 원하지만 그분이 지금까지 언제나 하시던 방식으로 할 때에만 그렇게 원한다는 것은 상당히 우스꽝스럽다.

어떤 이들은 두려움의 모드로 들어가 감정적 경험이 과도하다고 생각하며, 또한 과도함이 우리의 가장 큰 위험이라고 생각한다. 역사적으로 감정주의로 인해 교회에 많은 무리가 일어났던 것은 사실이다. 그러나 극단적인 감정주의는 금방 찾아낼 수 있다. 오히려 회의주의자들의 조용한 불신앙과 저항이 훨씬 더 큰 적이다. 이런 것은 강력한 속임수인데, 이는 사람들이 세계 교회 문화의 많은 부분에서 이것들을 지혜와 영적 지성으로 받아들였기 때문이다. 그러나 그것은 지혜도 영적 지성도 아니다.

우리가 잘못된 것을 귀하게 여기면 그것이 계속해서 머물 수 있도록 허락한다.

우리 경험을 바탕으로 성경을 해석하거나 경험 없이 성경을 해석하는 것 중에 어느 것이 더 위험한가? 우리는 기도해 본 적이 한 번도 없는 사람에게서 기도에 대해 가르침을 받으려 하지 않을 것이다. 내가 이를 지적하는 것은 누군가가 하나님에게서 온 것을 경험했다고 주장했을 때 그것이 참으로 하나님에게서 온 것이 아니라고 말하려 함이 아니다. 또한 천사가 나타나 지금까지 진리로 여긴 것과 다르게 누군가에게 말했다고 해서 성경의 의미를 재 정의해서도 안 된다. 성경은 삶과 사역의 절대적 표준을 제공한다. 그러나 우리가 경험을 바탕으로 성경을 해석하거나 경험 없이 성경을 해석한다는 것은 여전히 사실이다.

하나님의 움직임을 이런 식으로 설명하면 어떤 사람들, 아니 많은 사람들이 두려워한다는 것을 나는 잘 안다. 그러나 그리스도의 삶과 그분께서 아버지 하나님과 가지셨던 관계를 바라보고 아버지 하나님에게서 흘러나오는 성령의 순전함과 능력의 나타남을 볼 때 나는 이를 지키고 싶어진다. 즉 그분의 모범과 위임으로 내게 주신 것을 지키고 싶다. 이보다 더 적게 원하는 것은 불법처럼 보인다. 나는 사는 동안 내내 과도한 것을 두려워했다. 나는 형세를 역전시켜 두렵지만 결핍이 있는 내 자신을 돌보기로 결정했다.

내가 예수 그리스도의 인격 안에서 발견되는 하나님 나라의 복음—이런 복음에 관한 표현이 드물다—을 추구할 때 나는 같은 마음을 가진 사람들과 함께 추구하며, 상호 책임을 지고 겸손함 가운데 머문다. 하지만 동시에 나는 그분의 '동역'(co-mission)을 수용하는 모든 사람에게 주시는 라이프스타일을 얻기 위해 모든 것을 걸고 기꺼이 나아간다. 소망으로 인해 뛰는 가슴이 모든 두려움을 극복하고 우리로 하여금 하나님께서 지금 말씀하시고 행하시는 것 안으로 들어가게 만든다. 이러한 확신 가운데 살 때 놀라운 평화를 누린다.

기도

아버지, 나의 주 예수 그리스도 안에서 발견되는 복음을 보다 더 온전하게 표현하기 위해 제게 당면한 도전들을 이 시간에 참으로 분별할 수 있게 하소서. 순전함과 능력의 영역 안에서 이 생에서 저를 위해 목적하신 모든 것을 제가 보길 갈망합니다. 이것이야말로 저의 소망입니다. 제 이러한 생명을 지역 사회에 나타낼 수 있도록 저의 주변을 같은 생각과 마음을 가진 사람들로 세워 주시옵소서. 제가 이런 것들을 기도하는 것은 예수님의 이름이 온 땅에서 높임을 받으시도록 하기 위함입니다.

선언

내가 상상할 수 있는 것보다 하나님은 더 많은 것을 내 안에서, 그리고 나를 통해 행하시기로 작정하셨다. 그러므로 나는 예수님의 비범한 생명이 나를 통해 완전하게 흘러가길 기대한다. 나는 이 목적을 위해 태어났으며, 이는 그분의 영광을 위함이다.

15

사랑

예수님은 자신의 장례식을 포함해
참석하신 모든 장례식을 엉망으로 만드셨다.

복음서에 기록된 예수님의 행하심에 흥분하지 않는 신자들은 아마 거의 없을 것이다. 복음은 우리의 상상력의 끝보다 더 크게 사람들을 사랑하시는 하나님의 본성과 마음을 생생하게 담고 있다. 그러나 그분의 행사에 대하여 우리가 어떻게 반응할지가 관건이다. 그리고 그것은 어떤 면에서 몇 가지 상관된 질문에 반응하는 우리의 방식에 따라 결정된다. 마지막 사도가 죽었을 때 기적의 시대도 끝났는가? 아니면 성경의 정경이 완성되었을 때 기적도 끝났는가? 은사 중단론은 어떤 면에서도 성경의 계시에 그 근거를 두지 않고 있다. 그리고 그것은 완전한 신학이신 예수님의 삶, 가르침 혹은 예언에서도 분명 찾을 수 없다.

어떤 이들이 이런 관점을 주장하지만 예수님의 기적 사역이 오늘날 전 세계 교회 안에서 점점 더 분명하게 나타나면서 그들의 숫자는 계속해서 줄어들고 있다. 이런 현상은 특히 사도행전에 기록된 것처럼 믿는 자의 수가 날마다 더해지는 곳에서 더욱 그러하다. 기적이 중단되었다는 이론은 인간의 마음이 고안해 낸 가르침이며, 그들을 위한 계절이 더 이상 존재하지 않는다는 믿음에 따라 지어 낸 것이다.

만일 우리가 오늘날에도 기적이 존재한다고 믿는다 해도 또 다른 질문에 당면한다. 즉 기적은 하나님의 주권적인 행동으로서만 발생하는가 하는 것이다(하나님이 시작하시고 우리는 구경만 한다). 아니면 우리는 결과에 참여하는가? 기적이 중단되었다고 믿는 사람들 중에 많은 이들이 기적이 가능하다고 말하는 쪽으로 바뀌고 있다. 그러나 그들은 오직 하나님이 시작하셔야만 가능하다고 말한다. 나는 이러한 진보에 대해 감사를 드린다. 그러나 이러한 접근법은 제자들에게 병자를 고치고 죽은 자를 살리라고 명령하신 사실을 무효화시키는 것처럼 보인다(마 10:8을 보라). 그들은 하나님께서 불가능한 상황에 주권적으로 개입하시는 것을 구경만 하라는 명령을 받지 않았다. 그것은 당연한 것이며, 모든 신자들의 기쁨이다. 그러나 순종과 추구를 요구하는 명령이 여전히 우리에게 남아 있다. 치유의 기적이든 아니면 한 영혼의 구원이든 하나님께서는 우리의 순종에 따라 반응하실 때가 많다.

여기서 고려할 만한 또 다른 질문은 이것이다. 즉 만일 예수께서 우리가 병자를 고치고 죽은 자를 살리는 일에 관여하길 원하신다면 우리가 따라야 할 기준은 무엇인가? 예수님은 하나님께서 하실 수 있는 것이 무엇인지를 우리에게 보여 주셨는가? 아니면 그분은 하나님과 올바른 관계에 있는 사람이 할 수 있는 것이 무엇인지를 우리에게 보여 주셨는가? 나는 후자를 보여 주셨다고 믿는다. 예수님께서는 언제나 완전한 하나님이셨지만 인간의 한계를 가지고 사시기로 작정하셨다.

이로 인해 우리는 다음과 같은 질문을 하게 된다: "예수님께서 실제로 일반 신자들이 따를 수 있는 모범을 보이셨는가?" 나는 그 대답으로서 정말로 그러셨다고 믿는다!

예수 그리스도는 완전한 신학이시다. 그분은 사랑이시다. 그리고 사랑은 모든 것을 변화시킨다. 주님께서 장례식에 참석하시고서 죽은 자를 그대로 놔두고 떠나셨다는 기록이 없다. 나는 이것이 사람들이 죽지 않는다는 것을 의미한다고 생각지 않는다. 성경은 한 번 죽는 것이 모든 사람에게 정해진 것이라고 말한다. 그러나 예수님은 하나님의 때가 아닌데 사람들이 죽은 상황에는 개입하시는 것처럼 보인다. 최소한 우리는 예수님께서 행하신 일을 시도는 해 봐야 한다. 여기에는 죽은 자를 살리는 것도 포함된다.

다른 사람들에게 어리석게 보일까 하는 두려움 때문에 많은 사람들이 주님의 이 명령에 반응하지 못했다. 나아가 우리도 이런 임무를 결코 잘 수행하지 못할는지 모른다. 그러나 그렇다고 해서 이 임무를 내가 잘할 수 있는 것으로 바꾸어 이를 내 사역이라 부를 수 있는 권리를 부여받은 것은 아니다.

기도

아버지, 인간적 가능성으로만 사는 함정에 빠지지 않도록 저를 도우소서. 저는 예수님이 그러하셨던 것처럼 당신을 대표하고 예수님께서 저에게 허락하신 부활 생명을 보여 주는 자가 되길 너무나 간절히 원합니다. 저는 절망적으로 보이고 죽은 것처럼 보이는 상황에서도 다르게 생각하며, 당신에게는 불가능이 없다는 것을 인식하길 원합니다. 당신께서 그만하면 되었다고 말씀하실 때에만 제가 돌파를 추구하는 것에서 물러서길 원합니다. 이 일에 있어서 저를 도우소서.

선언

나는 부활의 능력과 임재의 삶을 사는 것이 어떤 것을 의미하는지를 남은 생애 동안 배우며 살 것이다. 이런 식으로 살 때 예수님처럼 나도 아버지 하나님을 가장 훌륭하게 대표할 수 있다는 것을 안다. 예수님의 지상명령과 함께 그분께서 내게 주신 모범은 내가 큰 소리로 아멘으로 화답하며 나아가도록 해 주고도 남는다! 나는 내 마음을 다해 우리 아버지 하나님의 영광을 위해 이를 따를 것이다.

16

믿음

믿음은 사용할수록 자란다.

살면서 비행기를 타고 회의하는 데 너무나 많은 시간을 소비하면서 건강에 문제가 생겼다. 운동과 건강한 식사는 내가 원하는 생동감 넘치는 삶은 말할 것도 없고, 성공적인 생활 방식에 너무나 중요하다. 내가 최상의 건강 상태를 유지하는 것은 하나님의 은혜다. 나는 두 영역이 몸과 영혼에 중요하다는 것을 발견했다. 나는 계속해서 운동을 하면서 얼마 지나지 않아 내가 정신적으로 더 기민하고 이전보다 훨씬 더 창의적이되었다는 사실을 깨달았다. 감정생활에 미치는 적극성의 효과와 좋은 식사의 효과에 대해서는 할 말이 많다.

오래전에 젊었을 때 하던 경기를 더 이상 할 수 없게 되었을 때 나는 역기를 들기 시작했다. 이렇게 하면서 나는 내가 이 운동을 너무나 좋아한다는 것을 알았다! 우리는 이 운동을 가족 운동으로 삼았고, 우리의 전 생활에 이 운동이 미치는 영향을 매우 빨리 알아차렸다. 우리는 정신적으로 기민해졌을 뿐만 아니라 실제로 다르게 생각하기 시작했다. 내 인생에서 처음으로 나는 음식을 연료로 보기 시작했다. 하나님께서는 음식을 우리의 즐거움을 위해 만드셨기 때문에 맛이 상관없는 것은 아니다. 오히려 나는 이른 오후에 먹은 음식이 그날 저녁에 하는 운동에 영향을 미친다는 사실을 알았다. 나는 중간에 포기하는 것을 좋아하지 않는다. 그래서 나는 음식이 몸에 미치는 영향과 내 힘과 에너지 레벨에 미치는 음식들의 영향을 공부하기 시작했다. 그 결과 나는 운동을 위해 음식을 먹기 시작했다.

이 비유는 믿음이라는 주제를 다룰 때 매우 강력한 힘을 발휘한다. 근육이 우리 몸에 대해 지니는 관계는 믿음이 우리 마음/속사람에 대해 지니는 관계와 같다. 우리를 통해 하나님의 일을 효과적으로 행할 수 있는 힘을 주는 것은 믿음이다. "행함이 없는 믿음은 죽은 것이니라"(약 2:26). 우리는 믿음을 얻기 위해 행하지 않는다. 그런 종류의 노력은 비생산적이다. 그러나 우리는 믿음을 자라게 하기 위해 행한다. 왜냐하면 믿음은 사용할수록 자라기 때문이다. 모든 사람에겐 일정 분량의 믿음이 주어졌다. 우리의 가진 것을 가지고 무엇을 하느냐에 따라 우리가 예수님의 제자로서 얼마나 성숙해지는지가 결정된다.

운동과 피트니스(fitness)의 세계를 통해 배우게 된 믿음에 대한 또 다른 통찰은 우리는 발달 과정 가운데 정체기에 이를 때가 가끔 있다는 사실이다. 근육 발달 과정 중에 정체기에 도달할 때는 성장을 위해 충격을 줘야만 한다. 이때 여러 가지 다양한 방법이 가능하다. 어떤 이는 다른 각도에서 근육을 강타하는 다른 운동법으로 같은 근육을 강화시킨다. 때로 우리의 믿음도 판에 박힌 일상에 갇혀 정체된다. 그리스도와 동행할 때 우리도 어떤 특정 방식으로 일하는 습관에 빠진다. 우리의 시스템에 충격을 가해 크게 성장하게 해 준 어제의 운동이 오늘에는 늘 하던 일이 되고 만다. 성경에 기록된 예수님의 모든 기적 중에 이전과 같은 방법으로 행해진 기적은 하나도 없다.

기도

아버지, 저는 당신을 믿습니다. 제가 어제의 교훈들을 사랑하지만 그것들이 저를 어떤 틀에 박힌 일상이나 공식에 가두길 원치 않습니다. 그래서 언제나 당신의 음성을 들을 수 있는 은혜를 제게 주시길 간구합니다. 저는 인생을 그렇게 살고 싶습니다. 저는 당신께서 말씀하시는 것과 행하시는 것을 알아 제 믿음이 정체에 빠지지 않기를 원합니다. 이 기도에 응답하실 것에 대해 미리 아버지께 감사를 드립니다.

선언

나는 믿음의 사람이다. 나는 하나님을 믿도록 태어났다. 이런 사실 때문에 나는 믿음에 정체할 필요가 없다. 나는 평생 그분의 음성을 의지함으로써 그분의 영광을 구하기로 내 마음을 정했다.

17

소망

때로 하나님은 우리의 기도에 응답하시는 대신에
약속을 주신다.

우 리는 기도를 마치 자판기를 사용하는 것처럼 취급할 때
가 많다. 우리의 기도 제목을 넣고 운이 좋으면 우리가
원하는 응답을 얻는다. 우리는 기도하고 하나님은 응답하신다.
이런 개념에 진리가 담겨 있긴 하지만 전체 그림은 결코 보여
주지 못한다. 기도는 관계의 표현이다. 그것은 창조주와 그분의
피조물 간의 상호 반응이며, 우리를 영원한 목적으로 데리고 간
다. 기도는 하나님의 학교이며, 그분의 백성은 기도를 통해 그
리스도와 함께 통치하는 법을 훈련받는다. 이처럼 간단한 원리
를 알기만 해도 우리는 주님과 온전히 동행할 수 있다는 소망을
갖게 된다.

기도에 응답하시는 것은 하나님의 본성이다. 그분은 우리 마
음의 외침을 만족시켜 주시길 정말 좋아하신다. 그분은 아버지

이시며, 궁극의 아버지이시다. 기도는 그분과 그분의 형상으로 만들어진 자들 간의 동역(partnership)을 대표한다. 그러나 그분께서 우리를 향해 갖고 계신 갈망은 전기세 고지서나 우리가 간구하는 어떤 기도 제목에 응답하시는 것보다 더 크다. 그분의 권위와 능력을 합당하게 사용하여 자기 백성을 그분의 형상으로 세우고자 하시는 그분의 갈망은 무대 중앙에 자리를 잡는다. 왜냐하면 하나님께서 하시는 모든 일은 이 목적을 위한 것이기 때문이다. 즉 그분의 목적은 그분을 훌륭하게, 그리고 정확하게 대표하는 사람들을 세우시는 것이다. 하나님께서 우리를 향해 가지고 계신 의도 중에서 중요한 부분은 우리로 책임 있게 살게 하시는 것이다. 물론 여기에는 의롭게 사는 것과 우리 자신을 위해 살지 않는 것도 포함된다. 그러나 이것 말고도 더 있다. 책임감 있게 산다는 것은 하나님의 책임을 갖고 사는 것이다. 그것은 예수님께서 우리 입장에 서셨을 때 그분이 하실 방식대로 행하는 것이다. 그러나 여기에도 분별이 필요하다. 왜냐하면 그것은 부활 승천하셔서 영화롭게 되신 예수님께서 행하시는 것이어야 하기 때문이다. 신자의 삶은 인류의 모든 원수를 제압하는 부활의 능력과 목적을 보여 주는 것이다.

우리의 역할은 우리 인생의 여러 계절마다 다르다. 어떤 때는 단지 곁에 서서 하나님께서 우리를 위해 이루시는 것을 보기만 하는 것이 우리 임무일지 모른다. 그러나 이것도 바뀌며, 우리는 그 변화를 감지해야만 한다. 그분께서 일하시는 것을 지켜보는 대신에 우리가 일할 때도 있다. 그러나 우리의 일도 그분과 독립된 것이 아니다. 오히려 정반대다. 그분께서 우리를 통해 일하신다.

그분은 응답 대신에 약속을 주심으로써 우리를 목적으로 무장시키신다. 이 방식에 따르면 우리는 응답이 오기 전에 먼저 그분을 믿는 법을 배우고, 그런 다음에 주어진 약속과 반대되는 상황에서 그분의 뜻을 행하는 법을 어쩔 수 없이 배우게 된다. 이것이 바로 그리스도의 동역자가 된다는 의미의 한 부분이다. 그분이 일하시기에 우리도 그분과 함께 일한다.

예수님은 계속해서 이 목적을 위해 제자들을 훈련시키셨다. 그래서 그분은 산을 명하여 옮기라고 말하는 법을 그들에게 가르치셨다. 열매 맺는 계절이 아닌데도 열매를 맺지 못하는 무화과나무를 저주하신 배후에는 그분의 이런 목적이 있었다. 그분은 제자들을 폭풍 가운데로 인도하셔서 그들의 말에 대해 가르쳐 주신 강력한 교훈들을 사용하는지 안 하는지 보시려 했다. 그분의 제자들이 이 땅에서 하나님의 뜻을 실행하고 시행하는 훈련을 받은 것은 이러한 교훈들 안에서 이뤄졌으며, 그런 가르침은 기도에 관한 가르침보다 훨씬 더 많았다. 이것은 모든 신자들에게 주어진 임무다.

기도의 응답은 그분의 선하심을 드러낸다. 그분께서 우리에게 응답 대신에 약속을 주실 때 그것은 우리를 영원한 목적으로 이끄시려는 그분의 갈망을 드러낸다. 그분은 사람들을 일으켜 하나님의 책임을 맡기시기를 갈망하신다.

기도

아버지, 저의 인생의 여러 계절들을 분별하기 위해 당신의 지혜가 필요합니다. 저는 그저 서서 당신께서 저를 대신해 일하시는 때가 언제인지, 그리고 이 땅에서 당신의 뜻을 시행하기 위해 저의 책임을 수용해야 할 때가 언제인지 알기를 원합니다. 이 목적을 이루기 위해 저의 마음과 생각을 분명하게 해 주시옵소서. 이는 언제나 반석과 같은 견고한 소망을 가지고 살도록 하기 위함입니다.

선언

나는 기도하는 특권과 하나님께서 나를 위해 움직이시는 것을 보는 특권을 받았다. 그리고 나는 그분의 약속을 붙들고 그와 함께 동역함으로 그분의 뜻이 이 땅에서 성취되는 것을 보는 엄청난 영예를 받았다. 나는 그분의 영광을 위해 경외와 흥분을 가지고 이 임무를 받아들인다.

18

사랑

은혜 안에선 명령과 더불어
이를 순종할 수 있는 능력이 같이 온다.
그러나 율법 안에선 스스로의 힘으로 행해야 한다.

우리가 들을 수 있는 기쁜 소식 중에 가장 위대한 소식은 우리가 율법에서 해방되었다는 것이다. 어쩌면 너무 간단하게 말했는지 모르지만, 근본적으로 이 말은 우리가 더 이상 어떤 일을 행하거나 행하지 않음으로써 의롭게 되려고—이렇게 되는 것은 불가능하지만—노력할 필요가 없다는 것을 의미한다. 이런 이유 때문에 우리에겐 구세주가 필요하다. 율법은 지금까지 예수님 외에는 아무도 지키지 못했던 행동을 요구한다. 실제로 예수님은 우리를 위해 율법의 요구들을 성취하셨고, 단번에 그리고 영원히 율법의 입맛을 만족시키셨다.

율법과 복음을 논할 때 범하는 가장 큰 실수는 은혜는 신자에게 아무것도 요구하지 않는다는 개념이다. 즉 율법은 행동을 요구하지만 은혜는 우리로 단지 '존재하기만' 원한다는 개념이다. 그러나 정말 그렇지 않다. '그리스도 안에 거하는 것'은 예수님을 사랑하는 제자에게는 안식을 주는 놀라운 위치이지만, 그렇다고 해서 행동과 순종의 필요성이 없어진 것은 아니다. 예를 들어, 율법은 살인을 금한다. 그러나 은혜의 메시지의 기초를 이루는 예수님의 가르침은 형제에게 화를 내고 그를 욕하는 것을 동일하게 잘못되었다고 말씀한다.

와! 우리 한번 정직해 보자! 화를 안 내고 사람들에게 욕하지 않는 것이 살인하지 않는 것보다 훨씬 쉽다. 그러나 하나님은 욕하는 자의 적대감을 살인 그 자체의 씨로 보신다. 적대감이 치욕과 거절의 분위기에서 누군가를 향해 자라 가면 마침내 이는 장성하여 살인으로 끝날 것이다. 이런 경우가 드물긴 하지만 하나님의 관점에서 볼 때 그 씨는 열매와 동일하게 더럽다. 그리고 그분께서 이처럼 경고하시는 것은 은혜다.

그렇다면 은혜가 율법보다 더 많은 것을 요구한다는 말은 어째서 그런가? 은혜의 본질이 심오한 것은 우리에게 아무것도 요구하지 않기 때문이 아니다. 오히려 명령을 하실 때마다 그것을 행할 수 있는 능력이 수반되기 때문이다. 이를 다르게 아주 간단히 말한다면, 율법은 요구하고 은혜는 할 수 있는 능력을 준다. 둘 사이에 가장 두드러진 차이점이 이것이다. 하나님께서 말씀하실 때 그분은 행할 수 있는 능력을 주신다. 이것은 가장 영광스러운 아버지 하나님의 마음을 보여 주는 예 중에 하나다. 그분께서 우리를 기뻐하시기 때문에 우리는 함께 동역한다는 개념에 고무된다.

에스겔 2장 1~2절은 무한하신 그분과 그분의 유한한 피조물이 이처럼 아름답게 동역하는 모습을 잘 그리고 있다: "그가 내게 이르시되 인자야 네 발로 일어서라 내가 네게 말하리라 하시며 그가 내게 말씀하실 때에 그 영이 내게 임하사 나를 일으켜 내 발로 세우시기로 내가 그 말씀하시는 자의 소리를 들으니." 하나님은 에스겔에게 일어서라고 말씀하셨다. 그는 그 다음에 성령께서 자신을 세우실 것을 알았다. 이 말씀은 하나님께서 우리 스스로 할 수 있는 일을 우리를 대신해 주신다는 뜻이 아니다. 성령께서 에스겔 안에서 이 일을 하시기 전에 에스겔 선지자는 영광의 주님 앞에 엎드려서 꼼짝할 수가 없었다. 그래서 주님은 그에게 명령하셨고, 그 다음에 그가 설 수 있도록 능력을 주셨다. 동일한 이 개념이 천국 복음을 통해 계속해서 반복된다. 그분은 우리에게 병을 고치라고 명령하시는데 우리에겐 그럴 능력이 없다. 불가능한 것을 하라는 명령에 순종하면 우리는 하나님의 능하게 하시는 은혜와 연결된다. 그분의 사랑 안에 거할 때 우리는 사랑할 수 있다.

야고보는 다음과 같은 말씀에서 이 개념을 강조한다: "그러므로 모든 더러운 것과 넘치는 악을 내버리고 너희 영혼을 능히 구원할 바 마음에 심어진 말씀을 온유함으로 받으라"(약 1:21). 구원의 능력은 어디에 있는가? 그것은 말씀 안에 있다. 이는 은혜의 과정을 가장 잘 보여 준다. 겸손은 부드러운 마음의 조건이다. 겸손은 씨, 곧 하나님의 말씀을 받아들인다. 명령하신 것을 수행할 수 있는 능력을 가져다주는 것은 은혜의 말씀이다.

기도

하늘에 계신 아버지, 저는 당신의 음성을 사랑하며 당신께서 제게 말씀하시기 때문에 살아 있습니다. 당신의 풍성한 약속의 말씀과 소망에 대해 너무나 감사를 드립니다. 제가 할 수 없다는 것을 알지만 할 수 있도록 '은혜를 주신' 일들을 저에게 말씀하시는 때를 깨닫게 도우소서. 당신께서 저와 다르게 사물을 보실 때 저의 옹졸한 생각으로 저의 가능성을 불구로 만들고 싶지 않습니다. 저는 겸손하게 당신의 말씀을 받고 모든 돌파는 당신의 영광을 위한 것임을 고백합니다!

선언

나는 가장 불가능한 임무를 받았을 때 마리아처럼 "말씀대로 내게 이루어지이다"라는 선언을 한다. 이제 불가능은 가능하다. 왜냐하면 나의 아버지 하나님께서 내게 그렇게 하라고 명하시기 때문이다. 불가능한 열매를 그분께 드리기 위해 나는 겸손히 그분의 말씀을 받아들인다. 그리고 나를 향한 그분의 사랑에 거한다. 이로 인해 나는 하나님의 영광을 위해 그분을 사랑할 수 있다.

19

믿음

당신의 사고방식은
믿음의 표출이거나 아니면 믿음을 약화시킨다.

믿 음은 우리의 생각에 영향을 미친다. 우리의 생각은 또
한 우리의 믿음에 영향을 미친다. 마음에서 벌어지는
전투에서 승리하는 것은 그리스도와 같은 생활 방식을 개발하
는 핵심이다. 그러나 믿음이 지성(mind)에서 온다고 생각하면 큰
착각이다. 그렇지 않다. 믿음은 마음(heart)에서 온다.

믿음은 본질상 지적인 것이 아니다. 성경은 우리가 "믿음으
로 말미암아" 안다고 말한다. 성경은 반대로 말하지 않는다. 믿
음은 마음을 도와 일반적으로 이해할 수 없는 것들을 알게 해
주고, 지성(mind)이 건강하게 자라 갈 수 있도록 붙들어 준다. 참
된 믿음은 이성(reason)보다 뛰어나다. 그러나 마음이 새롭게 되
는 것 또한 중요하다. 그러면 강둑이 흘러가는 물에 영향을 주
듯이 믿음 생활도 좋아진다. 참된 믿음은 거룩한 목적으로 정해

진 물길을 제공한다.

믿음은 내 생각에 영향을 미친다. 왜냐하면 내 생각은 내 인
생을 향하신 하나님의 약속들과 일치하며 그 약속들에 의해 형
성되기 때문이다. 이 경우에 두려움은 더 이상 나를 가두지 못
한다. 왜냐하면 나는 하나님께서 모든 상황에 대한 해답을 가지
고 계시다는 확신을 가지고 살기 때문이다. 믿음은 어렵거나 불
가능한 상황에서도 해답이 있다고 확신하기 때문에 멈춰 서지
않는다. 나 또한 그분의 마음(heart)에 따라 내 자신과 다른 사람
들에 대해 다르게 생각해야 한다. 믿음은 인식을 교정하고, 다
른 사람들을 위해 하나님의 마음과 우리를 일치하도록 정렬해
준다. 예수님이 열정적이지만 불안했던 베드로를 부르실 때 그
러셨던 것처럼 우리도 예수님과 같이 행할 수 있다. 예수님은
바르게 보셨지만 다른 사람들은 그렇지 못했다.

새롭게 된 마음은 하나님의 관점에서 본다. 우리의 삶에서
새로운 마음을 갖게 된 것은 회개 때문이다. 왜냐하면 회개란
근본적으로 우리의 사고방식을 바꾸는 것을 의미하기 때문이
다. 그것은 자연스럽지 않은 가능성의 영역을 생각한다. 좀 더
정확히 말한다면 **자연을 초월하는** 영역을 생각한다. 생각의 중
심에 그리스도가 없는 자들은 하나님께서 결코 의도하지 않으
신 제한의 감옥 가운데 산다. 두려움이 사람들의 사고방식을 다
스릴 때가 많다. 그러나 두려움은 결코 불가능한 열매를 맺지
못한다. 지혜는 생존하는 것보다 더 많은 것을 다뤄야 한다. 지
혜는 하나님 나라 중심의 돌파로 이어져야만 한다.

만일 불가능한 것이 없고, 당신의 과거에 당신을 괴롭히는 후회가 없으며, 이 땅에서 당신의 모든 목적을 달성할 무한한 자원이 있다면 당신의 생각이 어떻게 바뀌겠는가? 믿음은 우리에게 익숙한 경계들과 장애들을 제거함으로써 인간의 이성에 영향을 미친다. 이제는 믿음이 우리의 마음(mind)에 온전히 영향을 미치게 할 때다. 이제 우리의 인생에서 가능한 것이 무엇인지 보도록 하자.

기도

아버지, 저는 결코 표면적으로만 회개하길 원치 않습니다. 저는 깊이 회개하길 원합니다. 저는 당신의 생각으로 생각하고 당신의 관점에서 봐야만 하기 때문입니다. 제 마음(heart)의 모든 태도와 생각이 언제나 당신을 기쁘시게 하는 것들이 되게 하소서. 저는 그리스도의 마음을 날마다 소유하고 이를 날마다 표현하고 싶습니다. 저의 사고방식을 통해 영광을 받으소서.

선언

그리스도의 마음은 나의 유업이다. 나는 내게 거저 주신 것을 얻기 위해 노력하지 않을 것이다. 은혜로 인해 나는 하나님을 영화롭게 하고 모든 것을 변화시키는 믿음 안에서 나를 세우는 방식으로 생각할 것이다.

20

소망

감사함과 굶주림은 배가의 분위기를 창조한다.

우리가 바라는 응답을 받으려면 하나님 안에서 우리의 순간들을 잘 관리해야 한다. 나는 우리가 응답을 얻는(earn) 것이라고 믿지 않는다. 대신에 나는 우리가 그분 나라의 방식으로 반응하지 않기 때문에 응답이 오는 것을 방해할 수 있다고 믿는다. 이런 순간들을 잘 관리하기 위해서 우리는 하나님께서 소중히 여기시는 것들에 관심을 돌려야 한다. 하나님이 소중히 여기시는 것들의 목록은 길지만 가장 필요한 두 가지 특성을 꼽아 본다면 감사와 굶주림(hunger)이다. 소망의 두 면인 이것들은 긴장 관계 속에서 전진하도록 도와주며, 또한 '응답이 올 때까지' 그분을 향해 바른 마음(heart)을 유지하도록 도와준다. 이 변치 않는 소망은 응답이 올 때까지 우리의 확신이 된다.

우리는 굶주림 때문에 기도한다. 갈망(desire)은 우리를 주님의 임재 앞에 나아가 간청하도록 만들기 때문에 초자연적인 성격을 띤다. 그러나 때로 주님께서는 우리가 기대한 것과 다르게 기도에 응답하신다. 나는 주님께서 우리가 바라는 온전한 돌파 대신에 씨의 형태로 기도에 응답하시는 것을 보아 왔다. 이 시점에서 감사는 결정적이다.

성경에서 내가 가장 좋아하는 구절 중 하나는 예수님의 오병이어의 기적이다. 요한복음 6장 11절은 주님께서 가지신 것에 감사를 드린 후에 적은 분량의 음식으로 많은 사람들을 먹이실 수 있었다고 말한다. 이는 참으로 놀라운 말씀이다. 감사의 분위기에서 작은 것이 큰 것이 되었다.

나는 오랜 세월 동안 사람들이 자신의 기적을 유산시키는 것을 너무나 많이 보아 왔다. 한 가지 예를 들어 보겠다. 여기 한 사람이 있는데 어깨가 굳어서 오른팔이 안 올라간다고 하자. 그런데 그녀가 기도를 받으러 온다. 내가 기도하자 그녀의 팔이 움직이기 시작한다. 하지만 아직 완전히 움직이지는 못한다. 이제 그녀는 자기 팔을 18인치 정도 들 수 있다. 그러나 그런 후에는 마치 벽을 친 것처럼 움직이지 못한다. 아마 그럴 때마다 그녀는 "아직 낫지 않았네요"라고 말할 것이다.

내가 싫어하는 한 가지가 선전이다. 나는 어느 누구도 실제로 기적이 일어나지 않았는데 일어난 척하길 결코 원치 않는다. 그러나 이 경우에 실제로 무슨 일이 일어났는가? 어떤 순간에 그녀는 움직이지 못한다. 그러나 다음 순간에 그녀는 18인치를 움직인다. 우리는 분명 여기서 머물기를 원치 않는다. 그러나 이 시점에서 감사가 희귀한 것은 왜일까? 만일 내가 가족을 위해 매우 중요한 무언가를 구매하기 위해 1만 달러를 모으는 목표를 가지고 돈을 저축하는데 누군가가 나에게 3천 달러짜리 수표를 주면 감사하지 않겠는가? 물론 감사할 것이다! 내가 목표하는 방향과 같기 때문이다. 치유나 다른 기적들도 마찬가지다. 때로 주님은 우리에게 씨를 주신다. 그리고 감사의 분위기 속에서 그 씨는 가능성을 풀어낸다.

예수님께서 감사를 드린 후에 그분에게 음식이 불어났다. 주님께서 한 소년의 점심식사를 가지고 감사하셨을 때 그것은 수천 명을 먹이기에 충분했다. 감사는 우리 자신과 우리의 상황 모두에 대해 이런 종류의 능력을 가지고 있다.

만일 내가 하나님의 사람들에게 임하길 원하는 특징이 한 가지 있다면 그것은 감사일 것이다. 이처럼 단순한 성품이지만 태도와 행동에 미치는 영향 면에서 그렇게 삶을 변화시키는 것은 없다. 그리고 우리와 관련된 모든 것에 하나님의 약속의 초자연적인 가능성을 풀어내는 것도 감사다.

기도

아버지, 저는 당신께서 보시는 대로 사물을 봐야만 합니다. 그럴 때 제가 항상 감사하게 될 것을 압니다. 당신은 지금까지 저를 너무 선하게 대해 주셨습니다. 그래서 모든 상황에서 당신은 저의 감사를 받으시기에 합당하십니다. 제 앞에 있지만 너무나 위협적으로 보이는 기회들을 선용하게 하시고 감사하는 마음으로 이를 공격하게 도우소서. 그리고 이것을 단순히 돌파를 위한 도구로 사용하지 않도록 도우시고, 대신에 당신께서 저를 신실하게 대하시길 바라는 저의 마음을 정직하게 표현하는 것이 되게 하소서. 감사합니다.

선언

하나님은 선하시며 신실하시다. 내가 소망을 갖는 이유는 바로 이 때문이다. 그분은 나와 관련된 일들을 위해 자신을 주셨다. 이로 인해 응답이 오기 전에 나는 감사로써 그분을 높일 것이다. 내 눈앞에 응답이 진행 중일 때에도 나는 그분을 높일 것이다. 그리고 돌파가 완전히 이뤄졌을 때에도 나는 계속해서 그분의 위대하심을 선포할 것이다. 그분은 모든 존귀를 받으시기에 합당하시기 때문이다.

21

사랑

성경 말씀의 경험이 없는 성경 공부는 무의미하다.

우리 삶에서 하나님의 말씀의 가치는 아무리 강조해도 지나치지 않다. 그것은 우리의 생명, 우리의 음식, 우리의 매일의 떡이다. 이는 아무리 강조해도 지나치지 않지만 이를 왜곡할 수 있다. 예수님 당시의 종교 지도자들은 말씀을 왜곡하는 데 능했다. 예수님은 다음과 같이 말씀하심으로써 그러한 왜곡의 한 가지에 도전하셨다: "너희가 성경에서 영생을 얻는 줄 생각하고 성경을 연구하거니와 이 성경이 곧 내게 대하여 증언하는 것이니라 그러나 너희가 영생을 얻기 위하여 내게 오기를 원하지 아니하는도다"(요 5:39~40).

성경을 읽는 목적은 생명을 얻는 것이다. 생명은 그것이 지닌 자유와 새로움으로 측정된다. 성경 공부의 최종 산물은 한 사람이 변화되는 것이다. 우리는 그분의 입에서 나오는 모든 말씀으로 산다.

불행하게도 성경이 가리키는 그분을 만나지 못한 사람들은 다른 사람들을 가장 심하게 비판하는 자들인 경우가 많다. 그들은 결국 자신이 위해서 일하고 있다고 생각하는 바로 그것을 반대하는 일을 하고 만다.

그렇다. 앞서 언급한 대로 경험을 성경보다 더 중요하게 여길 때 교회는 큰 혼란에 빠졌다. 경험을 통해 성경을 해석할 때 개인이나 심지어 무리들, 어떤 영적 운동(movement)이 혼란에 빠지는 무서운 이야기들이 존재한다. 일반적으로 이런 경우에 사람들은 성경을 자의적으로 해석하고서 그들 마음에 새롭고 신선하다고 생각한다. 혹 어떤 이들은 천사나 환상을 보았거나 아니면 비범한 일의 발생으로 이성의 절벽 아래로 떨어졌다. 이런 사람들의 종국은 미혹과 속박으로 끝난다.

나는 이런 자들을 실제로 직접 목격했다. 그리고 성경이 말씀하는 바를 갈망하는 모든 사람에게 이는 분명 걱정거리다. 그러나 경험 없이 성경을 해석하는 것도 못지않게 위험하다. 다시 말하지만 당신은 거듭나지 않은 사람에게 거듭남의 의미가 무엇인지에 대해 가르침이나 통찰을 받겠는가? 그렇지 않을 것이다.

많은 사람들이 하나님을 더 많이 경험하길 갈망하는 자들을 비난한다. 하지만 나는 갈망하지 않는 자들을 신뢰하지 않는다. 우리가 경험을 버린다고 해서 미혹에서 자유롭지는 못할 것이다. 사실 하나님을 더 갈급해하지 않는 사람들은 이미 미혹되었다.

종교계는 그들 주변의 사람과 상황 그리고 환경을 극도로 통제하기로 유명하다. 그래서 통제는 이제 이 시대의 이슈가 되었다. 성령께서 우리를 가르치도록 허락하지 않으면서 성경 공부를 하면 우리는 우리 자신을 통제하는 법을 배운다. 성령께서는 언제나 우리를 예수님에게 데려가신다. 성경이 가리키는 분에게 가면 그분께서 통제하신다. 다른 말로 하면, 성경 자체가 목적이 될 때 우리는 약간의 지식을 배울 수 있지만 인격적인 변화는 없다.

예수님께서 서기관들과 바리새인들에 대해 가지셨던 주요 문제들은 그들의 성경 접근법이었다. 그들은 주변의 교육 수준에 비하면 매우 학식이 높았다. 그들은 하나님의 명령들을 인용하고, 암송하고, 다른 사람들에게 가르칠 수 있었고, 나아가 자기들 생각에 하나님이 원하시는 것이라 생각하는 명령들을 새롭게 고안해 냈다. 그러나 그들은 자신들이 남들에게 하라고 가르친 내용을 정작 지킬 수가 없었다. 그들이 연구한 말씀에 실제적으로 순종을 가능케 해 주는 은혜의 전달(impartation)은 없었다.

요컨대 그들은 자신들이 연구한 인격이신 그분과는 관계가 없었다. 그래서 순종할 수 있는 능력도 없었다. 그들은 자신들이 옳다고 생각한 삶 중에서 가장 중요한 것을 놓쳤다. 그것은 하나님의 사랑 안에서 살고, 그것을 즐거워하고 그 사랑을 나눠 주는 것이었다. 그들은 이것에 조금도 미치지 못했다.

나는 하나님의 말씀을 너무나 사랑한다. 말씀은 살아 있다.

말씀은 말씀하신다. 성경은 읽으면 읽을수록 더 읽고 싶다. 예수님의 제자들에게 가장 자연스러운 굶주림은 지혜와 명철에 대한 굶주림이다. 마음을 활짝 열고 성경을 읽으면 마음이 감동되어 모든 성경이 가리키고 있는 그분인 예수님께 더욱 복종하게 된다. 어떤 이유로 인해 굶주림이 점차 사라지면 실제적인 해결책이 있다는 사실을 기억하면 좋다. 하나님의 나라에서는 먹으면 굶주리게 된다.

기도

아버지, 당신께서 제게 주신 굶주림의 선물을 사랑합니다. 저는 당신께서 저에게 떡 대신에 돌을 주시는 분이 아니라고 믿습니다. 당신은 완전한 아버지이시며, 완전한 사랑의 하나님이시고, 우리가 우리 자신을 기뻐할 수 있는 것보다 더 많이 우리를 기뻐하십니다. 이로 인해 감사를 드립니다. 제가 날마다 아버지의 말씀을 읽을 때 무엇을 봐야 하는지, 그리고 당신께서 태초부터 제 인생을 위해 계획하신 모든 것을 이루기 위해 어떤 것이 변화되어야 하는지 보게 도우소서.

선언

나는 성경을 사랑한다. 나는 하나님께서 성경을 나의 놀라운 구주이신 예수 그리스도를 증거하는 살아 있는 책으로 만드신 사실을 사랑한다. 나는 성경이 가리키고 있는 그분을 만나는 특권을 받아들인다. 나는 말씀을 따라 내 생각을 바꾸기 위해 성경이 나와 목적에 대해 말하는 모든 것을 기뻐한다. 하나님께서 영광을 받으시도록 하기 위해 나는 하나님의 은혜로 이 일에 성공할 것이다.

22

믿음

우리는 불가능한 것을 공격하도록 지음 받았다.

하 나님께서 자연적인 재능과 자원을 사용하여 그분의 목
적들을 이루시는 것을 보면 놀랍다. 우리 삶에서 이런
영역들을 그분이 사용하시도록 내어 드리는 것은 중요하고 신
선하다. 그러나 신자의 삶의 정점이 인간적으로 가능한 무언가
를 성취하는 것이라면 비극적이다. 건물을 짓고, 프로젝트를 위
한 자금을 모으고, 사람들의 기본 필요들을 채우기 위해 우리
자신을 드리는 것은 모두가 해야 할 일이다! 그것은 우리 믿음
의 실제적인 면이다. 그러나 이런 종류의 성취 대부분은 또한
우리 도시에 있는 많은 동호회들도 할 수 있는 것들이다. 이런
목표를 달성하는 데 필요한 것은 오직 사람과 재능과 돈뿐이다.
이런 성취도 중요하지만 이것들을 믿음의 삶의 궁극적 모범으
로 여겨서는 안 된다. 우리는 실제적인 섬김 외에 무언가 다른
것으로 알려져야 한다. 그런데 우리는 이 다른 것을 망각할 때

가 많다. 그 다른 것은 불가능한 것들이다.

부활하신 그리스도의 영은 모든 신자들 가운데 거하신다. 다른 세계에서 온 부활의 능력은 이성을 초월하며 예수님의 제자로서의 우리의 모습을 정의해 준다. 불가능한 것을 공격하는 것은 우리의 생득권이다. 그것은 그분께서 사람들을 향한 그분의 마음을 드러낼 기회를 제공하며, 자연 세계에서 할 수 있는 것 이상의 것을 하게 만든다. 이것은 하나님 나라의 삶의 또 다른 상황이며, 반드시 있어야만 하는 것이다. 우리는 건물을 짓고, 선교사들을 후원하고 가난한 자를 먹이며, 하나님의 마음을 효과적으로 보여 주는 다른 모든 것들을 해야 한다. 하지만 그런 것들은 결코 신자의 마음이나 전능하신 하나님과의 관계를 갈망하는 구도자의 마음을 만족시키지 못할 것이다. 거짓말쟁이요 파괴자요 도적인 마귀를 막아야 한다. 그렇게 하려면 돈과 시간 이상의 것이 필요하다. 우리에겐 능력, 즉 예수님께서 그분 시대에 어둠 속으로 실어 나르셨던 그런 능력이 필요하다.

예수님께서는 지금까지 교회가 배웠던 방식과 약간 다른 방식으로 이런 일들을 보여 주셨다. 주님은 마귀의 일, 즉 사망과 손실과 파괴를 멸하시기 위해 일하셨다. 이 세 가지가 존재하는 곳마다 마귀의 지문이 보인다. 그리고 그러한 지문은 우리의 임무가 무엇인지를 계시한다. 본질적으로 그것은 우리의 사명이 사망에 부활을, 손실에 유익을, 파괴에 회복을 가져가는 것을 의미한다. 예수님은 너무나 실제적이시다. 그러나 그분에게 있어서 실제적인 것은 우리의 실제적인 것과 다르다. 우리에게 실제적이란 개념은 맹인을 위해 그를 돕는 안내견을 훈련시키는 것이다. 예수님의 경우에 실제적이란 개념은 맹인을 고쳐 주는 것이다. 그분의 세계에서 실제적인 것은 우리의 세계에서는 실제적이지 않지만 절대적으로 필요하다. 그분의 임무는 곧 우리의 임무다.

예수님의 임무는 불가능한 것을 침공하는 것이었다. 우리의 시간과 재능도 중요하지만, 이를 통해서는 지상명령을 완수하지 못할 것이다.

기도

아버지, 이 문제에 있어서 저는 당신의 도움이 정말로 필요합니다. 저는 당신의 뜻을 제가 할 수 있는 것으로 축소할 때가 많습니다. 이러한 저를 용서해 주십시오. 예수님께서 보시는 방식과 동일하게 저도 주변 상황들을 볼 수 있게 도우소서. 저는 저의 돈과 시간뿐만 아니라 또한 당신의 세계에서 제게 주신 것—천국의 능력—을 가지고 사람들을 향하신 당신의 마음을 보여 주고 싶습니다. 당신의 마음이 저의 마음이 될 때까지 당신의 마음을 안겠습니다.

선언

나는 불가능한 것을 위해 고안되었다. 삶 가운데 불가능한 것들이 내 입술을 통해 예수님의 이름에 무릎 꿇는 것을 보는 것은 나의 유업이다. 나는 계속해서 주고 섬기겠지만, 또한 내 안에 있는 하나님의 능력을 볼 때까지 믿을 것이다. 나는 온 땅에서 하나님께서 영광을 받으시도록 하기 위해 이를 사모할 것이다.

23

소망

최선의 것에 대한 기대감을 가지려면 용기가 필요하다.
소망이 없는 자는 최악의 것을 예상한다.

우리는 신문을 읽거나 텔레비전 뉴스를 볼 때 이전 세대
에는 들어 보지도 못한 분량의 나쁜 소식에 노출된다.
지금은 즉석 정보 세대다. 우리는 지구 반대편에서 일어나는 비
극이나 위기를 즉각 알 수 있다. 그런데 나쁜 소식은 잘 팔리기
까지 한다.

2001년 9월에 테러리스트들이 미국을 공격했을 때 대부분의
미국인들은 무슨 일이 왜 일어났는지에 대해 가능한 한 최신 해
설을 들으려고 하루에도 많은 시간을 텔레비전 앞에 붙어 있었
다. 나는 이런 것이 잘못되었다고 말하는 게 아니다. 그리고 뉴
스 매체들이 좋은 소식을 전혀 전하지 않는다는 말도 아니다.
그러나 좋은 소식만 전하면 그들의 **사업**이 존속될 수 없다. 오
래전에 미국의 한 기독교 출판사가 좋은 소식만 전하는 신문을

만들려고 했다. 그러나 부도가 나고 말았다. 좋은 소식은 신자들에게도 잘 팔리지 않는다.

내 아내는 내가 아는 사람 중에서 **뉴스를 통해 기도를** 가장 잘하는 사람이다. 그녀는 어떤 일이 일어나더라도 그보다 더 중요한 소망을 가지고 살기 때문에 그렇게 기도한다. 이것은 계속해서 정보를 들으면서 미친 듯이 엉망이 되어 가는 세상에 하나님의 해답을 제시함으로써 미리 조치를 취하며 살아가는 성공적인 방식이다. 그러나 문제는 여전히 남아 있고, 심지어 뉴스를 듣고 이를 위해 기도하는 중보자들도 마찬가지다. 우리가 조심하지 않으면 계속해서 흘러 들어오는 나쁜 소식이 구름이 되어 하나님이 지금 말씀하시고 행하시고 계신 것을 인식하지 못하도록 만들 것이다. 미혹이 들어오면 계속해서 하나님의 인도하심에 응답하는 대신에 수동적으로 살아가고 반응하는 자리에 서게 된다.

이와 같이 홍수처럼 몰려오는 나쁜 소식이 신자들에게 이상한 상황을 만들어 낼 수 있다. 즉 우리는 나쁜 소식을 통해 격려받는 법을 배운다. 우리는 겉보기에 전 세계에서 일어나는 엄청난 위기를 풀 수 없기 때문에, 유일한 방법은 이를 말세의 징조로 보는 것이다. 우리는 다음과 같이 말한다: "음, 이건 우리가 마지막 시대를 살고 있는 또 다른 표식이네." 나쁜 소식을 통해 격려를 받는 것은 일종의 도착(perversion)이다. 원수는 우리 마음에 폭격을 가하여 미래에 대한 우리의 소망을 무디게 만들고 싶어 하는 전략을 택한다. 소망을 잃으면 귀신들이 꼬여 든다.

예수님께서 "난리와 난리 소문"을 듣게 될 거라고 선포하셨을 때 주님은 우리에게 약속을 주신 것이 아니다. 주님은 자신이 마지막 시대에 자기 군대를 보내실 때의 그 상황을 설명하신 것이다. 우리는 변화를 만들기 위해 이 땅에 존재한다.

왕 되신 주님과 그분의 나라의 기후와 다른 영적 기후를 인식할 때 우리는 그 지배적인 기후와 반대되는 영 안에서 의도적인 삶을 살아야 한다. 만일 이렇게 살지 못하면 우리는 그 부정적인 분위기의 영향을 받을 것이다. 우리는 비범한 소망의 사람이 되도록 하나님께 지음을 받았다.

소망을 유지하는 법을 배우는 것은 신자의 삶에서 가장 중요한 부분 중 하나다. 왜냐하면 우리는 우리가 바라는(look for) 것에 끌리기 때문이다. 그러므로 좋은 소식을 바라라. 하나님께서 이 세상에서 현재 하시고 계신 일을 전하는 소식들을 바라라. 지금 이 시간 회심자의 수는 믿기 어려울 정도다. 죽은 자 가운데 다시 살아난 자들의 수도 상상을 초월한다. 개척 교회의 숫자도 사상 최고다. 도시들과 국가들의 변화도 급속하게 상승하고 있다. 국가와 산업계의 지도자들이 기록적인 숫자로 예수님께 돌아오고 있다. 이 모든 것이 사실이며, 정말 사실이다.

마지막 날에 대해 주신 그분의 약속들을 성경에서 찾아보라. 성경은 우리가 살고 있는 이 시대에 대한 놀라운 약속들로 가득 차 있다. 당신이 계속해서 이 사실들을 마음에 새긴다면 나쁜 소식을 듣고 결코 격려받지 못할 것이다. 대신에 당신은 주변 사람들에게 소망의 샘이 될 것이다. 소망은 자석과 같다. 당신이 지니고 있는 해답들을 구하는 자들은 당신의 삶에 모여들 것이다.

기도

하늘에 계신 아버지, 제가 비록 아직 이 땅에 살고 있지만 저를 당신 나라의 시민으로 삼아 주셔서 감사합니다. 저는 어둠이 한 번도 당신을 위협한 적이 없다는 것을 알고 있습니다. 저는 어둠이 이기고 있다는 거짓말 때문에 결코 다시 넘어지길 원치 않습니다. 저는 아버지의 정사(government)가 결코 끝이 없다는 사실 때문에 아버지를 경외합니다! 당신의 통치는 오직 배가되어 나타날 뿐입니다. 저로 그것을 보고 그것을 저의 주변 세상에 잘 전달하게 도우소서.

선언

나는 내 아버지께서 주신 영원히 끝나지 않는 소망의 대리자다. 나는 어둠의 권세들에게 반응하지 않을 것이다. 대신에 나는 하나님께서 말씀하시고 행하시는 것에 반응할 것이다. 이것이 바로 내 삶의 특권이다. 그리고 나는 하나님의 영광을 위해 이를 행할 것이다.

24

사랑

인생의 비극 중 하나는
사랑이 없는 사람들이 성경을 해석하는 것이다.

옳 게 보이려는 나의 필요가 하나님의 사랑을 보이려는 나의 갈망보다 클 때 나는 어쩔 수 없이 판단과 무시하는 마음으로 사람들을 거칠게 대할 것이다. 구약성경에는 너무나 많은 비극이 있어서 삶과 사역을 분노로 접근한 예를 어렵지 않게 찾을 수 있다. 그러나 주님을 생각하면 모든 게 달라진다.

성경을 읽을 때 성령께서 우리 교사가 되어야 하는 중요성을 강조하는 이유가 바로 이것이다. 만일 그렇지 않을 경우에 분노하기가 너무나 쉽다. 성령님께서는 예수님이 답이라는 단서를 가지고 성경을 읽도록 우리를 도우신다. 그분 없이 읽으면 단지 규칙만 보이게 된다.

오늘날 많은 교회들이 사랑보다는 반대 때문에 유명하다는 것을 생각해 본 적이 있는가? 정치를 예로 들어 보자. 많은 교회들은 항의의 현수막을 걸고, 비판의 글을 쓰고, 공개적으로 정치인들과 다른 공인들의 죄에 대해 비난한다. 여러 기독교 단체들은 힘을 합쳐 보이콧(boycotts)을 하여 권력자들을 강제로 성경의 원리에 굴복하게 만든다. 물론 그럴 필요도 있고 어느 정도 효과도 있다. 그러나 그런 것은 하나님 나라의 목적을 이루기 위해 정치의 영과 연합할 때가 많다. 그 과정 중에 결국 우리는 대가를 치른다.

예수님은 "칼을 가지는 자는 다 칼로 망하느니라"고 말씀하셨다(마 26:52를 보라). 우리가 살기 위해 택한 길이 죽이는 길이 된다. 이 경우에 우리가 얻은 것이 무엇이든지 정치적으로 얻은 것을 유지하려면 정치의 영이 필요하다. 그리고 정치의 영은 원하는 결과를 얻기 위해 사람에게 두려움을 주는 것을 도구로 사용한다. 환언하면, 목적을 위해 수단을 정당화한다. 우리를 촉진시키는 영이 결국에는 우리를 끌어내리는 영이 될 것이다. 그러나 예수님은 다르게 일하셨고, 그것도 완전히 다르게 움직이셨다.

죄인들은 예수님과 함께할 기회를 찾았다. 돈을 훔치던 세리인 삭개오는 그분을 보려고 나무에 올라갔다. 이 사람이 나무에 오른 것을 보시고 예수님은 삭개오의 집에 식사를 하러 가시겠다고 자청하셨다. 한 창기는 모든 관례를 깨고 종교 지도자의 집에 들어가 예수님의 발에 눈물을 흘리며 자기 눈물로 그분의 발을 닦았다. 이런 만남들은 복음서 전체에서 매우 깊은 인상을 준다. 예수님의 거친 말씀은 언제나 종교 지도자들을 겨냥했다. 그들은 주님이 제공하시는 자유에서 사람들을 멀리 떼어 놓으려 함으로써 그분의 메시지를 더럽혔다.

사랑하지 않는 사람은 사물을 다르게 본다. 역사는 자신의 증오를 합리화하기 위해 성경을 사용한 미친 사람들의 예로 가득하다. 그들은 반대를 핍박으로 여겼지만 그것은 오직 삶에 대한 그들의 접근법이 옳다는 것을 확증하기 위한 것이었다.

반대로 예수님은 사랑하시기 때문에 핍박을 받으셨다. 그분이 제공하신 자유는 국가를 공포 가운데 넣고 권력 다툼을 벌인 종교 지도자들을 화나게 만들었다. 예수님께서 그분 주변의 죄인들과 천한 자들에게 위협적이지 않았다는 것은 매우 흥미롭다. 그들은 주님께서 순전하시기 때문에 그분을 멀리하지도 않았다. 그분은 타협하지 않고 완벽하게 거룩한 삶을 사셨지만 주님 당시에 가장 극악한 죄인들로 여겨진 자들이 그분께 몰려들었다. 참된 거룩은 참된 미(beauty)의 정수(essence)다.

사랑은 모든 것을 변화시킨다. 사랑은 우리가 성경을 읽는 법을 변화시키며, 성경을 읽을 때 우리가 보는 것을 바꿔 놓는다. 사랑이 없으면 소망을 보지 못한다. 우리는 약속들을 보지 못하고 판단으로 반응한다. 사랑이 없으면 분노 가운데 움직일 때가 많은데, 우리는 그것을 의분이라 부른다. 그렇다. 성경에서 우리는 심판을 발견하지만, 사랑은 사랑이신 우리 아버지 하나님에게서 해답과 해결책을 바란다. 그리고 그분은 우리 자신보다 우리의 안녕을 위해 더 애쓰신다. 사랑하지 않는 자들은 단지 하나님께서 말씀하시는 요구사항만 보고 그분께서 하늘의 능력을 이 땅에 부으셔서 우리로 그분의 은혜로 승리하게 하시려는 그분의 의도를 보지 못한다. 그런 능력은 그분을 영접하는 모든 자에게 주시는 그분의 선물이다.

기도

하늘에 계신 아버지, 당신의 말씀인 성경을 주셔서 감사합니다. 당신은 계속해서 제가 읽는 것을 통해 저에게 생명을 주십니다. 이에 대해 감사를 드립니다. 성령님을 저의 안내자로 삼고 예수님의 삶을 통해 모든 것을 읽을 수 있도록 저를 도우소서. 저는 결코 당신과 사람들을 향한 저의 사랑보다 저의 옳음을 입증하려는 갈망이 크지 않기를 원합니다. 실제로 진리를 향한 저의 열정도 오직 당신을 향한 저의 사랑의 표현이 되게 하소서. 저는 이 모든 것들이 당신의 은혜를 통해서만 가능하다는 것을 압니다. 사랑을 제일로 여길 수 있게 하심에 대해 미리 감사를 드립니다.

선언

내게 거저 주신 하나님의 은혜로 나는 하나님과 그분의 말씀에 대한 사랑을 실제로 사람들을 사랑함으로써 보일 것이다. 심지어 진리를 추구할 때도 나는 나와 의견이 다른 자들을 배려함으로써 다른 사람들을 향한 예수님의 마음을 보여 줄 것이다. 그리고 나는 이 모든 것을 하나님의 영광을 위해 할 것이다.

25

믿음

당신은 어떤 폭풍을 만나도
다스릴 권세가 있기에 그 안에서 잠잘 수 있다.

예수님은 생명을 위협하는 폭풍도 효과적으로 대처하는 방법의 기준을 세우셨다. 그것은 안식에 거하는 것이다. 마가복음 4장 36~41절에서 언급된 폭풍 때문에 제자들은 큰 두려움을 느꼈다. 아마도 그들은 자신들이 죽을 거라고 생각했을 것이다. 이 순간 더욱 혼란스럽게도 예수님은 이에 아랑곳하지 않는 것처럼 보였다. 대신에 주님은 베개를 베시고 배의 고물에 누워 주무셨다. 마침내 제자들이 주님을 깨우고서 왜 자기들이 죽어 가는데도 아랑곳하지 않으셨는지 주님께 여쭈었다. 주님은 일어나 바람을 꾸짖으시고 바다에 평화를 풀어 놓으셨다. 그런 다음에 그들에게 왜 믿음이 없냐고 물으셨다. 이 순간은 하나님 나라가 어떻게 역사하는지, 믿음이 어떻게 작동하는지를 잘 보여 준다. 그것은 안식에서부터 역사한다.

110

나는 신자들이 공포스러운 상황에서 큰 두려움 때문에 고통 중에 마귀를 꾸짖는 경우를 수도 없이 목도했다. 보통 사람들은 소리를 지르고, 눈물을 흘리며 위협을 가했다. 그러나 솔직히 말해서 나는 마귀가 그런 전술에 항복하는 것을 한 번도 보지 못했다. 우리가 소리를 높이는 것이 잘못되었다는 말이 아니다. 믿음으로 큰 소리를 지르는 것과 두려움 때문에 큰 소리를 지르는 것은 큰 차이가 있다. 내 말을 믿으라. 마귀는 그 차이를 알고 있다. 믿음의 목소리는 그를 물리치지만, 두려움의 목소리는 그를 끌어들인다. 말의 소리 자체가 차이를 만들어 내지는 못한다.

이 안식의 자리를 우리는 또한 그리스도 안에 거한다고 부른다. 예수님은 포도나무와 가지의 비유에서 이를 가르치셨다. 가지가 포도나무에 붙어 있는 것처럼 우리도 그리스도와 붙어 있어야 한다. 다시 말하지만 그리스도 안에 거하는 것은 실제적인 것이 되어야만 한다. 거한다는 것은 기본적으로 우리가 하나님의 약속들을 가지고 그분의 가슴과 마음 그리고 그분의 임재와 깊이 연결되어 산다는 것을 의미한다. 우리를 향하신 하나님의 마음을 의식하며 살면 우리는 계속해서 안식의 자리에 머물게 된다. 그리고 평화는 전쟁, 소음이나 갈등이 없는 상태 이상의 것이다. 우리의 평화는 누군가의 임재를 말한다. 그것은 실제로 천국의 분위기다.

우리가 두려움으로 살기 시작하면 반드시 평화를 떠났던 장소로 돌아가야 한다. 우리의 평화를 잃어버리는 경우는 보통 거짓말에 지적으로 동의하고 우리의 감정이 그 거짓말에 사로잡

혔을 때다. 원수의 불화살은 우리의 믿음의 방패를 관통하여 우리 영혼에 침투한다. 이 순간에 이뤄진 동의는 우리의 삶을 위한 하나님의 목적들을 거스른다. 다시 질서를 잡으려면 회개해야 한다. 회개는 생각의 변화를 일으킨 죄를 깊이 슬퍼하는 것이다. 회개는 우리 생각과 삶이 바뀔 때까지 온전하지 못하다. 우리가 주님의 약속들과 목적들을 우리 손아귀에 넣을 때까지 온전한 회개라 할 수 없다.

삶에서 이런 도전을 가장 쉽게 다루는 방법은 무엇보다도 먼저 평화를 유지하는 것이다. 당신 삶에서 하나님의 임재를 가장 소중하게 여기고 가꾸라. 항상 당신의 삶을 위한 하나님의 약속들을 손으로 잡으라. 약속들을 암송하고, 노래하고, 종이 위에 쓰라. 그분의 마음을 당신의 마음 앞에 두기 위해 해야 할 모든 것을 행하라. 그분의 생각이 본능적으로 당신의 생각이 될 때까지 그렇게 하라.

기도

아버지, 당신께서 제가 살도록 창조하신 평화의 자리를 떠나려 할 때에는 저에게 경고하옵소서. 저는 더 이상 그렇게 하길 원치 않습니다. 다시 회복하기가 너무 힘들기 때문입니다. 제가 거짓말을 숙고할 때에는 저에게 진리를 생각나게 하소서. 그리고 저의 영혼의 닻을 당신의 임재와 평화에 두도록 도우소서. 지금 제가 실제로 거할 수 있는 천국의 기운을 주셔서 감사를 드립니다.

선언

그분의 평화는 나의 분깃이다. 그것은 나의 영원한 소유다. 나는 나에게 임하시는 성령을 인식하며 살기로 작정하며, 나에 대한 그분의 생각이 언제나 선하시다는 것을 잊지 않을 것이다.

26

소망

당신은 당신이 가장 많이 인식하는 세계의 본질을
언제나 드러낼 것이다.

이 세상은 불신과 회의와 불신앙으로 가득하다. 믿음이 존재하지만 문화적 기준이 되는 경우는 거의 없다. 그 결과 대부분의 신자들은 그들의 시민권이 있는 천국보다는 그들 주변의 어둠을 더 많이 인식한다. 현재 우리의 시민권이 하늘에 있다는 사실을 인식하지 못하면 우리는 엄청난 대가를 치르게 된다. 단지 우리가 죽을 때가 아니라 지금 이 순간, 어둠 가운데서 말이다.

사람들은 좋든 나쁘든 그들이 가장 많이 인식하는 세계의 현실을 풀어낸다. 우리는 이를 본능적으로 안다. 예를 들어, 우리는 우울한 사람이 방 안에 들어오면 어느 누구도 그의 그늘을 통해 치유를 받지 못한다(행 5:15~16을 보라). 그림은 명백하다. 우울증은 종종 거짓말을 믿을 때 생긴다. 거짓말에 깊이 빠지면

114

사람의 안색이 바뀐다. 그리고 그것은 그의 주변 대기에 영향을 미친다. 그것은 생명과 격려와 건강의 안색이 아니다. 그런 사람은 다음 한 시간을 버티려고 무언가를 바라기 때문에 주변에서 긍정적인 것을 빼내 간다.

또 다른 예로 신랄함으로 가득 찬 사람들을 들어 보자. 그들은 분위기에서 무언가를 빼 가는 대신에 대기를 긴장과 갈등으로 채운다. 그들은 주변을 오염시키고 그들이 가장 많이 인식하는 것들—무례함, 갈등, 분열—을 풀어낸다. 어느 누구도 그들의 그늘을 통해 치유를 받지 못한다.

기쁜 소식은 어둠보다 빛이 더 위대하다는 사실이다. 하나님의 임재를 인식하며 사는 사람은 누구나 주변을 어둡게 하는 사람들의 영향을 결코 받지 않는다. 그 사람들이 신랄하든 아니면 우울하든, 어떤 모양이든 상관없다. 하나님의 임재는 심지어 이보다 더 멀리 간다. 우리가 하나님의 임재를 인식하며 살면 우리가 주변 환경에 영향을 미칠 가능성이 훨씬 더 높다. 사실이다.

구약성경은 롯의 삶을 통해 이러한 원리를 잘 보여 준다. 베드로후서 2장 7절은 우리에게 다음과 같이 말한다: "무법한 자들의 음란한 행실로 말미암아 고통 당하는 의로운 롯을 건지셨으니." 롯은 신약에서 우리가 가지고 있는 유익들—즉 성령님의 내주하시는 임재—을 동일하게 가지지는 못했지만, 구약의 다른 사람들은 이러한 도전에 있어서 롯보다 더 성공을 거둔 것처럼 보인다. 이 점에서 다니엘의 경우는 완벽하다. 그는 마귀적인 사회에서 살았고, 당시의 마녀들과 남자 마법사들과 같은 부류로 취급을 받았으며, 느부갓네살이라 불리는 미치광이 왕을 위해 일했다. 느부갓네살은 자기 백성에게 자기를 경배하도록 강요했다. 그러나 다니엘은 주변 어둠의 세력에 눌리지 않았다. 이 모든 것을 초월하여 살 수 있는 그의 능력으로 인해 그는 성경 전체 가운데 가장 위대한 회심 사건 중 하나에서 분명 중요한 역할을 감당했다. 그것은 느부갓네살의 회심이었다.

롯의 주변 환경은 그가 견딜 수 있는 것 이상이었다. 그리고 그는 의로운 자였지만 다른 사람들의 악함으로 인해 억압을 받았다. 그런 환경에서 하나님이 그를 위해 의도하신 영향력은 문자 그대로 차단되었다. 이런 결과를 모든 신자들이 피할 수 없는 것이 아니라는 사실에 우리는 감사할 수 있다. 왜냐하면 죄가 넘치는 곳에서 은혜가 더 넘친다는 약속을 우리가 실어 나르기 때문이다. 은혜는 신자들을 통해 흘러간다. 우리는 하나님의 임재와 함께함으로써 우리 주변에 영향을 미칠 수 있다. 즉 우리의 마음 안에서 그분의 약속들을 실어 나름으로써 이는 가능하다. 우리는 우리 주변에 왕이신 하나님의 통치를 드러낼 수 있다. 소망을 지닌 사람들은 견딜 수 있다. 그것도 아주 훌륭하게 말이다. 소망은 돌파를 부른다.

기도

아버지, 예수님께서 인식하셨던 것과 동일하게 저도 당신을 인식하며 살도록 도우소서. 주님은 당신께서 하시는 일과 말씀하시는 것을 계속해서 인식하셨습니다. 저도 그렇게 되길 원합니다. 예수님께서 저로 하여금 그분이 이루신 승리의 분량만큼 살수 있도록 해 주신 것에 대해 감사를 드립니다. 저는 당신께서 저를 당신의 임재를 실어 나르는 자로 고안하시고, 당신의 임재를 잃어지고 죽어 가는 세상에게 가져가는 특권을 주신 사실에 대해 찬양과 영광을 드립니다.

선언

하나님은 내 주변의 악한 세력을 초월하여 살 수 있는 능력을 내게 주셨다. 나는 요한일서 4장 4절의 말씀에 따라 내 안에 계신 이가 세상에 있는 자보다 크시다는 사실을 기뻐하며 축하한다. 그리고 내가 성령을 통해 계속해서 하나님을 흠모하며 살 때 그분의 크심이 나를 통해 보이게 될 것이다.

27

사랑

동정은 긍휼의 모조품이다.

그리스도를 닮은 긍휼이라고 하면서 박수를 받는 것 중에 많은 것이 동정에 지나지 않는다. 동정은 소망이 거의 없거나 아주 없으며, 삶에도 능력이 없다. 동정은 어떤 사람을 계속해서 고통과 문제 혹은 질문 가운데 방치하지만, 긍휼은 그를 그곳에서 데리고 나온다. 예수님은 다시 한 번 이 주제에 대한 기준을 세우셨다. 주님께서 '긍휼히 여기실' 때마다 기적이 뒤를 이었다. 한 번도 그러시지 않은 적이 없다. 그분의 긍휼을 보시는 관점은 우리의 관점과 매우 다르다. 그러므로 우리의 관점을 바꿔야 한다. 긍휼은 마치 하나님의 능력이 타시는 수레와 같다. 모든 사역은 이와 같이 되어야 한다. 은사들은 성품(character)의 수레를 타야 한다. 은사와 성품은 한 번도 분리되기로 작정되어 있지 않았다.

동정은 고통이나 어려움 가운데 처한 어떤 사람의 정체성을 강화시키기 때문에 심지어 위험할 수도 있다. 자연인이 할 수 있는 최선인 동정은 어려움에 처한 사람이 지금 이 시간을 위해 주어진 하나님의 약속들을 인식하지 못하게 막기 때문에 이를 극복하는 데 필요한 믿음을 가로막는다.

종교의 영은 우리가 동정 가운데 일하게 만들길 좋아한다. 왜냐하면 그것은 능력 없는 경건의 모양을 축하하기 때문이다. 동정은 사람들로 하여금 희생자의 정체성을 강화하고 미래에 있을 천국의 가능성만을 그들의 유일한 소망으로 삼게 만든다. 이런 것들이 괜찮게 들리지만 예수님의 삶의 방식이나 그분이 전파하신 내용은 아니다. 그분의 메시지는 하나님의 나라가 지금 이곳에, 우리의 손이 닿는 곳에 가까이 왔다는 것이었다. 영원이라는 것이 측량할 수 없을 정도로 영광스럽지만, 그분의 메시지의 과녁은 지금(now)이었으며, 마귀의 일을 멸하시는 그분의 역사가 이를 지지했다.

이제 솔직해 보자. 어떤 사람의 문제에 대해 단순한 해답이 없을 때는 위로하고 동정하는 것이 훨씬 더 쉽다. 불행하게도 우리는 스스로 싸울 수 없어 보이는 자들을 위해 기적을 구하는 대신에 위로하려고 한다. 이런 노선에 대한 믿음을 갖는 것이 더 쉽다.

성경에서 말하는 긍휼은 하나님의 사랑이다. 사랑은 최선을 구한다. 그리고 신자는 그 최선에 다가가고, 하나님 나라의 능력이 지금 풀어진다. 믿음은 사랑을 통해 역사한다. 이 둘은 영원히 연결되어 있다.

긍휼은 하나님 나라의 해결책들을 보여 준다. 하나님의 사랑이 긍휼에 활력을 준다. 하나님은 우리가 이생에서 고침 받고 구원을 받도록 하기 위해 큰 대가를 치르셨다. 그분은 자신이 해답을 제공해야 하는지 안 해야 하는지 의아해하면서 문제를 바라보지 않으신다. 주님은 질병을 보고 고쳐야 할지 말아야 할지 의아해하지 않으신다. 2천 년 전에 모든 사람이 고침을 받도록 대가가 지불되었다. 마찬가지로 우리 모두가 용서를 받도록 하기 위해 대가가 지불되었다. 그분의 방정식의 끝에는 부족함이 없다.

기도

나의 아버지, 나의 하나님, 저는 날마다 참으로 큰 은혜가 필요합니다. 제가 사람들을 보호하여 당신을 신뢰해야 할 그들의 필요성을 방해하지 않도록 도우소서. 대신에 저는 당신의 사랑이 저를 통해 흘러가길 원합니다. 곤경에 처한 자들을 위로할 뿐만 아니라 그들이 돌파할 수 있기를 원합니다. 각 사람을 향한 당신의 마음을 깨닫고 예수님이 행하실 방식과 동일하게 당신의 친절을 보이게 하소서. 사람들은 당신이 어떤 분이신지를 알아야 합니다. 그래서 저는 이 목적에 저의 인생을 드립니다. 이는 당신께서 영광을 받으시도록 하기 위함입니다.

선언

나는 인간적으로 가능한 것에만 내 삶을 한정짓지 않을 것이다.

대신에 나는 주님의 사랑과 긍휼의 마음이 나를 통해 흘러가도록 하는 특권을 받아들일 것이다. 나는 그분의 완전한 긍휼을 보이면서 예수님이 내 입장이었다면 주셨을 해답들을 구하고 기대할 것이다. 예수 그리스도께서 온 땅에서 높임을 받으시도록 하기 위해 나는 이러한 일들을 할 것이다.

28

믿음

진(stronghold, 陣)이란 하나님 외에 사람들이 신뢰하는 것이다.

신뢰는 믿음의 표현이다. 그리고 사람들은 하나님 외에 어떤 것을 신뢰할 때마다 우리 영혼의 원수는 이를 미혹을 심화시킬 합법적 장소로 본다. 그의 목표는 그 안에 들어가 그것을 진으로 삼는 것이다. 왜곡된 신뢰에 어둠의 세력들이 끼인다. 그들은 하나님이 아니라면 신뢰를 어디에 두었는지는 정말로 상관치 않는다. 그래서 바울은 "마귀에게 틈을 주지 말라"고 말했다. 신자라도 하나님만이 앉으셔야 할 자리를 마귀에게 내어 줄 수 있다.

잠언서는 이 진리를 잘 설명해 주는 흥미로운 그림을 우리에게 제공해 준다: "지혜로운 자는 용사의 성에 올라가서 그 성이 의지하는 방벽(진)을 허느니라"(잠 21:22). 여기서 핵심어는 "그 성이 의지하는 방벽"이다. 사람들이 하나님 외에 신뢰를 두는 곳을 볼 수 있다면 당신은 허물어야 할 방벽(진)을 발견할 것이다.

일단 우리 자신의 삶에서 진들이 제거되었으면 지혜를 통해 우리는 도시 위에 세워진 진들을 허물 수 있다.

예수님은 제자가 되고 싶어 하는 자들에게 엄격한 라이프스타일의 모범을 보여 주셨다. 그들이 가족, 돈, 관계, 직업, 기타 다른 것들에 접근하는 방식은 그들 주변 세상의 접근 방식과 달랐다. 어떤 이들은 예수님께서 가난을 모델로 가르치셨다고 오해한다. 그것은 정말 사실이 아니다. 제자들은 하나님께서 그들에게 제공해 주실 것을 바르게 관리하는 법을 배우기 위해 재물 없이 가야만 했다. 그들의 여정은 광야에서 이스라엘 백성들이 한 여정과 매우 흡사하다. 그들은 이제 막 유업으로 받으려 하는 약속의 땅을 관리하는 법을 배우기 위해 재물 없이 갔다. 그러나 예수님께서 이 땅을 떠나시기 전에 그분은 제자들에게 처음에 금하셨던 전대를 취하라 명하셨다. 그러므로 돈에 대한 문제가 결코 아니었다. 그것은 신뢰에 관한 것이었다.

우리에게 주시는 도전은 돈이 있고 없고의 문제가 아니다. 문제는 우리 소유의 다소와 상관없이 신뢰를 어디에 둘 것인가 하는 것이다. 얼마나 돈이 많아야 많은 것인가? 돈의 양과 상관없이 돈은 신뢰를 대체한다. 어떤 이는 적은 돈만 있어도 신뢰를 대체하고, 어떤 이는 많은 돈이 있어야 대체한다.

하나님 이외에 우리의 신뢰를 얻는 것은 귀신들을 불러들인다. 마귀는 모든 왜곡된 신뢰를 마귀 숭배로 여긴다. 왜냐하면 그는 그 그늘에 자기를 숨기기 때문이다.

믿음 또한 무언가를 불러들인다. 그러나 이 경우에 우리는 어둠의 세력을 강화시키는 대신에 하나님의 활동을 우리 주변에 불러들이는 피뢰침이 된다. 심지어 천사들도 그러한 분위기를 채워야 한다. 왜냐하면 그들은 "섬기는 영으로서 구원 받을 상속자들을 위하여 섬기라고 보내심"을 받았기 때문이다(히 1:14). 그들은 우리가 우리의 구속자를 신뢰하는 모습에 매료된다. 왜냐하면 천사들은 한 번도 그런 위치에 서 본 적이 없기 때문이다.

하나님을 신뢰하는 것은 특권이다. 우리의 삶을 향해 주신 하나님의 약속들을 암송하고 그 약속들에 우리 자신을 노출시키려는 노력은 가치가 있다. 나에게는 딕 밀즈라고 하는 친한 친구가 있다. 그는 지금 주님의 집에 가 있다. 그는 성경에 있는 7,700개의 약속들을 여러 가지 성경 번역본으로 암송했다. 그는 주변 사람들에게 기쁨이었다. 왜냐하면 그는 어떤 문제나 도전이 오든 언제나 하나님의 약속을 가지고 있었기 때문이었다. 그는 주님을 신실하게 섬기는 세월 동안 수많은 사람들을 격려했다.

신자의 삶은 이와 같아야 한다. 이것이야말로 그리스도 안에 거하는 자의 진실한 삶의 모습이기 때문이다. 그는 언제나 주의 임재와 그분의 말씀을 생각하며 모든 상황에서 하나님의 약속으로 불타올랐다. 그럴 때 이 땅의 분위기는 천국의 분위기로 바뀐다.

기도

아버지, 저를 향한 아버지의 마음과 충돌하는 어떤 것도 신뢰하지 않음으로 마귀에게 결코 틈을 주지 않도록 도우소서. 저는 당신께서 온전히 존귀함을 받기에 합당하신 분임을 압니다. 당신께서 당신의 말씀 안에서 오직 저를 위해 주신 약속들을 볼 수 있도록 도우소서. 저의 한계에 따라 생각하지 않고 당신의 약속들을 따라 생각하길 원합니다. 저로 당신의 약속들의 지배를 받게 하시고, 상황과 상관없이 제 주변의 모든 자들에게 소망을 주는 자가 되게 하소서.

선언

나는 나를 위한 하나님의 약속들을 묵상하기로 작정한다. 나는 그분의 생각 안에 있지 않은 생각을 내 마음에 둘 수 없다. 그래서 오늘 나는 오직 하나님만을 신뢰할 것을 선언한다. 왜냐하면 그분께서는 내가 이 일에 성공하는 데 필요한 모든 것을 이미 준비하셨기 때문이다.

29

소망

나는 그 어느 것도
하나님에 대한 인식보다 더 크지 않게 하며 살고자 한다.

우 리 모두는 무언가 너무 괴로워서 몇 시간 혹은 몇 날을
걱정하며 때로는 잠 못 이루는 밤을 보내는 지경에 이
르는 것이 무엇인지 잘 안다. 우리 머릿속의 주제를 바꾸려고
노력해도 그렇게 되질 않는다. 그렇게 안 되는 이유 중 하나는
원수가 우리를 산만하게 만들어 하나님의 약속들과 멀어지게
만들기 때문이다. 그는 하나님께서 즉각적인 승리를 위해 우리
에게 주신 도구들을 우리가 망각하길 바란다.

잠을 잘 수 없을 정도로 어떤 문제에 몰입하는 것은 부정적
이지만 또한 고무적이기도 하다. 왜냐하면 그것은 우리가 실제
로 묵상하는 법을 안다는 것을 드러내기 때문이다. 우리는 단지
주제만 바꾸면 된다.

이교도가 명상할 때 그들은 마음을 비운다. 그러나 많은 영

들이 그 사람의 삶에 들어와 어둠의 영향력을 끼치려고 호시탐탐 노리고 있기 때문에 그것은 위험하다. 마음을 비우는 것은 귀신들을 초청하는 것이다. 성경적인 묵상은 이와 사뭇 다르다. 그것은 하나님이 말씀하신 것으로 우리의 마음을 채우는 것이며, 이를 우리 마음과 생각에서 반추하여 마침내 진리가 우리 안에서 뿌리를 내리는 것이다. 그러면 하나님이 하신 말씀은 단지 우리가 인용하는 말씀 이상의 것이 된다. 그것은 우리 존재의 일부가 된다.

우리가 생각하고 초점을 맞추고 있는 것이 무엇이든 그것은 우리의 태도와 안색에 엄청난 영향을 미친다. 믿음은 우리의 생각(mind)에서 오지 않지만, 우리의 생각과 태도는 우리 믿음에 커다란 영향을 미친다. 간단히 말해, 마귀는 우리가 그가 이 땅에서 행하는 일에 압도되길 원한다. 만일 그가 우리의 소망을 약화시킬 수 있다면 그는 우리가 생각하는 것과 생각하는 방식에 영향을 주어 결국에는 우리의 믿음을 약화시킬 수 있다는 것을 안다.

마귀는 죽이고 도적질하고 멸망시키기 위해 온다. 오늘날 문화에서 우리는 사망, 손실, 파괴—이는 마귀의 지문들이다—에 관한 뉴스로 매일 배를 불린다. 만일 내가 그가 한 일을 깊이 생각한다면 나는 그에게 반응하며 살 것이다. 그러나 그는 나의 일을 방해할 가치가 없는 자다. 그는 나의 생각, 계획이나 행동에 어떤 영향을 미칠 가치가 없다.

우리 모두는 도전에 직면한다. 때로 그 문제들은 매우 개인적이며 가슴이 저리다. 때로 그것들은 생명을 위협하는 폭풍이나 전쟁 혹은 국제 분쟁의 위협과 같은 위기와 관련이 있다. 이런 문제들이 나를 압도하면 문제를 풀려 할 때 의지할 것이 없어진다. 나는 내 삶 가운데 성령님께서 항상 함께하신다는 사실과, 또한 하나님의 변치 않는 선하심을 확신해야 한다. 내가 그분을 계속해서 의식할 때 나는 해답의 일부가 될 수 있다. 하지만 내가 문제를 너무 염려하게 되면 이런 연약함을 영적으로 미화하여 이를 중보라 부르면서 불평하는 자가 될 가능성이 높다.

문제보다 내 안에서, 그리고 내 위에서 역사하시는 성령님을 생생하게 인식하는 것을 지금 내가 강조하고 있음에 주의하라. 환언하면, 나는 이런 상황에서 나의 기분을 좋게 하기 위해 교리적 선언을 구하지 않는다. 나는 인격이신 성령님 그분을 구한다. 나는 모든 안전과 승리 그리고 기쁨이 되신 그분을 인식하려 한다. 그분은 예수님의 이름의 영광을 위해 나로 계속해서 승리의 자리에 서게 하시는 분이시다.

계속해서 문제들보다 하나님을 더 많이 인식하라는 말은 오히려 너무 단순하게 들린다. 나의 경우에 최소한 이처럼 우선순위를 두고 연습하는 것이 이런 개념 자체보다 훨씬 더 도전적이다. 그러나 진리는 영원하다. 내가 무엇에 초점을 맞추는가에 따라 내가 내 주변 문제들의 희생자가 될 것인지 아니면 승리자가 될 것인지가 결정된다.

기도

아버지 하나님, 성령님의 놀라운 은사를 항상 인식할 수 있도록 저를 도우소서. 당신 자신을 저에게 그렇게 완벽하게 주심에 감사드립니다! 저는 희생자가 되길 원치 않습니다. 저는 저의 주변 세계를 위해 당신께서 가지고 계신 목적들과 계획들이 열매를 맺는 그런 삶을 살고 싶습니다. 세상을 변화시키기 위해 사는 일단의 무리들과 함께할 수 있도록 허락해 주신 것을 감사합니다. 제 삶 가운데, 그리고 제 삶을 통해 모든 영역의 돌파가 일어날 때 당신께서 모든 영광을 받으소서.

선언

나는 다른 사람들이 승리할 수 있도록 도움을 주고 모든 영광을 그분께 돌리기 위해 하나님의 임재를 지니고 살도록 고유하게 지음을 받았다. 나는 하나님의 영광을 위해 이처럼 특권과도 같은 임무를 받아들인다.

30

사랑

하나님의 사람들로 그들의 최선이 되게 하는 분위기는
존중(honor)이다.

최근 몇 년 사이 존중이라는 주제를 사람들이 점차 강조하고 있다. 우리 가족과 교회에서도 소위 '존중의 문화'(the culture of honor)를 계발하기 위해 애쓰고 있다. 그것은 행동 이상의 것이다. 그것은 모든 삶에 영향을 미치는 핵심 가치다. 그렇기 때문에 그 중요성은 아무리 강조해도 지나치지 않다.

존중은 탁월한 마음(heart)에서 나온다. 존중은 우리가 가치를 보여 주는 방식이다. 만일 내가 값비싼 도자기를 가지고 있다면 아마도 나는 굳은 날씨에 노출되고 어린 손자들이 노는 뒷마당에 그것을 두지 않을 것이다. 나는 내 집에 들어오는 모든 사람을 위해 그 아름다움을 보여 줄 수 있는 안전한 장소를 만들 것이다. 그리고 그 도자기를 그 존중의 자리에 둘 것이다.

존중은 내가 아는 사랑을 가장 분명하게 표현하는 방식 중 하나다. 그것은 건강하고 목적이 있는 환경을 조성해 주고, 그로 인해 사람들은 자신의 최선의 모습이 된다. 다음을 생각해 보라. 존중의 행동을 하면 존중의 생활 방식이 생긴다. 존중의 생활 방식은 온실과 같은 역할을 한다. 이러한 환경에서 식물들—가정, 직장이나 교회—이 잘 자란다. 존중의 생활 방식은 모든 것이 선하게 자라도록 하는 분위기를 조성한다.

자신이 더 나은 대접을 받기 위해 존중의 문화를 원하는 지도자들은 이 점을 완전히 놓친다. 그것은 마치 직장에서 돌아오면 온 가족이 자신의 모든 필요를 채워 주길 기대하는 부모와 같다. 나는 사무실에서 그날의 일을 끝내고 집으로 돌아오는 길에 스스로에게 상기시키곤 한 말이 있었다: "빌, 너는 아직 일이 안 끝났어. 너는 아직 4시간 더 일해야 해." 다른 말로 하면, 나의 아내는 아이들을 돌보느라 하루 종일 열심히 일했다. 그녀는 내 사랑과 나의 도움과 지지가 필요했다. 내 아이들도 종일 아빠 없이 지냈기에 놀고 싶었고 놀아야 했다. 내가 문을 열고 들어가면 나를 향해 달려오는 작은 발자국 소리가 들리며, "아빠!"라고 소리치는 음성이 들렸다. 그것은 지상에서 가장 아름다운 소리였다. 이런 소리를 무시하고 그들에게 나를 섬기길 요구한다면 그것은 가장 무정하고 어리석은 것일 것이다. 나는 아내를 안아 주고 키스를 한 후에 그들을 존중해 주었다. 그들을 존중해 줄 때 나도 새 힘을 얻었다. 그날의 어려운 일들이 다른 사람을 위해 조성된 분위기 가운데 사라지는 듯했다.

지도자로서 나는 존중을 삶으로 살아 내는 방법의 기준을 세

우는 사람이다. 만일 나의 존중의 문화가 회사 구조에 근거를
둔다면 가장 작은 자를 희생하고 가장 큰 자만 높일 것이다. 기
업체의 계층적 서열은 이렇게 생겼다. 많은 교회들이 이런 식으
로 움직인다. 많은 것을 성취한 사람들에게 특별히 관심을 보이
고, 힘 있는 사람들에게 존중을 보인다. 하지만 존중은 어떤 것
을 성취할 수 있는 능력과 상관없이 주어져야 한다. 존중은 사
람의 업적이 아니라 사람 그 자체에 근거하여 주어져야 한다.
내 무릎에 있는 영아와 내 팔에 안긴 유아는 많은 것을 성취할
수 없다. 그러나 그들을 사랑하고 그들을 존중하는 것은 내가
아직 보이지 않는 것을 보기 때문이다. 다른 사람들을 존중하는
마음을 가지면 그들이 보지 못하는 것을 그들 안에서 보게 된
다. 그것은 마치 하나님께서 존중하는 자들의 마음의 눈을 여시
는 것과 같다. 왜냐하면 그분께서는 그들이 사랑의 반응을 보일
것을 신뢰하시기 때문이다.

참된 존중의 문화는 우리 가운데 가장 작은 자에게 영향을
미쳐야 한다. 만일 그렇지 않으면 그것은 참으로 우리의 문화가
아니다. 그리고 그런 분위기가 조성되면 사람들이 자신들 안에
서 가능성을 보기 훨씬 전에 그들의 가능성이 도출된다. 존중은
숨겨져 있는 위대성을 드러낸다.

우리 집과 일터와 교회에서 우리는 다른 신자들과 함께 '생
명을 행한다'(do life). 우리가 건강한 가정생활이란 개념을 가지
고 접근하면 이런 곳들에서의 우리의 관계는 더 건강해진다. 우
리가 일단 가정이란 개념을 버리면 하나님 나라의 개념도 버리

게 된다. 이렇게 접근할 때 존중—사랑의 참된 표현—의 삶이 가능해진다.

기도

하늘에 계신 아버지, 제가 당신의 크신 사랑의 표현의 의미를 온전히 알지 못하지만 당신은 저를 당신의 자녀로 존중하십니다. 제 안에 역사하시는 당신의 은혜로 말미암아 저는 다른 사람들을 존중하여 그들의 가능성을 끌어내고자 합니다. 제가 놓칠 수 있는 순간을 보고 사람들을 존중하며, 당신을 영화롭게 하는 방식으로 당신의 사랑을 보일 수 있도록 도우소서.

선언

하나님은 나를 그분의 소유로 부르심으로써 나를 존중해 주셨다. 나는 이 존중을 얻기 위해 아무것도 하지 않았지만 그분께서 그것을 내게 마음껏 주셨다. 내가 다른 사람들의 의미를 인정하고 존중을 통해 그것을 드러내는 것이 나의 특권임을 선언한다. 이는 내가 우리 가운데 가장 작은 자에게 그렇게 했을 때 그것이 하나님을 위해 그렇게 한 것임을 알기 때문이다.

31

믿음

무지는 이해를 요청하나 불신앙은 증거를 요청한다.

사가랴는 세례 요한의 아버지였다. 천사가 그에게 나타나 그와 아내인 엘리사벳이 비록 출산할 수 있는 나이를 넘겼지만 아들을 낳을 거라 말했다. 사가랴는 어떻게 이것이 가능한지 이해할 수가 없었다. 그가 천사에게 한 대답은 다소 충격적이었다: "내가 이것을 어떻게 알리요." 증거를 요구하는 것은 어리석었다. 그 결과 그는 요한이 태어날 때까지 언어의 능력을 잃어버렸다. 아마도 이것은 그가 이 기적을 망치지 못하도록 하신 하나님의 방법이었을지 모른다. 아마도 우리 중에 부주의한 말로 인해 피해를 본 것보다 더 큰 손해를 본 자는 없을 것이다. 성경이 말한 것처럼 "죽고 사는 것이 혀의 힘에 달렸"다 (잠 18:21).

같은 천사가 택함을 받은 마리아에게도 나타나서 그녀가 장차 아기 그리스도를 낳을 것이라고 말했다. 그녀도 자신이 처녀

였기 때문에 이런 일이 어떻게 가능한지 이해가 되지 않았다. 그러나 증거를 요청하는 대신에 그녀는 이해를 요청했다. 주님의 천사는 그녀에게 친절히 답해 주었고, 장차 그녀의 삶에 펼쳐질 것에 대해 가르쳐 주었다.

우리 모두는 인생의 가장 큰 도전들이 올 때 이해를 잘 못한다. 미쁘신 그분을 신뢰하면 이런 상황들이 참을 만할 뿐만 아니라 개인적으로 믿음이 성장할 수 있는 디딤돌이 된다. 성경은 우리에게 지혜와 이해(우리말성경에는 '명철'이라 번역되어 있음—옮긴이)를 추구하라고 명하지만, 신자의 삶에 있어서 주요 초점은 신뢰다. 이것은 우리의 삶에서 가장 중요한 요소다. 신뢰가 없으면 하나님과의 관계도 없다.

어떤 이들은 회의주의를 덕으로서 높인다. 그들이 가장 두려워하는 것은 자신들이 속아 넘어가거나 오도되는 것이다. 잘못될 수 있다는 두려움 때문에 그들은 한 번도 제대로 바르게 서 보지 못한다. 그와 같은 기만으로 가득한 책들이 두려워하는 자들에게는 잘 팔리지만, 하나님의 영광을 위해 담대한 믿음을 가짐으로 역사의 방향을 형성하는 데는 아무런 효험이 없다. 회의주의는 지혜의 가면을 쓰고 경험이 없는 자들에게 박수를 받는다. 자신의 위치를 유지하기 위해 그들은 다른 사람들이 계속해서 전진할 수 있는 권리들에 대해 의문을 품는다. 어떤 교회 문화의 경우에 사람들은 하나님에게 이처럼 다가가는 것을 소중하게 여기지만 이는 위험해 보인다. 이런 접근은 초자연적인 것에 대해 스스로 확신하지만, 하나님께서 우리 삶의 일상의 문제들에 개입하신다는 것을 근본적으로 부인한다. 그리고 누군가가 이런 일들에 대해 하나님께서 실제로 개입하길 원하신다고 생각하는 사람들이 보이면 재빨리 그를 미혹하는 자로 낙인을 찍는다. 이런 무리들은 증거를 요구한다.

한 개인이 필요를 인식하고 지혜를 구하는 것은 순전한 덕(virtue)이다. 이는 겸손에서 나오며, 전능하신 하나님 앞에서 우리가 반드시 가져야 할 접근법이다. 일반적으로 이해를 요구하기에 앞서 이와 같은 신뢰가 선행되어야 한다. 어린아이처럼 순전하게 나아갈 때 성경의 하나님께서 우리 일상의 삶의 하나님이 되실 여지가 생긴다.

대부분의 사람들은 이런저런 모양의 기도를 한다. 그러나 때로 어떤 기도들은 단지 하나님께 드리는 요구에 지나지 않으며, 우리가 분명히 알 수 있도록 그분께서 자신을 어떻게 증명하실 건지 알려 달라는 명령에 지나지 않는다. 그리고 그와 같은 증거가 없을 때 우리는 순종하지 않는다. 성경의 약속을 아무리 강하게 생각한다 할지라도 우리는 하나님께 그렇게 행동해 달라고 그분을 포로로 잡을 수는 없다. 예수님의 제자가 된다는 것은 사업가와의 계약이 아니다. 그것은 자기를 찾는 자에게 자기를 알리시는 하나님과의 관계다. 하나님을 찾는 것은 그분의 뜻을 찾는 것이다. 왜냐하면 우리는 주님의 통치를 원하지 않으면서 **그분**을 원할 수는 없기 때문이다. 우리는 비밀들을 이해하길 갈망하지만, 동시에 우리는 우리의 이해의 분량과 상관없이 그분께 순종하는 특권을 받아들인다.

기도

아버지, 제가 기꺼이 순종하기 전에 먼저 당신께 자신을 증거해 달라고 한 모든 시간을 용서하옵소서. 당신의 뜻이 무엇인지 분명히 들을 수 있도록 도우시고, 제가 두려울 때에도 담대히 순종할 수 있는 은혜를 주옵소서. 제가 이런 종류의 삶을 살 수 있도록 해 주신 것에 대해 모든 영광을 당신께서 받으시길 원합니다.

선언

나는 모든 상황에서 소망을 붙들 것이다. 왜냐하면 모든 소망의 하나님께서 나의 아버지가 되시기 때문이다. 나는 더 이상 회의주의를 높이지 않을 것이다. 그리고 믿어지지 않는 것이 정상적인 것이라는 개념을 버릴 것이다. 나는 신자다. 그리고 나의 새로운 본성은 큰 담력과 믿음이다.

32

소망

바울이 우리의 믿음의 분량을 따라 예언하라고 말했을 때
그는 왜 그렇게 많은 부정적인 예언들이 나오는지
그 이유를 밝힌다.

교회는 지구상에서 가장 큰 소망과 기쁨과 사랑을 가져야
한다. 그런 사람들은 인생을 가장 크게 즐거워해야 한
다. 그것은 주님의 기쁨 가운데 사는 삶이다. 예수님은 우리가
이렇게 사는 데 필요한 모든 것을 성취하셨다. 이 말은 도전적
인 문제의 상황이 없는 사람들이란 뜻이 아니다. 우리는 이 말
이 옳지 않다는 것을 안다. 그러나 모든 상황에서 우리는 그리
스도 안에서 승리자다. 우리가 삶에 대한 소망을 잃어버릴 때
우리는 빈혈증적인 믿음을 가지고 내일을 바라보게 된다.

앞서 나는 이 세대 교회의 마음과 생각에 일어난 이상한 현
상을 언급했다. 즉 신자들이 나쁜 소식을 통해 격려받는 법을
배운 것이 그것이다. 비극들과 위기들은 우리가 마지막 시대에

살고 있다는 것을 정하는 교회의 측정기가 되었다. 마지막 때는 주님의 재림이 그 절정을 이루기 때문에 비극은 격려의 근원이 된다.

"보라 어둠이 땅을 덮을 것이며"라고 예언한 선지자가 또한 "오직 여호와께서 네 위에 임하실 것이며 그의 영광이 네 위에 나타나리니 나라들은 네 빛으로, 왕들은 비치는 네 광명으로 나아오리라"고 예언한 것을 망각할 때가 많다(사 60:2-3). 이는 믿기 어려운 소망과 약속의 선언이다. 그리고 그것들은 같은 장에서 언급한 어둠을 훨씬 더 압도한다. 소망이 없을 때 우리의 눈은 우리의 영광스러운 미래에 대해 성경이 말하고 있는 것을 보지 못할 때가 많다. 빛이 어둠보다 강한 것과 동일하게 위대한 약속들을 말하는 구절들은 어려움을 말하는 구절들을 완전히 덮는다.

우리의 사고방식이 비극을 시대의 표적으로만 보려 할 때 우리는 그러한 비극을 통해 격려를 받게 된다. 이런 사고방식을 삶의 접근법에 적용하면 우리는 우리의 예언의 말이 어떻게 영향을 받게 되는지 보게 된다. 이때 우리의 믿음이 잘못된 과녁을 조준할 수 있으며, 이는 예언 사역에 악영향을 미친다. 그로 인해 우리는 어떤 상황에서 깊은 어둠에 관해 진리를 선포하지만, 그 상황을 바꾸는 데 도움을 줄 수 있는 더 높은 차원의 계시는 말하지 못한다. 예언이 미래를 미리 말해 주는 것은 사실이지만, 예언은 또한 변화의 씨들을 심으며, 이 땅에서 하나님의 의도들을 보는 사람들의 마음속에 소망과 믿음을 만들어 낸다.

바울이 한 말의 심오한 뜻은 우리의 믿음이 우리의 예언에 영향을 미친다는 것이다. 우리 믿음에서 나온 선포들은 사건들의 결과에 영향을 준다.

이 세상의 어둠을 모르는 사람이 해독제의 삶을 사는 것이 가능한가? 마귀를 많이 인식하지 않으면서 마귀의 궤계를 인식하며 사는 것이 가능한가? 우리 주변에 어떤 일이 일어나도 하나님의 약속에 너무나 강하게 붙들리어 예수님의 부활하심을 통해 가능케 해 주신 소망을 가지고 말하는 것이 가능한가?

나는 가능하다고 믿는다. 그리고 나는 이제 우리의 믿음을 따라 예언하라는 바울의 외침에 우리 모두가 귀를 기울여야 할 때라고 생각한다. 우리의 선포가 예수님이 제공해 주신 모든 것 때문에 큰 믿음 가운데 나오기를 기도한다.

기도

아버지, 제가 마귀의 궤계에 무지하지 않도록 도우소서. 그리고 그의 궤계를 나의 초점으로 삼지 않도록 도움이 필요합니다. 저는 모든 상황에서 약속을 실어 나르는 그런 자가 되고 싶습니다. 이 세상에 일어나는 어떤 비극보다도 당신의 응답과 약속에 더 인상을 받게 하옵소서. 당신의 은혜로 인해 저는 단순히 악을 중개하는 자가 아니라 저의 세대를 위한 해답의 일부로서의 삶을 살게 하소서. 제가 소망을 전염시키는 그런 자가 되도록 도우소서.

선언

예수님은 소망의 이유이시다. 그분은 나의 소망이며, 나의 미래이며, 나의 승리자이시다. 생명에 관한 모든 것은 그분의 갈보리의 공로로 인해 내 것이다. 나는 마귀에게 인상을 받길 거부한다. 하나님의 약속들은 개인적이든 아니면 국제적이든 그 어떤 갈등이나 도전보다 크시다. 나는 계속해서 소망을 키워 가는 자이며, 나는 이 소망에 따라 말할 것이다.

33

사랑

하나님은 예배를 구하지 않으시고 예배자를 찾으신다.

하나님은 확증을 필요로 하는 자기중심주의자(egotist)가 아니시다. 그분은 지상에서 그분의 인기를 올리려고 우리에게 그분이 얼마나 선하신 분인지 말하라고 명령하지 않으시며, 그런 노력도 기울이지 않으신다. 하나님은 자신이 어떤 분이신지에 대해 상당히 안정감을 누리는 분이시다. 그분은 예배를 구하지 않으신다. 그러나 그분은 예배자들을 찾으신다. 여기에는 차이가 있다.

다음을 생각해 보라. 하나님은 사랑이시다. 그리고 사랑은 언제나 최선을 택한다. 그분은 우리가 예배자가 되는 것보다 더 훌륭한 것을 우리에게서 원하실 수 없다. 왜냐하면 우리는 언제나 우리가 예배하는 것이 무엇이든 그것과 같이 되기 때문이다. 그것이 사랑이고, 또한 참된 사랑이다.

순전한 예배는 변화를 가져오는 경험이다. 이것은 예수님의 제자가 하나님, 즉 영광스러운 그분을 만나는 곳에서 이뤄진다. 감사와 찬양을 드리는 것은 이런 경험의 일부다. 그것은 전주곡 (prelude)과도 같다. 그것은 본 게임에 들어가기 전에 하는 워밍업 이 아니다. 감사와 찬양의 제사를 드리는 것은 '주님의 제사장' 으로 부름 받은 우리 소명의 놀라운 일부분이다. 그러나 하나님 은 우리의 제사에 응답하신다. 성령 안에서 예수님 임재의 현현 인 불은 언제나 제물 위에 떨어진다는 사실을 기억하면 유익하 다. 시편 22편 3절에서 우리는 하나님께서 우리의 찬양 가운데 거하신다는 개념을 발견한다. 그림이 점점 더 선명해진다. 즉 우리가 그분을 섬길 때 우리는 그분을 만난다. 논리적으로 하나 님의 임재를 이처럼 만났을 때 나타나는 유일한 반응은 예배뿐 이다.

또한 변화를 가져오는 경험으로서의 예배의 개념은 거짓 신 들의 예배―그것이 자기를 높이는 것이든 아니면 실제로 우상 숭배이든 상관없다―에도 적용된다. 시편 115편에서 기자는 우 상에게 눈이 있지만 볼 수 없다는 사실을 분명히 한다. 그리고 우상에게 예배하는 자들도 마찬가지다. 그들은 선과 악을 구별 할 수 있는 능력을 잃어버렸다. 그들은 자신이 예배하는 대상과 같아졌다.

그분의 영광스러운 임재를 만날 때 우리는 변화된다. 영광에 서 영광으로 변화된다. 성경은 "그가 나타나시면 우리가 그와 같을 줄을 아는 것은 그의 참모습 그대로 볼 것이기 때문이니" 라고 말한다(요일 3:2). 이 말씀은 미래에 관한 것이지만 원리는 여전히 동일하다. 즉 그분을 보면 우리는 변화한다. 아마도 사도 바울이 다음과 같이 말했을 때 그가 의도한 것이 이것이 아닌가 싶다: "우리가 다 수건을 벗은 얼굴로 거울을 보는 것 같이 주의 영광을 보매 그와 같은 형상으로 변화하여 영광에서 영광에 이르니 곧 주의 영으로 말미암음이니라"(고후 3:18). 바울이 우리가 바라보는 그 동일한 영광스러운 하나님의 형상으로 영광에서 영광으로 변화된다고 말한 것에 주의하라. 우리는 우리가 예배하는 대상과 같아진다. 요지는 신자인 우리에게 주어진 그 어떤 것보다 삶을 더 심오하게 변화시키는 것은 영광이라는 사실이다.

신자에게 있어서 그분의 얼굴을 뵙는 것보다 더 큰 특권은 없다. 이것은 궁극의 부르심이다. 그리고 그분을 본 자들은 그분이 허락하신 분량과 상관없이 그분처럼 되는 은혜를 점점 더 많이 받은 것이다.

기도

하늘에 계신 아버지, 당신을 사랑하고 예배할 수 있는 놀라운 특권을 주셔서 감사합니다. 예수님께서 이 영예를 누릴 수 있도록 자격을 주셔서 감사드립니다. 바쁜 일정과 저의 믿음과 관련이 있는 활동들보다 언제나 당신을 인식할 수 있게 도우소서. 제 마음의 소원은 저의 전 존재로 당신을 경외하고 당신의 영광스러운 아들, 예수 그리스도처럼 되는 것입니다. 당신의 영광을 위해 저는 이런 것들을 구합니다.

선언

예수님은 내가 하나님의 제사장이 되도록 자격을 부여하셨다. 하나님께서 예수님을 그분의 임재 가운데로 환영해 주신 것과 동일하게 그분은 나를 그분의 영광스러운 임재 가운데로 환영해 주시고 그분을 섬기게 하셨다. 왜냐하면 나는 그리스도 안에 있기 때문이다. 나는 하나님께서 나로 하여금 예수님과 같은 형상을 갖도록 예정하셨고, 또한 이 예배의 특권이 그분이 계획하신 것임을 선언한다. 그래서 나는 나의 전 존재와 내가 하는 모든 것 안에서 내 삶을 통해 하나님을 높이는 삶을 살 것이다.

34

믿음

하나님이 우리를 신뢰하시는 분량은
그분께서 우리에게 맡기신 것으로 측정된다.

내가 이 말을 할 때 많은 사람들은 내가 부와 직위 혹은 명성을 언급한다고 생각한다. 나는 이런 요소들을 결코 방정식에 넣지 않는다. 왜냐하면 참된 부는 이런 것들과 상관이 없기 때문이다. 하나님은 영원을 염두에 두시고 모든 것을 보시기 때문에 그분의 가치 체계는 우리의 것과 사뭇 다르다. 게다가 이런 것들은 우리를 향한 그분의 마음의 크기를 결코 제대로 드러낼 수 없다. 왜냐하면 그것들은 모두 유한하지만, 우리를 향한 그분의 사랑은 무한하기 때문이다.

우리를 향한 그분의 신뢰는 그분께서 우리에게 주신 선물, 즉 하늘의 위대한 보물이신 성령님 안에서 볼 수 있으며, 그분은 그리스도의 영이시다. 그리고 그분의 임재와 함께 그분의 이름, 그분의 권세, 그분의 영광, 그분의 기쁨, 그분의 목적, 그분의 운명(destiny)이 따라온다. 이러한 유익들의 목록은 끝이 없다.

천국에서 성령님은 너무나 존경을 받으시기에 예수님은 그분을 신성 모독하면 영원한 형벌을 받을 수밖에 없다고 우리에게 경고하셨다. 성령님께서는 자신에 대해 말씀하지 않으시지만 성부 하나님과 성자 하나님께서 크신 사랑과 존경과 기쁨을 가지고 그분을 말씀하신다. 그리고 우리 안에 거하시며 우리 위에 머무시는 분은 삼위일체 하나님 중에 성령님이시다. 하나님께서는 우리를 얼마나 신뢰하시며, 또한 우리 안에서 그분이 행하신 것을 얼마만큼이나 신뢰하시는가? 그분은 우리에게 하늘의 보물이신 성령님을 주시기까지 신뢰하신다. 이 생각만 해도 우리는 영원한 경외감에 빠질 수 있다.

신자의 삶의 모든 부분은 성령님과의 관계에 따라 성공하기도 하고 실패하기도 한다. 어떤 사람들은 성령님을 '그것'(it)이라고 부르는 오류를 범한다. 불행하게도 많은 사람들의 경우에 그분은 우리가 알 수 있고 반응할 수 있는 인격이 아니다. 이런 오류의 대가는 너무 크다. 그것은 음식으로 가득 찬 냉장고를 옆에 두고 굶어 죽는 것과 같다. 삶의 모든 것에 대한 해답은 성령님의 음성을 듣고 그분의 능력을 받으려는 갈망과 의지와 상관이 있다. 우리 개인의 삶이든 아니면 사역이든 모든 것은 하나님의 내주하시는 임재의 영향력과 연결되어 있다.

그래서 우리 힘, 우리 믿음, 순종코자 하는 우리의 의지, 우리의 항복, 우리의 동기에 맞춘 모든 초점은 완전히 틀릴 수밖에 없다. 이런 것들이 중요한 건 사실이다. 실제로 그렇고 정말

147

그렇다. 하지만 내가 초점의 중심이 될 때 나는 내 자신의 힘을 의지하고 있는 것이다. 그것은 나에 관한 것이다. 그것은 내 관점에 관한 것이며, 하나님께서 이미 나를 위해 이뤄 놓으신 것을 아주 극도의 제한성을 가지고 인식하는 것이다. 그러나 이보다 더 지루하거나 진부한 것은 없다. 반대로 그분께 초점을 맞출 때는 내가 맡은 모든 일에 힘이 있다.

나는 하나님께서 당신과 또한 그분께서 당신 안에서 이미 행하신 일을 얼마나 믿고 계시는지를 숙고해 보라고 도전한다. 그분의 믿음이 있는 곳에 당신의 믿음을 두라. 나는 하나님께서 당신을 위해 행하신 일을 얼마나 진실로 믿고 계시는지를 발견하는 여정을 떠나 보라고 도전한다. 그 답은 이와 같다. 즉 하나님은 존경의 대상이신 그분, 두려움의 대상이신 그분, 깨어지기 쉬운 그분을 예수 그리스도를 따르는 모든 사람 속에 거하게 하실 정도로 신뢰하신다. 초점을 당신 자신에게서 그분에게로, 당신의 믿음에서 그분의 믿음으로, 당신의 이해에서 그분의 이해로, 당신의 자신감에서 그분의 자신감으로 옮기라. 그러면 당신은 그분의 나라와 관련된 모든 일에 당신이 성공하도록 미리 예정하신 하나님의 계획을 끊임없이 따르고 싶은 용기를 갖게 될 것이다.

기도

아버지, 당신은 모든 방법으로 저를 놀라게 만드십니다. 저는 당신께서 행하시는 방법을 봐야만 합니다. 이 일은 당신의 도움이 없으면 심지어 가능조차 하지 않습니다. 저는 당신께서 저를 위해 행하신 심오한 일들의 본질을 보길 원합니다. 저는 당신께서 왜 저에게 성령을 맡기실 정도로 그렇게 저를 신뢰하시는지 그 이유를 알길 간절히 원합니다. 당신께서 이에 응답하실 무대를 이미 만들어 놓으신 것에 대해 감사를 드립니다.

선언

나는 그리스도께서 십자가에서 이뤄 놓으신 완전한 역사를 믿는다. 그것은 나를 위한 것이었다. 나는 아버지 하나님의 관점들이 나의 관점들이 될 수 있다고 믿는다. 그래서 나는 예수님의 보혈로 내가 성령을 받을 자격을 갖게 되었음을 선언한다. 나는 성령께서 나로 하여금 예수님께서 모범으로 보여 주신 모든 선한 일들을 할 수 있도록 자격을 부여해 주셨음을 선포한다. 나는 자격이 있다. 나는 하나님께서 나를 위해 이루신 것을 신뢰한다. 나는 믿음을 넘어 두려움을 수용하여 그분에게서 눈을 떼어 나 자신을 봄으로써 그분의 명예를 더럽히지 않을 것이다. 내 믿음은 살아 있고, 실제적이며, 오늘도 하나님의 영광을 위해 다른 표현 방법을 찾고 있다.

35

소망

우리의 돌파는
때로 우리 문제의 크기에 압도되길 거절할 때 시작된다.

어떤 도시에 가면 매주 교회에 출석하는 교인들의 숫자가 얼마나 적은지, 그리고 교회에서 40킬로미터 반경에 얼마나 많은 마녀들의 집회가 있는지, 혹은 그 도시에 어째서 부흥이 오지 않게 되었는지 모른다는 말을 들을 때가 많다. 그리고 그 지역에서 얼마나 많은 목회자들이 보험을 팔거나 사역 이외의 다른 직업을 얻기 위해 섬김을 포기했는지에 대한 말을 흔하게 듣는다. 또한 고침이 필요한 사람들이 수백 번 기도를 받았지만 눈에 띄는 호전이 일어나지 않거나, 그들의 생존율이 1퍼센트 미만이거나 자신들의 병이 희귀병이라는 말도 너무 많이 듣는다.

이것은 내가 타야만 하는 실제 외줄이다. 나는 사람들이 솔직하길 원하지, 뭔가 선한 일이 일어난 것처럼 가장하길 원치 않는다. 그러나 진실은 변치 않는다. 즉 많은 사람들이 여전히 그들의 문제에 깊은 인상을 받고 있다는 사실이다. 그들은 마귀에게 반응하며 산다.

그들이 깊은 인상을 받았다고 했을 때 그들이 마귀를 흠모한다거나 그들 삶의 이슈를 흠모한다는 뜻은 아니다. 하지만 그 문제가 그들의 마음에 각인되어 하나님의 약속이나 그분의 지극히 자비로운 성품의 계시를 지운다는 의미에서 그들은 깊은 인상을 받는다. 그것은 마치 스스로 성취되는 예언을 말하는 것과 같다. 왜냐하면 그들이 돌파를 목격하는 것이 점점 더 어려워지기 때문이다. 반면에 동일한 문제가 어둠에 깊은 인상을 받지 않는 다른 사람들의 삶에서는 쉽게 항복한다. 문제에 정직하게 접근하는 것은 전혀 잘못된 것이 아니다. 하지만 내가 그분이나 그분의 약속들을 분명히 보았을 때 문제의 크기에 나는 결코 깊은 인상을 받지 않는다.

나는 어떤 사람들은 병에서 낫고 싶어 하지 않는다고 확신한다. 그들은 물론 병의 고통이나 괴로움 혹은 병원비에서 자유롭고 싶어 할 것이다. 그러나 그들의 문제에 보여 주는 사람들의 관심은 그들에게 감정적으로 큰 위로를 준다. 이처럼 잘못된 종류의 관심은 문제를 키우는 능력이 있으며, 그 문제가 잔존할 이유와 허가증을 부여한다. 어떤 사람들의 경우에 관심과 동정의 필요가 다른 어떤 필요를 능가한다. 그것은 분명 도착(perversion)이다. 그러나 사람들이 생각하는 것과 달리 이런 태도는 흔하게 나타난다. 그들이 이런 사고방식에서 벗어나려나 싶으면 그들은 그 문제가 얼마나 심각하고 그 영역에서 돌파가 얼마나 회귀하게 일어나는지에 대해 다시 한 번 더 당신을 설득하기 시작한다. 이상하게도 문제가 커 보일 때에는 돌파를 안 하는 것이 편안하게 느껴지기가 더 쉽다. 이처럼 이상한 접근은 실제로 믿음이 없다는 것을 보여 주는 증거다.

"손 안에 든 새 한 마리는 숲 속에 있는 두 마리보다 낫다"라는 속담을 기억하는가? 문제로 인해 관심을 받을 때 나는 안정감을 느낀다. 이 경우에 이런 관심은 손 안에 든 새 한 마리다. 치유나 축사의 기적은 바라기가 훨씬 더 어렵다. 왜냐하면 이를 시도했을 때 실망할 가능성이 있기 때문이다. 이것은 숲 속에 있는 두 마리의 새다. 새롭게 되지 않은 마음은 현재의 동정의 안정감을 기적의 가능성보다 더 귀하게 여긴다. 동정의 경우에 최소한 나는 기대하는 바가 무엇인지 안다.

계속해서 실망하고 싶지 않은 욕망은 이와 같은 절망과 도착적인 기독교에게 자리를 내어 준다.

기도

아버지, 저는 당신과 같이 되는 것이 무엇인지를 꼭 봐야 합니다. 저는 당신의 약속의 말씀들을 통해 당신의 위대함을 보고 그것에 압도되는 대신에 제 문제들의 크기에 깊은 인상을 받는 데 너무나 많은 시간을 낭비했습니다. 저의 삶에 은혜를 더하셔서 당신을 분명히 보게 하소서. 저는 당신만을 원합니다. 저는 온 마음을 다해 당신을 기쁘시게 해 드리고 싶습니다. 당신의 사랑으로 만지도록 저에게 주신 자들에게 당신의 위대함을 보여 주는 특권을 제게 허락해 주십시오. 당신의 영광과 명예를 위해 이 모든 것을 구합니다.

선언

나에게 주신 은혜로 나는 더 이상 마귀에게 반응하며 살지 않고 하나님께 반응하며 살 것을 선언한다. 그분의 약속들은 위대하다. 그분은 나의 일생 동안 내가 직면할 모든 것을 다 미리 생각하시고 모든 상황에 맞는 약속들을 제공해 주셨다. 나는 내 영혼이 동정과 연민을 먹고 사는 것을 거부한다. 나는 내 마음이 사소한 것들에 안주하는 것을 거부한다. 하나님은 내게 완전한 아버지이시며, 나는 내 삶을 위한 그분의 완전한 뜻을 기쁨으로 끌어안는다.

36

사랑

예수님은 그들이 이해하지 못하는 말씀의 근원을 인정할 수 있는
신자들의 공동체를 건설하고 계시다.

성경에서 가장 심오한 공동체의 예는 의심의 여지없이 성령님을 부어 주신 후에 생긴 예루살렘의 새 신자들이다. 이들에 관한 이야기는 사도행전 초반부에 몇 장에 걸쳐 등장한다. 서로를 향한 그들의 사랑은 너무나 강력해서 성경은 그들에게 아무런 부족함이 없었다고 말한다. 음식, 거주지, 고용에 대한 그들의 모든 필요가 다 채워졌다. 이 이야기에서 내가 가장 좋아하는 부분은 공동체의 맥락에서 일어난 희생적인 나눔이 결코 명령에 의해 이뤄지지 않았다는 점이다. 그것은 하나님을 향한 그들의 사랑에서 나왔으며, 그 사랑은 서로를 향한 사랑의 형태로 표현되었다. 이것은 사랑과 공동체의 그림을 아름답게 보여 준다.

예수님은 제자들의 삶 가운데서 이런 현실을 시작하셨다. 그들이 이런 종류의 필요들을 어떻게 채워 주었는지에 대해서는 정보가 많지 않지만, 우리는 주님께서 자기를 높이려는 차원에서 행하려는 모든 것을 처리하시고, 나눠 주고 섬김으로 서로를 낮게 여기게 하시는 모습을 목도한다. 이 모든 것들은 공동체와 연관된 주제들이다. 열두 제자와 예수님은 공동체로 살면서 전국을 돌아다녔고, 하나님 나라의 복음을 전파했다. 하나의 교두보가 형성되었고 성령님이 부어졌을 때 그 교두보는 기하급수적으로 커져 갔다.

나는 평생 두 곳의 교회에서 목회를 했다. 각 교회에서 성령님의 강력한 부으심이 있었다. 첫 번째 기름 부으심은 내가 일단의 무리들과 16년간 목회를 한 후에 있었다. 하나님께서 강력한 방식으로 나타나실 때마다 약간의 놀라움과 많은 질문들이 있었지만 그 위대한 변화의 계절에 교회는 흩어지지 않고 그대로 남아 있었다. 부대가 늘어나야 하기 때문에 새 술은 새 부대에 담아야 한다.

성령님의 부으심이 두 번째 교회에 임했을 때 커다란 지각 변동이 일어났다. 내가 새로운 담임목사로 부임한 지 한 달 반만에 그 부으심이 시작되었다. 그 결과 약 1천 명의 교인들이 교회를 떠났고 교회는 둘로 갈라졌다. 차이가 무엇이었는가? 첫 번째 교회에서 기름 부으심으로 인한 신비한 일들이 있었어도 우리들의 관계가 이 모든 것을 견딜 수 있도록 도와주었다. 그러나 두 번째 교회에서 나는 새로운 사람이었고, 사랑의 띠로 서로를 묶어 줄 공동체 의식이 아직 형성되지 못했었다. 그 결과 참으로 훌륭한 사람들 몇몇이 교회를 떠났다.

예수님은 인기가 좋은 강사셨다. 사람들은 주님께서 말씀하시는 것을 듣고 말씀에 신뢰를 주는 기적들을 행하시는 것을 보기 위해 식량도 없이 먼 길을 여행하였다. 그러나 어느 날 그 유명세가 의심을 받게 되었다. 수천 명의 사람들, 아마도 거의 5천 명이나 되는 사람들이 그분 주변에 모여 있었다. 그분은 이미 그들을 먹이시기 위해 음식을 배가시키셨다. 그런 다음에 그분은 설교를 하기로 결심하셨다. 그분의 설교 제목은 그분의 평생의 사역 중에서 가장 마음을 상하게 하는 것이었다. 그분은 사람들이 그분의 살을 먹고 그분의 피를 마심으로 그분의 몸을 공유해야 한다고 선언하셨다. 청중 공동체는 그분의 메시지에 대해 둘로 나뉘었다. 그 결과 그들은 서로 다투고 논쟁했다.

뒤이어 엄청난 사람들이 떠났다. 수천 명의 사람들에게 설교했는데 그들이 흩어지고 결국에는 열두 명의 제자만이 남았다고 상상해 보라. 열두 제자가 어떻게 느꼈을지 당신은 상상이 갈 것이다. 그들은 그분의 명성을 잘 타고 왔고, 그분이 곧 왕이 될 것을 소망했다. 그러나 그들의 염원이 안개처럼 재빨리 사라지고 있었다. 그분은 자기의 공동체인 열두 제자에게 돌아서서 그분의 말씀이 '영'이며, 살리는 것은 영이라고 말씀하셨다(요 6:63). 다른 말로 하면, 그분이 방금 무리에게 가르치신 내용도 무리들이 좋아하던 메시지들과 마찬가지로 성령님으로 충만한 것이었다. 주님은 오직 아버지 하나님께서 말씀하시는 것을 들었을 뿐이라고 말씀하셨다. 그러나 사람들은 말씀하신 것을 이해하지 못했다. 실제로 그들은 그분의 말씀에 기분이 나빠졌다. 열두 제자들도 주님의 이 말씀을 이해하지 못했지만 그들은 예수님이 말씀하실 때 그들이 생명을 받는다는 것을 깨달았다(요 6:68을 보라).

공동체 안에는 하나님으로부터 오는 것을 받는 은혜가 있다. 그러나 이 은혜는 공동체 밖에서는 위협적일 것이다. 사랑을 통해 우리는 우리가 아직 이해하지 못하는 말씀을 통해 하나님이 주시고자 하는 생명의 풍성함을 추출할 수 있게 된다. 그것은 예수님의 제자의 생명을 이루는 커다란 부분이다. 일전에 누군가가 말한 것처럼 "하나님은 우리 마음(heart)을 드러내시기 위해 우리 생각(mind)을 불쾌하게 만드신다". 요한복음 6장보다 이 말에 해당되는 것은 결코 없을 것이다.

기도

아버지 하나님, 저는 당신께서 고안하신 대로 사랑 가운데 살기 원합니다. 제가 독립적으로 살면서 그것을 당신에 대한 순종이라고 부르지 않게 도우소서. 저는 당신을 향한 저의 사랑이 사람들을 향한 저의 사랑과 공동체를 향한 저의 의식으로 측정되길 원합니다. 그리고 공동체의 맥락에서 당신의 영광과 저의 유익을 위해 고안된 것들을 당신께서 저에게 주실 때 그것들을 받아들일 수 있게 도우소서. 심지어 제가 그것들을 온전히 이해하지 못하더라도 말입니다. 저는 당신을 신뢰하고 당신께 찬양을 드립니다.

선언

나는 사랑 가운데 살 것이다. 나는 공동체 가운데 살 것이다. 나는 사람들을 소중히 여김으로써 하나님께 영광을 돌리기로 마음을 정했다. 그 결과 나는 아직 이해하지 못하는 것들에 저항하지 않고, 대신에 하나님을 향한 나의 사랑과 사람들을 향한 나의 사랑의 맥락에서 이해를 구할 것이다. 나는 하나님의 영광을 위해 이것들을 행한다.

37

믿음

나의 가장 큰 기쁨 중 하나는
믿음이 충만한 사람들과 함께 서는 것이다.
그러나 나의 가장 큰 영예 중 하나는
불신앙의 한가운데 서는 것이다.

믿음이 충만한 방에 그냥 있는 것만으로도 말할 수 없이 기쁘다. 참된 믿음은 짐이 되거나 자기를 높이지 않는다. 그런 믿음은 스스로를 입증할 필요도 없다. 대신에 그런 믿음은 자기를 위해 일하시는 분이신 하나님의 변함없는 선하심을 압도적으로 신뢰한다.

위대한 믿음을 가진 한 개인을 보는 것과 위대한 믿음을 가진 일단의 무리들을 보는 것은 무척 다르다. 이런 경우는 무척 드물다. 하지만 이제 나는 이런 일이 보편화되려 한다고 믿는다. 이런 일이 거의 날마다 실제로 증가하고 있다고 말할 수 있어서 감사하다. 그 결과 하나님의 영광을 위해 행해지는 위업들은 현기증이 날 정도다. 그리스도를 위해 동일한 수준의 헌신을 하는 신자들이 공동체적으로 이와 같은 성경의 믿음의 명령을 지금 삶으로 살아 내고 있다. 다양한 은사들과 표현들은 내가 이제껏 본 것 중에 가장 아름다운 수를 짜 낸다. 이것은 신자들의 공동체 가운데 사는 삶의 특권이다. 그러나 이런 일이 공동체에서 먼저 일어나는 경우는 좀처럼 드물다.

큰 믿음을 지닌 공동체가 있기 전에 먼저 뜻을 정하고서 "나는 얼마나 많은 사람이 나와 함께하든지 상관없이 믿음을 따라 살 것이다"라고 말하는 개인이 있어야 한다. 위대한 영적 운동들은 보통 다른 누가 따르든지 상관없이 하나님을 따르겠다는 한 사람으로 시작된다. 그는 하나님을 기쁘시게 하는 방법을 따라 큰 믿음을 가지고 그분을 존중하려 한다. 불행하게도 나는 선한 사람들이 불가능의 하나님을 따르기 전에 먼저 자기 배우자가 믿을 때까지 기다리겠다는 말을 듣는다. 어떤 이들은 가족이나 친구들을 기다린다. 어떤 이들은 그들의 교회 장로들이 선도하길 원한다. 이러한 추론이 얼마나 온당하게 들리는지 몰라도 이런 말은 제정신이 아니다. 문제는 누가 우리와 함께 믿을 것인가가 아니라 내 앞에 주어진 하나님의 순간에 내가 무엇을 할 것인가이다. 믿는 은혜는 하나님이 주신 선물로서 지연을 통해 묵살되어서는 안 된다. 그것은 일회용 제품이 아니다. 그것은 하나님이 주신 가장 소중한 선물이다.

나는 언제나 위대한 믿음을 지닌 신자들과 함께 믿음 가운데 서 있는 것을 더 선호하지만, 내가 어쩔 수 없이 홀로 서야만 하는 순간들을 받아들인다. 우리를 형성해 주는 순간들은 바로 이런 때다. 이럴 때 인간의 무서운 두려움이 제거된다. 그러나 사람들은 이런 두려움에 **명예** 혹은 **지혜**라는 덕스러운 이름을 붙인다. 이런 순간에 우리는 우리의 마음속 깊은 곳에 실제로 무엇이 있는지 발견한다.

여기서 주의할 점이 있다. 즉 내가 다른 사람들이 서지 않을 때 서야만 하는 순간들을 사모한다 할지라도 이런 순간에 결코 내가 단지 더 큰 몸의 한 지체일 뿐이며, 또한 상호 책임과 존중이 중요하다는 사실을 무시해서는 안 된다.

우리가 서로 책임을 지고 있는 사람들이 믿음 가운데 서려고 하지 않을 때에도 믿음으로 서는 것이 가능한가? 그렇다. 당신의 믿음을 당신 주변 사람들의 수준으로 낮추지 말라. 대신에 당신의 지혜와 위치에 의문을 품는 사람들에게 사랑과 존중을 보임으로써 당신 믿음의 순전한 본질을 보여 줘라. 믿음은 사랑을 통해 역사한다는 사실을 기억하라(갈 5:6을 보라). 내 믿음이 사랑 없이 존재한다면 그것은 자기를 높이는 것이며 결국 자기를 파괴할 것이다. 사랑은 결코 자기를 높이지 않는다. 그리고 믿음도 사랑으로 역사할 때 그렇다.

기도

아버지, 믿음을 통해 당신을 높여 드릴 수 있도록 제게 주신 모든 순간들에 대해 당신께 감사를 드립니다. 당신은 참으로 신실하신 분이십니다. 제가 이런 순간들을 두려움 없이 수용할 수 있도록 도우시고, 또한 필요할 때에는 홀로 서야 하는 도전을 받아들이게 도우소서. 다른 이들이 돌아설 때 믿을 수 있는 능력은 저의 위대함 때문이 아니라 당신의 은혜의 산물이라는 것을 저는 압니다. 감사합니다. 저는 단지 당신의 믿음의 놀라운 은사를 통해 당신에게 영광 돌리길 원합니다.

선언

나는 위대한 믿음을 지닌 사람들과 함께 서는 특권을 사랑한다. 그리고 나는 다른 사람들이 두려워할 때 믿음을 가지고 홀로 서야만 하는 순간들을 귀히 여길 것이다. 하나님의 은혜는 내가 모든 상황을 이기고도 남을 정도로 풍성하시다. 왜냐하면 나는 나 자신의 존재와 내가 하는 모든 것을 통해 하나님께 영광을 돌리도록 지음 받았기 때문이다.

38

소망

분노를 품은 사람들은 불평분자들을 끌어들인다.

인생의 큰 신비 중 하나는 어떤 가치―그것이 좋은 것이든 나쁜 것이든 상관없이―를 지닌 사람들이 동일한 가치를 지닌 다른 사람들을 끌어들인다는 것이다. 만일 당신이 직장에서 다른 동료들과 험담하길 좋아하는 사람을 만난다면 2주일도 안 돼서 험담하는 사람들이 그의 삶 가운데 몰려들게 될 것이라 나는 확신할 수 있다. 이것은 이상한 현상이지만 정말 사실이다.

분노하는 삶(bitter life)을 사는 사람들은 마귀의 꼭두각시들이다. 그들은 왜곡을 가져오는 귀신의 혼돈을 끌어들인다. 분노(bitterness)에는 이성이 존재하는 경우가 드물다. 그래서 악한 자는 계속해서 분노해야 할 이유를 합리화하길 좋아한다. 분노를 합리화하는 분위기 가운데 잘못된 것을 푹 담그는 것보다 더 좋은 유지 방법이 있는가? 그럴 경우에 불평분자들이 분노하는

163

자의 삶 가운데 몰려든다. 이런 일이 발생하면 상호 관심사 때문에 모여드는 유유상종이라는 자연 법칙 이상의 현상이 일어난다. 이제 그것은 영적인 법칙이 되고, 거기서 마음의 내적 가치들은 보이지 않는 세계와의 연합을 돕는다. 이런 경우에 연합은 귀신들과 이뤄진다. 분개와 분노는 너무나 악해서 아주 짧은 시간 안에 그룹 전체의 사람들을 오염시킨다.

예전에 내 친구들이 어떤 사람에 대해 나쁜 소문을 계속해서 들었는데 나는 듣지 못한 때가 있었다. 나는 그 친구들과 같은 그룹에 속해 있었는데도 그랬다. 여기에는 아마도 많은 이유가 있을 거라는 생각이 든다. 그러나 내가 확신하는 한 가지는, 사람들이 기분이 상하면 그들은 그들의 기분을 상하게 한 사람들을 신뢰하지 않을 가능성이 더 높아진다는 사실이다. 친구들을 분리시키고 연합의 아름다움을 파괴하는 확실한 방법 한 가지는 의심을 먹이는 것이다. 그들 마음의 잘못된 태도는 그들이 **분별한** 것을 확증해 주는 정보에 끌리게 만들어 사랑과 자비와 연합을 보여 줘야 할 사람들 사이에 분열을 조장한다. 마음을 지킬 때 그것은 아름답다. 그러나 원수에게 불화의 씨를 마음에 뿌리도록 허락할 때 마음은 악해질 수 있다.

마음의 선한 기준들은 실제로 그 가치들을 유지하기 위해 필요한 것들을 끌어들인다는 점에서 이 진리는 또한 우리의 유익을 위해서도 작동한다. 나는 악기 연주법을 배우거나 이와 동일한 훈련을 요하는 무언가를 배우는 것처럼 이것을 연습했다. 여기 한 가지 예가 있다. 내 삶에서 소망이 계속되려면 하나님이 지금 하시고 계신 일들에 관한 간증을 들어야 한다. 내가 하나님의 기적을 행하시는 능력의 간증들을 높이 평가할 때 나는 돌파의 이야기를 가지고 있는 사람들을 끌어들인다. 그런 광경은 보기에 아름답다. 사람들이 나에게 기쁜 소식을 말해 주려고 거의 줄을 서 있는 때도 있다! 마음의 가치들은 그 가치들을 유지하는 데 필요한 땔감을 끌어들인다. 만일 소망과 믿음을 당신 가치 목록의 최상위에 둔다면 믿음 건축의 이야기를 소유한 위대한 소망과 믿음을 가진 사람들이 당신에게 모여드는 것을 보게 될 것이다.

당신의 세계에 무엇을 끌어들일 것인가를 인식하는 것은 지혜다. 분명히 당신이 끌어들였다고 해서 당신 삶에 찾아오는 모든 것이 좋은 것은 아니다. 그러나 우리가 수치나 정죄의 목적이 아니라 삶을 변화시키는 데 필요한 변화들을 가져올 목적으로 흔치 않은 패턴들을 인식하는 것은 적절하다. 이런 패턴들은 우리가 보지 못하는 우리 마음속의 무언가를 가리킬 수 있다. 만일 그것이 험담이라면 다음에 그럴 때가 올 경우에 피하라. 만일 그것이 더러운 농담이면 그런 대화에서 빠져나오는 법을 배우라. 만일 질문을 받으면 당신이 소중히 여기는 것이 무엇인지를 분명히 말하라. 당신이 기꺼이 듣고자 하는 것의 표준을 리셋(reset)하라. 그러면 천국이 당신의 결단을 지지할 것이다. 그리고 영원한 것들을 계속해서 확실히 먹도록 하라.

기도

하늘에 계신 아버지, 제 마음이 당신의 가치들로 넘치는 은혜를 제게 주시옵소서. 저는 당신을 기쁘시게 하는 것을 제 삶에 끌어들이길 원합니다. 그것이 저의 외침입니다. 또한 당신을 불쾌하게 하고 저의 삶에 어려움을 가져다주지만 제가 무지하여 알지 못하는 것들을 제게 보여 주셔야 합니다. 저의 가장 큰 갈망은 당신께서 저의 존재와 제가 사는 방식으로 인해 영광을 받으시는 것입니다. 모든 상황에서도 제가 소망을 유지하도록 당신께서 제게 주신 약속들에 대해 감사를 드립니다.

선언

나는 분노와 분개의 씨로부터 내 마음을 보호할 것이다. 하나님의 은혜로 나는 이런 것들을 멀리할 것이며, 하나님을 기쁘시게 하는 것들에 내 자신을 드릴 것이다. 그 결과 지금 나는 위대한 소망을 가진 자다. 그리고 나의 소망은 하나님의 선하심 안에서 그분의 모든 영광을 위해 안전하다.

39

사랑

어떤 이들은 배우기 위해 듣지만
어떤 이들은 비판하기 위해 듣는다.

성경은 사랑에 대하여 "모든 것을 믿으며"라고 말한다(고전 13:7). 하나님은 분명히 진리가 아닌 것에 속아 넘어가거나 어리석음의 여지를 만들어 놓지 않으셨다. 만일 그렇다면 그것은 성경 전체의 내용과 모순될 것이다. 그렇다면 하나님께서 무슨 의미로 이런 말씀을 하신 것일까? 그분은 지금 우리의 삶 가운데 두신 여러 가지 은사들(사람들)로부터 무언가를 받거나 성장하는 데 필요한 마음의 조건을 설명하고 계시다. 어떤 사람들은 여러 가지 이유로 인해 다른 사람으로부터 받기를 어려워한다. 그리고 때로는 그들이 아니라 우리가 문제다.

가끔씩 우리는 어떤 사람들에게서 진리를 들을 수 없다. 왜냐하면 그들의 매너리즘이 우리가 믿기에 바르다고 생각하는 것과 다르기 때문이다. 그들은 떠들썩하고 시끄럽거나, 아니면 조용하거나 교묘하여 감지가 잘 안 될지 모른다. 어떤 경우라 할지라도 우리의 경험 배경이 그들의 것과 다르면 그들이 틀리게 보일 수 있다. 일반적으로 이것은 영적인 문제보다는 문화적인 문제다. 하지만 우리는 언제나 그 차이를 모른다. 우리는 실수를 두려워하여 보호벽을 치지만, 때로는 보호벽 자체가 우리자신에게 율법이 된다.

때로 사람들은 위대한 진리들을 말하지만 그들의 용어는 우리에게 의미하는 바와 다르게 그들에게 다가간다. 이것을 우리는 의미론(semantics)이라 부른다. 어떤 단어나 문구가 그들에게는 긍정적인 것을 의미하지만 우리에게는 '도화선' (trigger word)일 수 있다. 배우려고 듣는 자들은 이런 혼돈을 해독할 수 있지만, 비판하기 위해 듣는 자들은 진지한 신자들의 '실수'를 신이나서 조롱한다. 사랑이 없이 들으면 통찰력이 가려지고, 최악의경우에 그들은 주님의 종들을 무시한다.

자신을 예수님의 제자라고 고백하는 사람들 중에서 마귀적인 반응을 보이는 경우를 목도하는 것은 나뿐만이 아니다. 나는그들의 믿음을 의심하지 않는다. 그러나 그들의 종교적 열심이그들의 덕의 자리를 차지하여 그들은 어떤 사람을 비방한다. 그러나 만일 그들이 시간을 가지고 대화를 했다면 그들은 실제로그에게 동의했을지 모른다. 만일 그들이 관계를 맺고 그 특정진리를 날마다 그가 어떻게 살아 내고 있는지를 보았다면 그들은 평생 친구가 될지도 모른다. 그리스도의 몸을 위해 스스로를경찰로 임명하는 것은 욕지기가 나는 임무다.

사랑이 답이다. 사랑은 우리를 성공의 자리에 서게 한다. 내가 일단의 무리들과 공동체에 속해 있다면 사랑이 우선이다. 사랑은 결론을 내리기 전에 먼저 나를 경청과 이해의 자리에 둔다. 그리고 심지어 내가 누군가와 의견이 전혀 맞지 않는다고 결론을 내릴 때에도 나의 사랑은 진리를 향한 나의 열정 때문에 그 사람을 거절하거나 모욕하는 것을 금한다.

사랑은 모든 것을 믿기 때문에 사랑은 참으로 승리한다. 사랑은 이해의 일환으로 최선을 구한다. 언제나 옳게 보여야 하는 자들은 그들과 동의하는 자들에게도 기분 나쁜 존재가 된다. 사랑은 성질을 죽인다. 사랑은 부드럽게 만든다. 사랑은 다양성을 모두 견딘다. 사랑 안에서 다양성은 이 세상에 그리스도의 몸을 참되게 표현하는 데 필수적인 것이 된다. 우리가 우리와 의견을 같이하는 자들만 사랑할 때 우리는 지역 사회의 다른 봉사 단체와 다를 바가 없다. 하나님께서는 그보다 더 많은 것을 기대하고 그렇게 하길 요구하신다. 그래서 사랑은 모든 것을 믿는다.

기도

하늘에 계신 아버지, 제가 말하는 자보다는 훌륭하게 듣는 자가 되게 도우소서. 저는 당신께서 저와 연결시켜 주신 사람들의 마음을 참으로 이해하길 원합니다. 그리고 저는 저와 다른 사람들을 판단하고 비판하는 데 빠르지 않도록 하기 위해 참으로 도움이 필요합니다. 우리를 서로 다르게 디자인해 주신 것에 감사를 드립니다. 이 다양성을 소중히 여기고 당신이 만드신 것을 결코 반대하지 않도록 도우소서. 저는 저와 다른 사람들을 사랑하는 것이 당신께 영광을 돌려 드리는 바로 그것이 되길 원합니다.

선언

나는 공동체의 맥락에서 사랑의 삶을 살기로 공약한다. 나는 또한 다양성을 축하하는 생활양식에 헌신한다. 진리를 추구할 때 나는 하나님의 형상으로 만들어진 사람들을 무시하지 않을 것이다. 대신에 나는 경청하고, 배우고, 이해하길 힘쓸 것이다. 나는 이것이 사랑의 길이라는 것을 인정하며, 하나님의 영광을 위해 이렇게 살 것이다.

40

믿음

굶주린 자는 배우려고 듣지만
배부른 자는 비판하기 위해 듣는다.

일전에 아주 불행하게 보이는 여자 곁에 자리를 잡은 적이 있다. 그녀의 불행은 그녀가 주문한 음식과 관련이 있었다. 그녀의 스테이크는 충분히 뜨겁지 않았다. 그녀는 웨이터에게 그것을 가져가서 다시 더 뜨겁게 데워 달라고 했다. 그녀는 두 번째 스테이크에도 만족하지 못했다. 세 번째는 매니저가 손수 새롭게 만든 스테이크를 가져왔다. 그녀가 그 스테이크도 마음에 들지 않는다고 말했을 때 그는 불에서 구워서 바로 즉시 그녀의 테이블로 가져왔다고 설명했다. 그녀는 그 불이 충분히 뜨겁지 않은 것처럼 불평하기로 결단한 듯 보였다.

자기 음식에 대해 많은 것을 요구하는 사람들은 보통 굶주림과는 전혀 상관이 없는 자들이다. 배가 부르면 완벽함을 즐기려 하면서 일종의 속물근성이 야기된다. 그리고 그처럼 높은 표준

171

들은 고가의 음식 값을 치를 때에는 받아들여진다. 하지만 이 개념은 종종 교회 곳곳에서도 발견된다. 선택할 수 있는 것이 많은 자들은 많은 것을 요구하는 자들이 된다. 많은 사람들이 그날 누가 설교를 하는지, 아니면 어떤 제목의 설교를 하는지에 따라 그 주에 출석할 교회를 선택한다. 오직 영적으로 배부른 자들만이 이런 선택을 한다.

굶주림은 이상한 현상이다. 굶주림은 사람들로 이상한 행동들을 하게 만든다. 예를 들어, 성경은 도둑질을 금한다. 그러나 솔로몬은 배가 고파서 훔친 도둑에게는 동정을 베푸는 것처럼 보인다. 그리고 도둑은 훔친 것을 보상해야 하지만 솔로몬은 그 사람을 그가 속한 공동체에서 무시하지 말라고 말한다(잠 6:30을 보라). 사람이 배가 고플 때 저지른 평범치 않은 행동은 더욱더 용서를 받는다.

영적으로 굶주린 자들도 비슷한 성향을 보일 때가 많다. 하나님께 심히 굶주린 자들은 의전(protocol) 따위는 창문 밖으로 내다 버리는 것처럼 보인다. 나는 수줍어하는 사람들이 시끄러워지고, 소심한 자들이 공격적이 되며, 구태의연한 자들이 믿음에 있어 극도로 담대해지는 것을 보았다. 그것은 아름답다. 그것은 분명 히브리서 11장 6절에 나오는 믿음의 정의에 대한 성취다. 즉 하나님께 나아가는 자는 "그가 자기를 찾는 자들에게 상 주시는 이심을 믿어야" 한다. 한나는 제사장 앞에서 술 취한 것처럼 보였을 때 이와 동일한 현실을 삶으로 살아 냈다. 하지만 실제로 그녀는 아이를 원하는 필사적인 기도에 취해 있었다(삼상

1:13을 보라). 엘리는 굶주림이 가져온 그녀의 이상한 행동을 이해하고 받아 주었다.

이런 종류의 굶주림은 자기 자녀들에게 좋은 선물을 주시는 하나님의 선하심에 대한 확신에서 나온다. 굶주림이 존재하는 이유는 사람들이 하나님께서는 약속하신 것들을 지키신다고 믿기 때문이다. 사람들이 성경 공부만을 통해서 이런 결론에 도달하는 경우는 매우 드물다. 이런 굶주림을 '속에서 타는 불'이라 불러도 과장이 아닐 것이다. 그 불은 하나님이 점화하시지만 개인의 협조를 통해 유지된다.

배부른 자는 평가한다. 그들은 보통 다른 사람들의 경험이나 가르침, 그리고 그들의 고백이나 소망을 평가한다. 슬프게도 어떤 사람들은 다른 사람을 비판하는 일을 사역으로 삼는다. 그들은 그들이 믿는 바로 인해 알려지지 않고 그들이 반대하는 것으로 인해 알려져 있다. 그들은 한 번도 불을 붙이거나 씨를 뿌려서 하나님의 역사를 본 적이 없다. 대신에 그들은 다른 사람들이 즐거워하는 '식사'를 비판하는 것으로 유명하다. 그들을 보면 요리는 하지 못하면서 레스토랑을 비판하는 자들이 생각난다.

믿음은 진리에 대해 다른 접근을 한다. 그렇다. 미혹을 조심해야 하고 마귀도 존재한다. 그러나 굶주림으로 표현된 믿음은 훔치고, 죽이고, 멸망시키는 마귀의 능력보다 하나님의 선하심과 그분의 약속을 더 확신한다. 굶주린 자들은 그분에게 사로잡힌다. 그분은 미친 듯이 그분을 추구하는 자들을 만나 주신다. 그분은 그들을 안전하게 지켜 주실 능력이 있으시다. 이런 종류의 믿음 중앙에는 겸손함이 있다. 왜냐하면 겸손함은 사람으로 하여금 상황 '속으로 들어가' 하나님께서 말씀하시고 방향을 제시하실 것을 기대하게 만들기 때문이다. 믿음은 선한 것을 기대한다. 왜냐하면 하나님이 선하시기 때문이다. 굶주린 믿음은 의심하기보다는 잘 믿는다.

기도

아버지, 당신께서 제게 주신 것에 언제나 감사하게 도우시고 또한 언제나 더 많은 것에 굶주리게 하소서. 제가 행할 때 당신과 더 깊이 동행하는 것을 희생하면서 다른 사람들의 경험을 비판하지 않기를 원합니다. 더 많은 것을 갈망하도록 영감을 주는 사람들로 저를 두르소서. 그리고 제 삶이 다른 사람에게 동일하게 영향을 미치게 하옵소서.

선언

나는 믿음과 겸손함 가운데 행하기로 고안되었다. 나는 이를 행할 수 있다. 왜냐하면 하나님은 선하시기 때문이다. 그리고 그분께서는 나에게 굶주림의 은사를 주셨다. 이로 인해 나는 내가 그분을 발견할 수 있다고 약속하신 그분을 추구할 것이다.

41

소망

하나님께서 응답 대신에 약속을 주실 때
그것은 그분께서 우리를 우리의 영원한 목적 가운데로 이끄시길
갈망하신다는 것을 계시한다.

나는 사람들이 하나님께서는 우리를 필요로 하신다고 말하는 것을 듣는다. 그러나 그렇지 않다. 그분은 아무것도 필요치 않으시다. 그분은 지금도 완전히 자족하시고, 영원히 자족하신다. 그러나 우리는 그분의 마음속에 영원히 존재한다. 그리고 그 생각들은 우리의 복지(well-being)와 축복을 위한 것이지 우리의 재앙을 위한 것이 아니다. 우리를 향한 그분의 생각들은 선하시되, 믿을 수 없을 정도로 선하시다. 모든 선한 아버지가 자기 자녀들에게 그렇듯이 그분도 우리를 향해 위대한 꿈을 가지고 계시다. 그분은 예레미야에게 그가 태어나기도 전에 그를 아셨다고 말씀하셨다. 하나님은 이 선지자에 대한 그분의 꿈에 너무나 몰입하셔서 그가 태어나기도 전에 그를 **경험하셨다**. 그것은

강렬한 꿈이고, 하나님만이 꾸실 수 있는 그런 종류의 것이다.

모든 것을 자족하시는 그분께서는 파트너십(partnership)을 더 좋아하시며, 그 파트너십 안에서 우리는 그분을 의도적으로 예배하려는 자들 가운데서 그분의 탁월하심과 아름다우심을 보게 된다. 우리의 마음이 그분께 고정될 때 우리는 영광에서 영광으로 변화된다. 그러나 우리는 또한 그분의 갈망의 대상이다. 즉 우리는 그분의 꿈의 실현이다. 그분은 자신의 마음과 길들을 보여 주는 법을 배우고, 그분의 나라를 건설하는 데 동역자가 되며, 그분의 이름을 영화롭게 하고 싶어 하는 자들을 갈망하신다. 하나님께서 우리 아버지이신데 소망에 지배당하지 않는 것이 어떻게 가능한가? 그건 불가능하다!

아버지 하나님은 파트너십에 대해 이처럼 큰 갈망을 가지고 계시기 때문에 우리의 부르짖음에 우리가 오해하는 방식으로 응답하실 때가 가끔 있으시다. 우리는 문제를 보지만 그분은 더 큰 그림을 보신다. 우리는 하나님의 개입을 구하지만 그분은 아들딸들이 그분의 아들이신 예수님처럼 보고 행하고 살길 원하신다. 그분은 우리가 예수님이 사셨던 능력의 권세 안에서 살길 갈망하신다. 만일 하나님께서 우리를 위해 모든 기도에 응답하시고 우리가 기도하는 모든 문제를 해결해 주신다면 개인적인 변화가 우리에게 일어날 수 있다고 생각하는가? 아니다. 우리는 모든 필요를 채움 받고 집에만 있는 갓난아이처럼 될 것이다. 이런 환경에서 우리가 해야 할 일은 단지 필요한 관심을 얻기 위해 우는 것뿐이다. 그분은 우리에게서 더 많은 것을 원하신다. 우리가 성장하려면 우리는 그리스도의 마음을 가지고 당면한 문제들을 공격하고, 그분의 이름으로 우리에게 주신 능력과 권세를 행해야 한다. 성숙함이란 우리가 책임감 있게 살고 생각하는 것을 의미한다. 예수님은 우리 세대에 다시 제시되어야 한다.

그분께서 응답 대신에 약속을 주실 때가 있다. 그분은 그분을 멋지게 대표하는 성숙한 신자가 되는 과정에 우리가 관여하길 원하신다. 그분의 과정을 받아들이면 그분의 응답의 일부가 되는 특권을 얻는다. 그분은 단지 누군가가 병 고침을 받거나 축사를 받는 것보다 더 많은 것을 원하신다. 그분은 우리를 통해 일하길 원하신다. 그분은 자신의 백성들이 인류를 향한 그분의 마음을 보여 주고 그 해답의 일부가 되길 원하신다. 즉 모든 독특한 상황 가운데 그분의 치유와 축사 그리고 총체적인 영적 돌파를 가져오길 원하신다.

그분께서 우리를 위해 기도에 응답하실 때 우리가 할 일은 매우 단순하다. 즉 그분이 일하시는 모습을 보고 감사를 드리라. 그분은 너무나 인상 깊게 우리를 위해 일하시기 때문에 우리는 큰 기쁨을 가지고 그분의 개입하심을 축하한다. 그분께서 우리를 통해 기도에 응답하실 때 우리가 할 일은 사뭇 다르다. 이번에는 그분의 인도하심에 우리가 반응하는 것이 돌파의 열쇠다. 예수님께서는 "나는 단지 내 아버지께서 행하시는 것을 행할 뿐이다"라고 말씀하셨다. 아버지 하나님은 기적을 행하기 위해 예수님에게 무엇을 해야 할지를 보여 주셨다. 이와 같은 동역은 오늘날 아직도 하나님의 마음에 존재하며, 그분은 그분의 아들의 온전하신 성숙함에 이른 신부를 원하신다.

기도

아버지, 당신은 저를 놀라게 하십니다. 당신은 제가 제 주변 세상에 당신의 마음을 보여 줄 수 있기를 갈망하시는데 그 방법이 저를 놀라게 합니다. 저는 이로 인해 소망 가운데 삽니다. 당신께서 어떤 상황에서 언제 어떻게 움직이시는지를 깨달아 알게 하셔서 저로 하여금 주의 나라가 임하는 것을 볼 수 있는 하나님이 주신 기회들을 놓치지 않게 도우소서. 저는 저의 마음의 외침의 기도가 저를 위해 혹은 저를 통해 언제 응답되는지를 아는 지혜가 필요합니다. 이에 대해 미리 감사를 드립니다.

선언

나에게 주신 하나님의 은혜로 나는 돌파를 위해 신실하게 부르짖을 것이다. 하지만 그 돌파를 일으키기 위해 그분의 이름을 사용하는 것을 두려워하지 않겠다. 나의 마음은 하나님께서 내 안에서 그리고 나를 통해 영광 받으시기를 갈망한다. 그러므로 나는 그분께서 내 안에서 그리고 나를 통해 자기의 목적들을 이루시길 원하시는 갈망을 큰 기쁨으로 수용하며, 이는 세상으로 하여금 그분께서 어떤 분이신지를 알게 하려는 것이다. 나는 그분의 이름이 온 땅에서 높임을 받으시도록 하기 위해 이 일을 행한다.

42

우리는 하나님의 능하신 손 아래서
스스로 겸비하는 자들을 축하할 때가 많지만
그분께서 높이시는 자들을 무시한다.

우리는 겸손의 신학을 가지고 있다. 그리고 그것은 당연하다. 예수님은 겸손의 신학을 가르치시고 보여 주셨다. 우리는 날마다 다른 이들을 위해 자신의 삶을 내려놓고 복음을 위해 희생적인 삶을 사는 자들을 받아들인다. 그들이 그런 위치에 있을 때 우리는 그들을 축하해 줄 때가 많다.

그러나 만일 하나님께서 그들의 삶 가운데 그분께서 하시겠다고 말씀하신 것을 행하신다면 어떻게 되는가? 사도 베드로는 다음과 같이 선포했다: "그러므로 하나님의 능하신 손 아래에서 겸손하라 때가 되면 너희를 높이시리라"(벧전 5:6). 우리는 겸손의 신학은 가지고 있지만 축복과 높아짐(promotion)에 대한 신학은 없다. 하나님께서 또한 복음을 위해 사람들을 높이시는 것

179

이 가능한가? 분명히 말하지만 나는 교만과 독립의 위치로 높아지는 것을 말하는 것이 아니다. 내가 의미하는 바는 그들로 하여금 이 세상의 사상 형성에 영향을 미치도록 허락하시는 위치를 말한다. 우리가 이 문제를 해결하지 않으면 우리는 결코 우리의 목적 안으로 충만하게 들어가지 못할 것이다.

이 주제가 하나님의 사람들에게 그렇게 어려운 이유 중 하나는 우리 중 어느 누구도 숨겨진 마음을 모조리 자백하고 싶어하지 않기 때문이다. 그것은 바로 질투다. 사랑에서 벗어나면 우리는 바로 이 죄에 빠진다. 그것은 마음을 집어삼키고 선한 사람들로 하여금 그들 스스로가 다른 사람들을 판단하는 **마력**에 사로잡히게 하는 암적 존재다. 이 악한 성향이 신자의 마음에 존재하게 하려면 우리는 그것에 고상한 이름을 붙여 줘야 한다. ‘분별’, ‘중보적 부담’ 그리고 ‘하나님께서 저에게 …라고 말**씀하셨어요**’ 라는 말들은 모두가 이 파괴적인 영향력에 피난처를 제공하는 데 사용되는 표현들이다. 이제 이를 솔직히 직면하자. 즉 다른 누군가가 당신이 지금까지 사역한 것이나 기도한 것, 혹은 최소한 당신 마음속으로 갈망했던 것을 획득하는 모습을 보는 것은 쉬운 일이 아니다.

다시 말하지만, 사도 바울은 우리에게 “사랑은 … 시기하지 아니하며 … 자기의 유익을 구하지 아니하며”라고 가르친다(고전 13:4~5). 다른 사람이 잘될 때 이를 축하해 주고 이에 동참할 수 있을 때까지 당신은 질투의 영향력에서 확실히 자유로울 수 없다. 원수는 이 감정을 일으키는 데 열심을 낸다. 왜냐하면 너무나 많은 사람들이 질투로 인해 그들의 목적(destiny)에서 실격을 당하기 때문이다. 그리고 어둠의 세력들은 우리가 우리 목적 안으로 들어가는 것을 두려워한다.

자기를 높이는 것은 파괴적인 영향력이며, 특히 사역에 있어선 더욱 그렇다. 자기의 유익을 구하지 않는 것이 이 문제를 해결하는 방법이다. 하나님은 우리가 높아지는 것에 관심이 있으시다. 실제로 그분은 우리보다 이 일에 관심이 더 많으시다. 그러나 우리가 스스로를 높일 때 우리는 그 위치를 유지하기 위해 계속해서 자신을 높여야 한다. 그것은 진 빠지는 일이다. 그리고 그것은 질투로 이어진다. 우리는 질투가 보일 때마다 회개해야 한다.

다른 사람의 높아짐을 축하하는 법을 배우는 것이 우리 자신이 높아지는 선제 조건일 때가 많다. 우리는 이것을 다른 사람의 소유를 관리하는 청지기 정신이라 부른다. 우리가 다른 사람의 소유를 잘 관리할 때 하나님은 우리에게 속한 것을 받도록 하신다. 우리가 즐거워하는 자들과 함께 즐거워하고 슬퍼하는 자들과 함께 슬퍼하도록 부르심을 받은 이유가 바로 이 때문이다. 우리는 우리 자신의 마음을 부드럽게 해야 하는데, 이는 그들의 목적을 위해 우리가 함께하는 사람들의 경험에 동참하기 위함이다.

기도

아버지, 당신의 방법으로 당신의 자녀들을 높이시는 것을 제가 축하할 수 있도록 도우소서. 그들이 높아질 때 당신의 손길을 보게 하셔서 그들의 삶을 향한 당신의 뜻을 대적하는 함정에 빠지지 않도록 도우소서. 저는 당신께서 저를 준비시키신 진보만을 제 삶에서 원합니다. 잘못된 시기에 너무나 많이 높아지면 범사에 당신을 기쁘시게 해 드리고자 하는 저의 열정이 영향을 받을 수 있음을 알기 때문입니다. 온 땅에서 당신께서 영광을 받으시도록 저는 이 모든 것들을 기도합니다.

선언

하나님은 합당한 때에 사람들을 높이신다. 그분은 합당한 때가 언제인지 아시는 유일한 분이시다. 나는 하나님의 뜻을 사랑하기 때문에 하나님께서 존귀히 여기시는 자들을 나도 기꺼이 존귀히 여기고자 한다.

43

믿음

우리의 마음은 새롭게 되거나
아니면 하나님과 전쟁을 하거나 둘 중 하나다.

마음이 새롭게 되는 것은 하나님께 너무나 중요하기 때문에 나는 하나님께서 그분의 백성들을 다루시는 모든 것은 어떤 면에서 마음을 새롭게 하는 것이라 말할 수 있다고 생각한다. 우리는 믿음이 생각(mind)에서 오지 않는다는 것을 안다. 믿음은 마음(heart)에서 온다. 그러나 새롭게 된 마음은 믿음을 증진시킨다. 그것은 믿음에게 거룩한 추론(reasoning)을 할 수 있는 맥락을 제공한다.

마음이 새롭게 되는 데 필요한 틀은 자연과 하나님의 약속들이다. 이런 현실을 인식하고 그 가운데 살 때 마음이 새롭게 형성된다. 예를 들어, 새롭게 된 마음은 어린아이의 점심으로 군중을 먹일 수 있는 가능성을 정직하게 보게 된다.

이런 종류의 사고는 쉽게 생기지 않는다. 제자들은 이런 생각과 씨름했다. 그리고 그들은 하나님의 선하심이 예수님을 통해 날마다 무한정 나타나는 것을 목격했다. 그러나 그들은 여행을 위해 배 안에 떡 한 조각만 있어도 괜찮다는 사실을 믿는 데 여전히 씨름했다(막 8:14를 보라). 그리고 그들은 적은 양의 음식을 가지고 수많은 군중을 먹이시는 것을 두 번에 걸쳐 보았을 때 부끄러운 반응을 보였다.

'회개하다'라는 단어는 '우리가 생각하는 방식을 바꾼다'라는 뜻이다. 이것은 물질을 지배하는 마음의 문제가 아니다. 만일 그렇다면 오직 고도의 훈련을 받은 사람들만이 회개할 수 있을 것이다. 회개는 하나님으로부터 오는 선물이다. 그것은 죄에 대한 거룩한 슬픔이며, 이로써 사람은 현실에 대한 관점을 보다 더 높은 현실로 바꿀 수 있게 된다. 회개는 하나님의 관점에서 보는 것이다.

그러므로 회개는 마음이 새로워지는 것에 대해 우리에게 단서를 제공해 준다. 즉 그것은 회개의 한 방식이다. 나는 하나님의 관점에서 보거나 아니면 회개해야 한다. "육신의 생각은 사망이요 영의 생각은 생명과 평안이니라 육신의 생각은 하나님과 원수가 되나니 이는 하나님의 법에 굴복하지 아니할 뿐 아니라 할 수도 없음이라"(롬 8:6~7). 육신의 사고방식은 사망이며, 하나님과 원수다. 중간 지대는 없기 때문에 성령님께서 우리 마음을 새롭게 하시는 역사가 필요하다.

사람들은 회개를 자기비하나 자기비판으로 생각하는 경우가 많기 때문에 마음을 새롭게 할 기회를 놓치는 경우가 많다.

그들은 내면을 들여다보면 생각의 변화가 올 수 있는 것처럼 너무나 자신에 사로잡혀 있다. 실제로 자기성찰은 사람들로 하여금 하나님이 보시는 것처럼 하나님을 참되게 볼 수 있는 순간들을 앗아간다. 심지어 하나님께서 우리에게 유죄 판결을 내리시더라도 우리는 그분의 자비 안에서 소망이 있다. 다른 말로 하면, 우리는 어떤 시점에서 우리의 실패에서 그분의 능력과 그분께서 죄를 용서하시고자 하는 갈망으로 우리의 초점을 전환해야 한다.

이 공식에서 정말로 정신이 번쩍 드는 부분은 마음이 새로워지지 않으면 하나님과 전쟁을 한다는 사실이다. 하나님과 원수가 되면 선한 열매를 맺을 수 없다. 이 진리를 단순히 인지하기만 해도 우리는 우리에게 정말 필요한 '거룩한 슬픔'을 낳는 데 도움을 얻는다. 이것이 없으면 회개도 없다.

만일 당신이 죄에 대한 슬픔을 표현하는 방식으로 비판에 빠지기 쉽다면 그런 태도로 회개해야 한다는 사실을 재빨리 인식하라. 어쨌든 우리는 모든 것을 우리 자신에 관한 것으로 만들지 않으면서 우리의 방식에 있는 오류를 볼 수 있는 법을 배워야 한다. 오직 우리가 우리를 향하신 한없이 크신 그분의 사랑과 자비를 볼 때 우리는 회개라는 미명하에 자기중심적인 함정에 빠지지 않고 그분께서 우리를 책망하시는 것을 분명하게 볼 수 있을 것이다.

기도

제가 분명히 볼 수 있도록 도우소서. 제가 보기에 합리적인 것처럼 보이는 것에 당신을 제한하지 않도록 저를 도우소서. 저는 당신의 눈을 통해 보고, 당신의 성품과 약속들을 따라 살기를 원합니다. 당신이 선하시기 때문에 제가 최선의 것을 믿을 수 있도록 갈보리에서 미리 모든 문제들을 해결해 놓으신 것을 감사합니다. 당신의 끝없는 선하심에 감사를 드립니다.

선언

하나님의 끝없는 은혜로 내 마음은 지금도 새로워지고 있다. 나는 지금도 영광에서 영광으로 변화되고 있다. 왜냐하면 하나님은 선하시고 나를 변화시키시기로 온전히 작정하셨기 때문이다. 나는 그분께서 시작하신 일을 마치실 것이라 확신한다.

44

소망

실망을 피하려는 마음에 사로잡힌 교회는
불신앙의 영에게 명예의 자리를 허락했다.

이 생에서 우리가 가질 수 있는 것 중에 가장 중요한 그리스도를 닮은 태도와 가치는 소망이다. 우리가 그분의 마음을 참으로 발견하려면 그것을 계속해서 키워야 한다. 소망이 없으면 소망의 가능성을 살아 내는 것은 불가능하다. 하나님은 소망이 될 만한 이유가 없다는 의미에서 막연한 소망을 요구하지 않으신다. 또한 이 소망이라는 브랜드는 '이 세상에서 모든 일이 잘될 거야'라고 생각하는 긍정적인 사고방식도 아니다. 실제로 이런 소망은 선한 것을 기쁘게 기대하는 것이다. 그것은 그분을 만나고 그분의 완전하신 약속들을 경험함으로써 완전히 선하신 그분의 성품을 발견하는 데부터 온다.

소망은 하나님의 선하심에 대한 계시에 닻을 내리고 우리 마음에서부터 솟아오르며, 우리의 관점과 태도와 안색에 영향을 준다. 그분의 선하심은 실존 가운데 존재하는 가장 위대한 절대 선이시기에 우리가 소망이라 부르는 이 하나님 나라의 현실에 계속해서 흔들리지 않고 머물려면 우리 마음을 이 선하심에 묶어 둬야 한다.

목사로서 나는 이런 도전을 잘 알고 있다. 우리는 실현되지 않을 수도 있는 기대들을 만들어 내길 두려워한다. 그리고 괜찮은 목회자 중에서 하나님의 약속들이 실현되지 않는 경우가 더 많아져서 하나님의 사람들을 좌절시키고 싶은 목회자는 지구상에 없다. 우리는 불가능한 상황을 거의 매일 직면한다. 그리고 큰 비극을 만난 가족이나 친구들과 함께 서서 "왜 이런 일이 일어났을까?"라고 질문하는 것보다 더 어려운 것은 없다. 그 결과 나는 목회자들이 실현되지 않을 소망을 만들어 내는 것을 염려하는 목소리를 자주 듣는다.

나는 우리가 실현되지 않은 삶 가운데 깨어진 조각들만 집어들을 수밖에 없을 때가 많다는 점에서 그렇게 추론하는 것을 이해한다. 사역에서 과장 광고(hype)는 가장 심각한 범죄다. 그것은 성취할 수 없는 것을 기대하게 만드는 데 정말 능하다. 그러나 소망을 없앰으로써 그런 남용을 보충하려는 시도는 완전히 어리석은 짓이다. 그것은 자기충족적인(self-fulfilling) 예언이 된다. 그리고 우리는 우리가 기대한 바를 정확히 얻는다. 즉 아무것도 없다. 우리 자신을 실망으로부터 보호하려다 보면 결국 불신앙을 받아들이게 된다.

우리 중 많은 이들은 불가능한 임무를 받았다. 그것은 어떤 위기나 비극에서 의미가 통하게 하는 것이다. 해답을 찾는 때가 많다 할지라도 최소한 당장에는 도움이 되어 보이지 않는다. 상처를 받는 부분은 머리가 아니라 마음이다. 그리고 우리가 위로를 주려고 노력한다 할지라도 정말 유일한 해답은 이해를 초월하는 평강이다. 일반적으로 우리는 이런 종류의 평강을 얻기 위해 이해할 수 있는 우리의 권리를 포기해야 한다. 이를 실제적인 용어로 말한다면 우리는 하나님의 선하심에 대해 요동치 않는 신뢰를 가지고 언제나 사랑하고 섬기며, 판단이나 정죄를 거절하는 친구가 되어야 한다. 커다란 손해를 본 적이 있는 사람들은 우리가 믿고 대표하는 모든 것을 의심할지 모른다. 그러나 친구로서 우리는 위기의 상황에 있는 자들에게 위로와 평강을 전해 주는 사랑의 역할을 계속해서 맡으면서 계시된 하나님의 선하심의 본성에 대해 진실하게 서 있어야 한다. 이러한 위치에서 그들은 결국 평강만이 그들의 영원한 소유가 된다는 안도감을 자신의 세계에 들이게 된다.

나는 많은 사람들이 실망에서 자신을 보호하려고 노력하는 모습을 지금까지 지켜보았다. 그것은 대가를 치러야 하는 선택이다. 왜냐하면 그들은 성공하기 위해 모든 소망의 감각을 제거해야 하기 때문이다. 그것은 파괴적인 삶을 사는 방식이다. 소망이 없는 곳에서는 믿음을 찾을 수 없을 것이다.

몇 년 전에 다가오는 재판에서 배심원 선출을 위해 법원에 부름을 받은 한 젊은 청년이 기억난다. 수백 명의 배심원 후보자들과 함께 방에서 기다릴 때 그는 한 사람이 휠체어에 타고 있는 것을 알았다. 그는 그에게 다가가서 자기가 그의 치유를 위해 기도해 줄 수 있는지 물었다.

그 사람의 대답은 정직했다. "만일 낫지 않으면 어떡하죠?"

그 젊은이는 "만일 낫는다면 어떡하죠?"라고 다시 되물었다.

이처럼 간단하게 초점을 바꾸자 이 신사는 소망을 가지게 되었다. 얼마 안 되어 그는 휠체어에서 일어나 그의 기적에 대해 감사를 드렸다. 소망은 기적의 삶의 시작이다. 왜냐하면 그것은 우리의 완전하신 하늘 아버지가 자신이 누구신지를 우리 안에서, 우리에게, 그리고 우리를 통해 드러내시기를 기쁘게 기대하는 것이기 때문이다.

기도

하늘에 계신 아버지, 당신의 도움으로 저는 실망할 가능성을 피하기 위해 제 마음을 보호하지 않겠습니다. 대신에 저는 당신의 선하심에 대해 제가 알고 있는 것을 보호하고 언제나 최선을 믿어 드리는 데 제 자신을 드리겠습니다. 저를 위해 예수님께서 이뤄 놓으신 것의 실상 안에서 당신의 말씀은 제 마음에 닻을 내리셨습니다. 당신의 은혜로 저는 다른 사람들이 예수님의 놀라운 이름에 소망을 두도록 이 소망을 전염시키겠습니다.

선언

내가 사랑 가운데 살기로 내 자신을 드린 것처럼 나는 소망이 충만한 삶을 사는 데 내 자신을 드렸다. 예수님은 이러한 소망의 이유이시며, 이것으로 내 소망은 안정되고 영화롭게 된다. 나는 하나님께서 영광을 받으시고 사람들이 예수님의 이름으로 구원을 찾을 수 있도록 이런 식으로 살 것이다. 그리고 하나님의 은혜로 나는 날마다 선하심, 즉 하나님의 계시된 선하심을 기쁨으로 바라볼 것이다.

45

사랑

열정이 없는 지도자들은
자기를 따르는 모든 자들에게 해를 입힌다.

성경에서 정신이 번쩍 드는 진리 중 하나는 우리의 실수와 죄가 결코 우리에게만 영향을 미치는 일이 없다는 사실이다. 어떤 이의 삶에서 책임이 크면 클수록 그를 따르는 사람들에 대한 영향은 그만큼 더 크다. 이는 피할 수 없는 진리다. 그리고 타락한 지도자는 책임이 없는 듯이 각 사람은 자신의 선택에 대해 책임을 져야 한다고 말하는 것도 도움이 되지 않는다. 그런 일은 일어나고 또한 결과가 뒤따른다. 하지만 이 원리는 모든 사람에게 적용되며, 직위가 있는 사람에게만 한정되지 않는다(또한 지도자가 대가를 지불하지만, 올바른 결정을 내릴 때에는 따르는 자들에게 커다란 유익을 가져다준다는 사실의 인식도 중요하다).

문제는 그것이 단순한 도덕적 실패를 넘어 비극적이 된다는 점이다. 그것은 어떤 사람의 인도하는 방식과 관련이 있다. 부모들이여, 여기서 참된 지도자들은 단지 직위가 있는 자들만이 아니라는 사실을 주의하라. 성경에는 엘리사와 요아스 왕에 대한 위대한 이야기가 있다(왕하 13:14~25를 보라). 일련의 사태들을 통해 엘리사는 요아스 왕과 지도자로서 그의 나라에 미칠 영향력의 운명을 결정하는 자리에 서게 된다. 하지만 엘리사는 왕의 마음을 시험해야 했다. 엘리사는 왕에게 화살을 가지고 땅을 치라고 청했다. 요아스는 그렇게 했지만 땅을 단지 세 번밖에 치지 않았다.

엘리사는 화를 내며 만일 그가 땅을 대여섯 번 쳤으면 이스라엘은 자기의 적을 멸절시켰을 것이라고 말했다. 그러나 이제 이스라엘은 단지 세 번의 일시적 승리만을 거두게 될 것이다. 이것을 생각해 보라. 이스라엘 나라 전체는 세 번의 일시적 승리를 얻을 운명이 되었다. 왜냐하면 왕이 화살을 가지고 선지자의 명령에 열정 없이 반응했기 때문이다. 형식적인 순종은 불순종이다.

여기서의 이슈는 사랑이다. 진짜 사랑은 대충 하지 않으며, 간편하지도 않다. 그것은 본질상 매우 도발적이다. 사랑에 빠진 사람은 모든 초점을 잃고 자기의 평소 우선순위들을 포기한 것처럼 보인다. 이러한 사랑은 **열정**이란 단어로 측정된다. 열정은 다른 사람을 위해 마음이 불처럼 타오르는 것이다. 신자는 하나님을 향해 이런 종류의 마음을 가져야 한다. 우리는 이것을 첫사랑이라 부른다.

이 사랑은 우리가 사람들과 관계를 맺는 방식에서 분명히 나타난다. 예수님께서 성전을 청소하실 때 그분의 제자들은 아버지 하나님의 집을 향한 열심이 그분을 삼킬 것이라는 성경 말씀을 기억했다(요 2:17을 보라). 우리가 바로 그 집이다! 예수님의 열정의 대상은 하나님의 집, 곧 그분의 백성들이다. 우리가 이와 달라야 할 이유가 있는가? 우리의 열정은 우리가 하나님이 삶 가운데 주신 우리의 사명에 어떻게 접근하는지 그 방식에 따라 알 수 있다. 우리가 하는 모든 것은 주를 위한 것이어야 한다. 우리 모두는 손에 화살을 들고 있으며, 다른 사람들은 그 화살을 가지고 우리가 무엇을 하는지 지켜보고 있다. 여기서 나의 의도는 사람을 두려워해야 한다거나 불건강한 책임감을 증진시키려는 것이 아니다. 하지만 또한 나는 우리가 사람들의 삶에 심오한 영향을 미친다는 사실을 무시하길 원치 않는다.

우리에게 당면한 가장 어려운 시험(test)은 지금 우리가 치고 있음을 아는 그런 시험이 아니다. 누군가가 나에게 하나님께서 지금 나를 시험하고 계시다고 말할 때 나는 그에게 "이 시험은 오픈 북입니다. 이런 시험은 쉽죠!"라고 말한다. 단연 가장 어려운 시험은 우리가 당면한 것들이지만 시험이 끝날 때까지 그것이 시험인 줄 결코 모르는 그런 시험이다. 요아스 왕이 그런 경우다. 만일 당신이 나와 비슷한 생각이라면 왜 선지자가 그것이 시험이었다는 것을 그에게 말하지 않았는지 의아해할 것이다. 아마도 이제 나는 그가 구하는 것이 무엇인지 알기 때문에 시험을 다시 보자고 청했을 것 같다. 하지만 문제는 선지자는 이미 그가 구하는 것을 찾았다는 것이다. 그는 왕의 마음에 무엇이 있는지 찔러 보지도, 준비하지도 않고 알았다.

나는 이런 종류의 시험을 언제나 잘 보지 못했다는 사실을 인정해야겠다. 학교 다닐 때에도 나는 시험 전에 필요한 것이 무엇인지 미리 알지 못했지만 대비하여 열심히 공부하지 않고 대충 했다. 이것은 천국과 지옥의 문제는 아니다. 그것은 우리를 파괴하지 않으면서 우리가 구한 것들 중에 얼마만큼이나 감당할 수 있는지를 알아보는 시험이다.

기쁜 소식은 우리의 열정이 다른 사람들의 마음에 불을 붙이는 데 도움이 된다는 사실이다. 방향이나 영감을 위해 당신을 바라보는 사람들은 활을 가지고 땅을 치는 단순한 당신의 행동에 엄청난 영향을 받는다. 그분의 집을 향한 열심을 가지고 사랑 가운데 사는 것은 예수님의 모든 제자들의 특권이다. 당신 주변의 사람들이 와서 가장 위대한 승리를 거둘 때까지 계속해서 땅을 치라!

기도

하늘에 계신 아버지, 저는 당신의 도움이 다시 필요하다는 것을 압니다. 저는 열정을 가지고 이 삶을 살고 싶습니다. 그러나 저는 그것을 꾸며 낼 수 없습니다. 당신께서 당신의 집을 향한 당신의 마음을 저에게 보여 주셔야겠습니다. 저는 저에게 집중하시는 당신의 불같은 눈을 봐야 합니다. 그것은 저의 멸망을 위한 것이 아니라 저의 마음이 당신의 마음처럼 불타오르게 하기 위한 것입니다. 이것이 저의 갈망이며, 이는 아직 제가 발견해야만 하는 방식으로 당신을 높여 드리기 위함입니다. 하나님의 영광을 위하여 이것들을 기도합니다.

선언

내 마음은 하나님을 향해 불탄다. 나는 이것이 단순한 열정과 천박한 열심 이상의 것임을 안다. 내 마음은 그분을 향해 불탄다. 왜냐하면 그분의 마음이 나를 향해 불타기 때문이다. 그분이 먼저 나를 사랑하셨기 때문에 나도 그분을 사랑한다! 기껏해야 나는 그분의 마음에 있는 것을 그저 반사할 뿐이다. 그리고 이 목적을 위해 내 삶을 드린다. 그것은 하나님의 열정을 드러내는 것이다.

46

믿음

믿음은 순종의 행위에서 밝히 드러난다.

젊은 시절에 내가 빠졌던 함정 중 하나는 하나님 앞에서 큰 자가 되려면 내 믿음을 측정해 봐야 한다는 생각이었다. 나는 과거 하나님의 위대한 사람들의 이야기를 읽으면서 그들이 역사의 여정에서 가졌던 의미와 영향력과 동일한 자리를 얻기를 갈망했다. 하지만 비록 내가 의미를 원하긴 했지만 그것은 사람의 관점이 아닌 하나님의 관점에서의 의미였다. 그것은 명성이나 유명한 이름과는 상관이 없었다. 하나님은 누가 참으로 그분을 신뢰하는지를 아신다. 그것이 나를 이끌고 간 것이었다.

과거의 모든 영웅들은 위대한 믿음의 사람들이었다. 그들과 동일한 영향력을 가지려면 나도 비슷한 믿음을 가져야 한다는 것이 금방 분명해졌다. 왜냐하면 그것은 하나님을 기쁘시게 하는 데 절대적으로 필요한 요소였기 때문이다. 그래서 나는 내 믿음을 측정하려고 노력했으며, 그렇게 하기 위해 내면을 들여다보았다. 그러나 내가 내 안에 있는 것을 보기 위해 **믿음의 단지**를 열었을 때 그곳에 있는 것이 무엇이든 그것은 잽싸게 사라져 버렸다. 그것을 찾으려 했을 때 나는 한 번도 그것을 발견할 수 있던 것처럼 보이지 않았다.

정반대로 내가 할 수 있는 믿음이 없다고 생각하는 어떤 일을 하나님께서 하라고 명하신 때가 있었다. 나는 자기성찰 대신에 그저 순종했다. 나는 내 자신이 새로운 사실을 발견한 그 순간을 결코 잊지 못할 것이다. 그때 나는 하나님께서 마치 나에게 **"믿음이 없으면 너는 순종할 수 없었을 것이다"** 라고 말씀하시는 것처럼 느꼈다. 나는 잘못된 곳에서 찾고 있었던 것이다. 위대함은 위대한 것을 찾을 때 발견되지 않았다. 믿음도 믿음을 찾는다고 찾아지지 않았다. 하나님의 뜻과 목적에 순복할 때 믿음이 찾아졌다. 그날 이후로 나는 내 믿음을 측정하는 대신에 순종에 초점을 맞췄다.

믿음은 순복(surrender)의 결과지 결단의 결과가 아니다. 믿음이란 완전히 신실하신 그분께 신자가 보이는 정상적인 반응이다. 그러므로 순종은 한 사람의 삶에서 믿음을 발견하는 가장 실제적인 방법이 된다.

오늘날 많은 믿음의 영웅들이 있다. 그들은 그들의 믿음과 업적 때문에 세계적으로 많은 존경을 받는다. 나는 개인적으로 그들 중 많은 이들을 알고 있다. 그리고 각 사람은 극단적인 순종 때문에 나의 세계에서 도드라지게 눈에 띈다. 내가 극단적인

이란 말을 한 것은 그들이 불가능한 것에 대해 하나님을 신뢰할 기회들을 찾기 때문이다. 그들과 함께 있으면 힘이 된다. 그러나 그들과 함께 있으면 또한 긴장하게 된다. 왜냐하면 그들은 내가 정상적인 그리스도인의 삶이라 부르는 기준을 새롭게 세우기 때문이다. 그들이 내 삶에 미치는 영향력 때문에 나는 같은 상태에 머물 수가 없다.

영원의 관점에서 내면을 들여다봄으로써 발견되는 것은 하나도 없다. 그러나 하나님을 바라보면 반대 현상이 일어난다. 호의, 생명, 믿음 그리고 다른 모든 중요한 것들은 이처럼 하나님을 바라볼 때 열린다. 그분께서 다음에 시키시는 것이 무엇이든 간에 그것을 행하려고 나 자신을 준비시키는 것은 커다란 특권이며 책임이다. 그리고 아마도 어떤 이들에게는 이상하게 들리겠지만, 내가 살아가는 믿음의 실제 분량은 이때 드러난다.

순종은 순전한 믿음의 표현이다. 왜냐하면 모든 관계가 신뢰에 그 기초를 두는 것처럼 순종도 신뢰를 설명해 주기 때문이다. 그분의 목소리에 반응하는 법을 배우는 순간 내 믿음은 천년 동안 내면을 들여다보는 것보다 더 많은 성장을 하게 될 것이다.

나는 단순함을 사랑하고 이것을 필요로 한다. 내 계기판에 오직 하나님께 순종하는 마음의 계측기만 있을 때 이 땅에서의 신뢰의 삶은 훨씬 더 쉬워진다. 은혜로 나는 그렇게 할 수 있다.

기도

아버지 하나님, 당신은 모든 상상을 초월할 정도로 신뢰할 만하십니다. 그리고 이로 인해 저는 당신을 높여 드립니다. 제 마음과 생각을 당신의 신실함에 두게 도우소서. 왜냐하면 저는 언제나 당신을 신뢰하길 원하기 때문입니다. 저는 믿음을 추구할 때 내면 성찰로 인해 넘어지길 원치 않습니다. 그러므로 제가 저를 중심으로 생각하는 함정에 빠지기 쉬운 순간들을 인식하도록 도우소서. 당신께서 저를 고안하신 대로 살 수 있는 은혜를 주셔서 미리 감사를 드립니다. 그것은 제가 충만한 믿음을 가지고 온전히 신실하게 사는 것입니다.

선언

나는 본질적으로 하나님을 신뢰하도록 고안되었다. 실존하시는 분 가운데 가장 믿을 만한 그분을 신뢰하는 일은 복잡하지 않다. 그리고 나는 하나님의 영광을 위하여 이 일을 평생 동안 큰 기쁨으로 행할 것이다.

47

소망

예수님은 머리와 동일한 비중을 차지하는
자기의 몸인 신부를 위해 재림하신다.

예수 그리스도께서 자기 교회를 위해 재림하시는 것은 모든 시간 가운데 가장 놀라운 순간이 될 것이다. 그렇기 때문에 우리는 이것을 복된 소망이라 부른다. 그러나 주님께서는 무엇을 위해 재림하시는가? 그분은 천국에서 퍼즐 게임처럼 분열된 교회를 맞추셔야만 하는가? 그분은 결혼식 전에 병원에 입원해야 하는 빈혈중에 걸린 약골 신부를 위해 재림하시는가? 아니면 그분은 스스로를 예비한 신부를 위해 재림하시는가? 그렇다. 그분은 완전히 예비된 신부, 성숙하고 영광스러운 신부를 위해 재림하신다.

나는 말세가 되면 사태가 점점 더 악화될 것이며 그런 다음에 예수님께서 재림하실 거라는 확신을 가진 교회 분위기 가운데서 성장했다. 나는 아버지께서 이렇게 가르치신 것을 기억하지 못하지만 우리가 살던 오순절 교회의 분위기는 그랬다. 그 결과 예수님의 재림은 마귀가 교회의 모든 성도들을 속이고 멸망시키기 전에 그분의 신부를 구원하러 오시는 것과 같았다. 미리 색안경을 끼고 보면 이런 결과를 암시하는 것처럼 보이는 구절들이 분명 성경에 있다.

내가 처음으로 새 차를 샀던 때가 기억난다. 그 차는 토요타 코롤라 패스트백(Toyota Corolla Fastback)이었다. 그때가 1978년이었다. 그 차에는 5단 변속기와 에어컨, 카세트 플레이어가 달려 있었다. 남자가 원할 수 있는 모든 것이 들어 있었다. 그처럼 멋진 새 차를 갖는다는 것에 너무나 흥분되었다. 아내와 나, 그리고 두 어린 아들은 하나님이 주신 이 선물과 완벽하게 어울렸다.

그리고 나서 나는 이전에 한 번도 알아차리지 못했던 것을 보기 시작했다. 세상에는 토요타 코롤라 패스트백이 많았다. 내가 내 차를 갖기 시작하자 내 눈이 언제나 분명히 그 자리에 있었던 것을 보는 훈련을 받는 것 같았다. 새 차에 대한 소유권을 갖자 나는 그런 차들이 사방에 널려 있는 것을 곧바로 알아차렸다. 내적 가치들은 이전에 보지 못했던 것을 볼 수 있게 만든다. 반대의 경우도 사실이다. 내적 가치들은 항상 그곳에 있는 것을 보지 못하게 만든다. 이것은 성경을 읽을 때 더욱 그렇다.

우리가 스스로에게 물어야 할 질문들은 다음과 같다: "내 가치들은 그분의 가치에 따라 형성되었는가?" 우리가 종말을 연구할 때 온갖 해석들을 내놓기 쉽다. 종말 신학의 가장 큰 문제는 우리의 종말 연구 방식 때문에 생긴다. 나는 이 말이 이상하게 들린다는 것을 안다. 하지만 성경 전체의 주제와 별도로 이 주제를 연구하는 것이 정말 합당한가? 우리를 새로운 피조물로 만들어 주신 예수님의 구속 사역과 이혼을 할 수 있을 정도로 이 신학이 그렇게 독특한가?

그러나 우리가 교회를 향한 하나님의 목적, 혹은 구원의 은혜의 완전함, 혹은 이 땅을 향하신 그분의 약속과 목적을 연구한다면 어떤 일이 생기는가? 종말 연구로 인해 생명에 대한 우리의 전체 신학이 규정된다면 우리는 추상적인 것들이 명백한 것들을 해석하도록 허용하는 것이다. 이런 것들을 연구하는 것이 잘못되었는가? 물론 아니다. 그들의 자리가 있다. 하지만 추상적인 것들이 우리가 진리로 알고 있는 것을 재 정의하도록 허락하는 것은 위험하다. 예수님은 우리가 다시 구원받기 위해 우리를 구원하지 않으셨다.

이렇게 말하는 것은 실제로 종종 위험하게 들리는 은유들을 섞어 놓은 것이다. 이 경우에 나는 현실들의 결합을 설명하기 위해 그랬다. 즉 우리는 그분 몸의 지체이면서 또한 그분의 신부다. 그분 몸의 지체로서 그분은 머리가 되신다. 신부로서 우리는 그분이 재림하시는 목적이 된다. 어린아이의 몸이 어른의 머리에 붙어 있으려고 애쓰는 모습을 생각하면 민망하다. 그러나 이 그림은 많은 사람들의 신학을 너무나 잘 보여 준다. 왜 그것이 중요한가? 만일 우리가 승리로 끝나길 기대하지 않는다면 우리는 언제나 실패와 단점을 고려하고 궁극에는 예수님의 지상 사역을 잘못 해석하는 신학을 만들어 낼 것이다.

연약함과 실패를 강화시키는 신학은 필요치 않다. 그리스도의 십자가의 공로는 우리를 흠 없는 승리자로 제시할 능력이 충분히 있다. 그것은 순전함과 능력 가운데 승리한다! 예수님은 그녀의 머리만큼 중요한 몸을 지닌 신부를 위해 재림하실 것이다. 승리자께서는 승리자를 위해 재림하실 것이다. 영광의 왕은 영광스러운 자를 위해 재림하실 것이다. 그래서 그분의 재림을 **복된 소망**이라 부른다.

기도

사랑하는 아버지, 저는 이 땅에서 당신을 높여 드리는 삶을 살고 싶습니다. 그것은 큰 기쁨과 즐거움의 삶입니다. 그러나 또한 저는 당신의 아들의 재림에 대한 갈망을 유지하길 원합니다. 저의 사랑을 순전하게 하시며 이생에서 당신의 목적들 가운데 든든히 서게 도우소서. 생명 가운데 왕 노릇하는 것이 저의 갈망입니다. 그리고 저는 당신의 선하심에 대한 압도적인 계시를 통해 사람들을 당신에게 돌아가게 함으로써 생명 가운데 왕 노릇하고 싶습니다.

선언

하나님은 생명과 경건에 속한 모든 것의 근원이시다. 예수님의 부활의 위대한 승리 가운데 사는 것은 나의 특권이다. 그래서 내 주변의 모든 사람들은 하나님의 속성을 발견할 것이다. 나는

하나님의 영광을 위해 나에게 주신 은혜를 따라 이것을 행할 것
이다.

48

사랑

기독교는 그 열정으로 인식되어야지
그 훈련으로 인식되기로 의도된 적은 한 번도 없다.

복음을 진정한 열정이 아닌 훈련과 형식으로 인식할 때 그것은 비극이다. 나는 구조(structure)를 믿는다. 그러나 구조는 무언가를 담아야 한다. 우리는 성경이 새 술은 새 부대에 담아야 한다고 말씀하고 있는 것을 안다. 이는 새 술이 부풀면 부대가 늘어나기 때문이다. 오해하지 말라. 보물은 부대가 아니다. 술이 보물이다. 구조는 그것이 담고 있는 내용물 때문에 중요하다. 훈련은 참된 보물에 가치를 부여하고 유지한다. 보물은 열정을 통해 보이는 사랑이다.

훈련된 삶은 우리로 하여금 우리의 가능성을 최대로 끌어내는 데 중요하다. 서신서들을 읽고 난 뒤에 다른 결론에 이르기는 어렵다. 나는 참된 열정은 위대한 훈련을 개발하는 데 도움을 줄 수 있다고 말하고 싶다. 아마도 사랑에 빠진 남녀를 지켜

보는 것보다 더 좋은 예는 없을 듯싶다. 당신은 그들에게 서로를 생각하라고 말할 필요가 전혀 없다. 또한 그들에게 서로의 유익을 위해 희생하라고 말할 필요도 없다. 서로 시간을 보내기 위해 다른 관심사들을 제쳐 놓으라는 제안을 할 필요도 없다. 이런 일은 저절로 일어난다. 이는 사랑에 빠지면 해야 하기 때문에 노력하는 것보다 더 많은 것을 할 수 있다는 사실을 우리에게 말해 준다. 열정/사랑은 최고의 훈련을 만들어 낸다. 왜냐하면 그것은 마음(heart)에서 나오며, 우리 삶의 방식을 쉽게 다스리기 때문이다.

에베소 교회는 이런 종류의 사랑—첫사랑—을 놓쳐 버렸다. 그들은 많은 선한 일들을 한 것으로 유명했다. 그러나 그들이 다른 그 무엇보다도 유지했어야 할 것이 한 가지가 있었는데 그것은 하나님과의 첫사랑의 관계였다. 회개는 필요한 단계이긴 하지만, 회개는 참된 회개로 이어지는 범상치 않은 형태를 취해야만 했다. 하나님은 그들에게 "회개하여 처음 행위를 가지라"고 말씀하셨다(계 2:5).

때로 우리의 삶이 영적인 활동으로 너무 바빠서 왜 우리가 살아 있는지, 그리고 하나님께서 우리에게 맡기신 일이 무엇인지를 망각한다. 압력 때문에 우선순위가 바뀌고 우리의 열정은 의무로 대체된다. 하나님은 "기억하라"고 명하신다. 기억은 하나님 안에서 잃어버린 영역을 회복하는 데 도움을 주는 소중한 도구가 될 수 있다. 모든 것을 멈추고 이전에 당신이 무얼 느끼고 생각하고 어떻게 살았는지를 기억하라.

그런 다음에 "회개하라"는 명령을 따르라. 고백을 한 후에 예수님을 향한 열정의 삶을 타협하게 만드는 모든 삶의 방식에서 돌아서라.

나는 주님의 다음 명령이 가장 흥미롭다고 생각한다: "처음 행위를 가지라." 만일 이 말을 다시 사랑에 빠질 필요가 있는 남편이나 아내에게 했다면 그 모습은 다음과 같을 것이다: "그녀에게 꽃을 사 줘라. 쉬는 시간에 직장에서 그녀에게 전화를 하라. 그녀를 기쁘게 할 방법들을 생각하라. 두 사람이 함께 인생을 보내기 위해 그녀를 행복하게 해 줄 깜짝 쇼를 계획하라." 이처럼 해야 할 일의 목록들은 너무나 분명하다. 그리고 아내에게도 동일하게 해야 할 목록들이 있다. 당신은 내 말을 이해했을 것이다.

자, 이제 이를 예수님을 향한 당신의 첫사랑에 적용해 보자. 당신은 그분에 대해 얼마나 많이 이야기했는가? 당신의 기도는 어떠했는가? 처음으로 성경을 읽을 때 당신이 성경에 몰입하는 모습은 어떠했는가? 당신이 하나님께 말씀드린 내용들은 어떤 종류의 것이었는가? 이런 것들이 모두 **처음** 행위다. 주님은 당신이 그분의 사랑을 얻기 위해 노력해야 한다고 말씀하시는 것이 아니다. 주님은 단순히 순종을 통해 당신 마음의 열정에 다시 불을 붙일 수 있는 행동으로 당신을 인도하시고 계신다. 미친 듯이 그분을 사랑하는 본성은 아직도 당신 안에 남아 있다. 이전에 행하던 것을 행함으로써 당신은 열정의 그 본성을 다시 표면화시킨다. 그리고 그것은 당신에게 인생을 어떻게 살아야 하는지 그 방식을 다시 한 번 더 가르쳐 주기 위함이다.

나이 많은 부부가 여전히 사랑하는 것보다 인생에서 더 아름다운 것은 거의 없다. 그들은 은혜 가운데 함께 늙어 가며 그들이 받은 선물을 즐거워한다. 그리고 그 선물은 서로이다. 주와 구주가 되신 예수 그리스도를 향해 첫사랑의 열정을 가지고 여전히 살아가는 성숙한 성도들의 삶이 그와 같다.

기도

하늘에 계신 아버지, 예수님을 향한 저의 사랑이 절대로 식어지지 않도록 저를 도우소서. 저는 당신을 영화롭게 하는 단순한 열정을 보여드리고 싶습니다. 당신은 저를 위해 너무나 많은 것을 행하셨기 때문에 저는 당신의 영광을 위해 온전히 사는 것 이외의 다른 삶을 사는 것을 상상할 수 없습니다.

선언

나는 나의 마음을 다하여 하나님을 사랑한다. 내 마음은 나를 먼저 사랑하신 그분의 사랑으로 불탄다. 그리고 나의 삶에서 날마다 하나님을 열정적으로 사랑하는 것은 나의 영광이다. 나는 하나님의 영광을 위해 이를 행하겠다.

49

믿음

믿음이 없으면 불순종하게 된다.

예수님을 따르는 자에겐 두 가지가 절대적으로 요구된다. 그것은 사랑과 믿음이다. 사랑은 예수님의 제자임을 드러내는 가장 위대한 표이다. 이는 "너희가 서로 사랑하면 이로써 모든 사람이 너희가 내 제자인 줄 알리라" 그리고 "그 중의 제일은 사랑이라"고 말하기 때문이다. 그러나 히브리서 기자가 "믿음이 없이는 하나님을 기쁘시게 하지 못하나니"라고 선언한 것처럼 믿음 또한 절대적이다. 바울은 이 두 말씀을 갈라디아서 5장 6절에서 독특하게 결합시켰다. 중요한 것은 "사랑으로써 역사하는 믿음"이다.

너무나 많은 신자들이 믿음을 극소수의 특별한 사람들만이 얻을 수 있는 희귀한 물건으로 취급함으로써 스스로 불신앙을 드러낸다. 나도 오랜 세월 동안 그렇게 말했다. 내가 믿음을 얻으려고 노력할 때마다 그것은 재앙으로 끝났다. 믿음을 과거의

믿음의 거인들의 것으로 격하시키는 것이 유일한 논리적 반응
처럼 보였다. 그러나 내 마음에서 나는 이 문제를 결코 해결할
수가 없었다. 무언가가 잘못된 것처럼 보였다. 믿음이란 애쓰고
노력해서가 아니라 순복(surrender)함으로 생긴다는 것을 깨달았
을 때 나도 그래야 한다는 것을 알았다.

　믿음을 도달 불가능한 것으로 만들 때 우리는 신자에게 기대
되는 삶을 일반 사람이 다다를 수 없는 너무나 높은 곳에 둔다.
그리고 예수님이 무언가를 의도하셨다면 그분은 평범하게 여
겨지는 사람에게 비범한 것을 주시기 위함이다. 주님의 열두 제
자는 당시에 엘리트들이 아니었다. 반대로 그들은 평범했고, 때
로는 창피할 정도로 평범했다.

　하나님께서 자기 자녀들에게 믿음을 요구하시면서 그것에
도달하지 못하도록 만드셨다면 그것은 잔인할 것이다. 그분은
그런 분이 아니시다. 그러나 우리 또한 자기 의지와 자기의 결
단으로 믿음 생활에 들어가지 않는다. 그것은 전적으로 순복을
통해, 즉 그분의 뜻과 그분의 마음과 그분의 본성을 통해, 그리
고 그분의 약속에 순복할 때 이뤄진다.

　바울은 이에 관해 가장 도전적인 말씀을 기록했다: "믿음을
따라 하지 아니하는 것은 다 죄니라"(롬 14:23). 다시 말하지만, 우
리가 믿음에 도달할 수 없다면 하나님은 우리로 죄를 짓도록 미
리 정하셨을 것이다. 모든 사람이 일정 분량의 믿음을 받았기
때문에 이는 분명 사실이 아니다. 그 믿음은 우리가 성공할 수
있도록 하나님이 주신 선물이다. 이것은 우리 각 사람을 향한

하나님의 자비다. 그분은 우리에게 무언가를 요구하시면 우리를 위해 그 무언가를 제공해 주신다. 그것은 마치 교사가 당신에게 졸업을 위해 시험에 통과할 것을 요구하고 나서 해답을 보여 주는 것과 같다. 그렇다. 그분은 그렇게 선하시다.

결국 관건은 우리의 의지 사용이다. 우리는 그분의 목적에 굴복하여 순복의 자연스러운 열매를 맺을 것인가, 아니면 우리 방식을 고집하여 불신앙 가운데 행할 것인가? 믿음이 없으면 죄와 불순종 그리고 우리를 향하신 하나님의 목적들을 거스르는 모든 것이 생기게 된다.

기도

아버지, 저는 제가 순복할 것을 선언하며 오늘을 시작합니다. 저는 당신의 뜻에, 당신의 마음에, 당신의 생각에 순복합니다. 당신에 관한 모든 것이 저를 매료시키며 저로 하여금 당신을 섬기는 기쁨 가운데로 인도합니다. 당신께서 제가 통과하길 원하시는 시험의 정답을 이미 주셨으니 이 믿음의 삶을 단순하게 유지하고 지킬 수 있도록 저를 도우소서. 저를 향해 계속해서 자비를 보여 주시니 당신을 기뻐합니다.

선언

나는 믿음을 선물로 받았다. 그것은 하나님께서 주시기 원하셨기 때문에 그저 내가 소유하게 된 것이다. 나는 나의 믿음을 통해 그분의 신실하심을 보이는 것이 내 삶의 영예임을 고백하고

선언한다. 나는 온 땅에서 하나님이 높임을 받으시도록 이 특권
을 받아들인다.

50

소망

소망은 믿음이 자라나는 토양이다.

약속들은 소망을 준다. 실제로 하나님 나라의 복음 전체는 계속 진행되는 약속이며, 이 약속은 모든 천국 시민들에게 소망을 준다. 신약성경의 매 페이지는 이생에서의 불가능한 상황들에 하나님의 비범한 개입을 기대하게 만드는 이유를 제공한다. 바로 이런 이유 때문에 복음(Gospel)은 좋은 소식(Good News)이라 불린다. 그것은 분명히 영원에서 역사하지만, 놀라운 소식은 또한 지금 바로 여기에서 역사한다는 사실이다.

소망(hope)이란 단어를 평범한 개념인 소원(wish)과 연결해서는 안 된다. 소망은 운이 좋으면 뭔가 좋은 일이 일어날지 모른다는 그런 승산 없는 시도(a long shot)의 개념이 아니다. 소망은 그 반대다. 그것은 실제로 '선한 것을 기쁘게 기다리는 것'을 의미한다. 내 아내의 부모님은 성탄절 아침에 아내와 그녀의 형제들이 선물을 열어 보려고 거실로 나올 때 그들의 흥분된 모습

214

을 촬영하곤 했다. 무비 카메라와 엄청 밝은 조명등이 거실을 향해 세워졌다. 이곳에서 아이들은 흥분하며 날뛰었다. 그들은 아빠의 "메리 크리스마스!"란 말을 기다렸다. 그들은 뭔가 좋은 일이 일어날 것을 알았고, 아직 '그 일이' 일어나지 않았지만 이미 이에 대해 즐거워했다. 그들의 흥분은 언어와 신체와 감정으로 나타났다. 그들의 정신 상태를 추측할 필요가 없었다. 그들이 소망으로 가득하다는 사실은 그들을 본 모든 사람들에게 너무나 분명했다. 이것이야말로 이 놀라운 단어인 소망의 참 의미를 설명하는 데 있어서 내가 아는 가장 훌륭한 예 중에 하나다. 소망! 그것은 선한 것을 즐거이 기대하는 것이다.

소망 없이 사는 것은 참으로 인생 낭비다. 우리는 큰 소망을 가지고 태어났으며 그렇게 살도록 고안되었다. 물론 그렇다고 해서 문제나 난관이 제거되는 것은 아니다. 우리는 여전히 실망을 다루는 법을 배워야 한다. 이런 일은 모든 사람에게 일어난다. 그러나 소망이 더 크다. 소망은 믿음이 자라는 토양이다. 믿음은 특정한 상황들을 겨냥하지만 소망은 일반적이다. 그것은 하나님의 갈망에 대한 전체적인 신뢰이며, 모든 것이 합력하여 선을 이루게 하시는 그분의 결단과 능력에 대한 신뢰다.

나에게 위대한 소망을 가진 자를 보이라. 그러면 나는 큰 믿음 안에서 움직이는 사람을 보여 주겠다. 소망은 내가 어떤 것에 관해 생각하고 묵상하고 내 마음을 채운 것의 부산물이다. 약속은 위대한 소망을 창조하도록 돕는다. 만일 내가 어떤 종류의 문제에 봉착해 있는데 그 문제에 대해 약속이 없다면 나는 이를 직면하는 데 부실할 것이며, 또한 가능성에 한참 못 미치게 될 것이다. 우리가 그분의 약속들로 잔치를 벌일 때 우리는 우리가 살고 거하게 될 소망의 분량에 의도적으로 충격을 가하고 있는 것이다.

소망으로 살라는 명령을 무시한 사람을 내게 보이라. 그러면 나는 반복해서 봉착하게 되는 도전의 크기에 미치지 못하는 믿음을 가진 자를 당신에게 보여 주겠다. 이것은 심각한 문제다. 소망은 소망을 사용할 기회가 일어나기 훨씬 전에 이미 그 자리에 있어야 한다. 이를 통해 우리는 우리에게 도전이 되는 것들에 대해 즉각 반응할 수 있다. 오늘의 소망은 내일의 믿음의 승리의 토양이다.

기도

사랑하는 하늘 아버지, 제 삶 전체를 통해 오직 저만을 위해 심어 놓으신 약속들을 인식하게 도우소서. 저는 이런 것들에 무지한 자가 되길 원치 않습니다. 저로 하여금 소망이 충만한 가운데 살게 도우시며, 당신이 영광을 받으시도록 이런 마음이 전염되게 하소서.

선언

하나님은 계속해서 내가 소망 가운데 살도록 만드셨다. 그분이 먼저 나에게 약속들을 주셨기에 나는 내 인생 길에 무슨 일이 닥쳐도 해답을 가지고 있다. 내가 태어나기 오래전에 내 삶은 완전히 고려되고 계획되었다. 위대한 디자이너이신 그분께서 소망을 위해 나를 고안하셨다. 그리고 나는 하나님의 영광을 위해 소망 가운데 살겠다.

51

사랑

> 하나님에 관해 당신이 알고 있다고 생각하는 것 중에서
> 예수님 안에서 발견할 수 없는 것은 의심할 필요가 있다.

예수님을 따르는 자 중에서 짐승으로 제사를 드리면 우리 죄가 용서될 수 있다고 주장하는 사람이 있겠는가? 그럴 사람은 아무도 없을 것이다! 우리 가운데 하나님과 우리 자신의 중보자로서 제사장들을 만나기 위해 매년 성전으로 순례의 여행을 갈 것을 홍보하는 자들이 누가 있겠는가? 우리 중에 그런 자는 한 명도 없다! 죽을병에 걸린 사람에게 그들이 부정하기 때문에 거리를 걸어갈 때 그가 부정한 것을 사람들에게 알려야 한다고 말하는 사람을 당신은 알고 있는가?

참된 신자라면 어느 누구도 이와 같은 행동을 인정하지 않을 것이다. 그러나 많은 그리스도인들이 실제로 이와 비슷한 행동들을 하고 있다는 사실을 알고 있는가? 우리가 질병과 악을 처리할 때 예수 그리스도 안에서 발견되는 계시 대신 구약성경의 기준들을 더 중요하게 생각할 때마다 이런 일이 발생한다. 예수님께서 성경에서 마귀에게 눌린 모든 자들을 치유하신 것을 보고서도 하나님께서는 성품을 개발하기 위해 질병으로 사람들에게 고통을 주신다고 설명할 때의 우리는 어떤가? 다르지 않다. 그것은 무서운 관행(practice)이다.

예수님은 사랑이신 하나님 아버지를 계시하시기 위해 고아와 같이 버려진 지구로 오셨다. 하나님은 이전에 아버지로서 제대로 계시된 적이 한 번도 없으셨다. 예수님은 바로 이 목적을 위해 오셨다. 예수님께서 말씀하시고 행하신 모든 것은 오직 한 가지 초점으로 모아진다. 즉 그것은 아버지 하나님을 계시하는 것이다. 예수님이 오시기 전의 모든 것은 다른 목적을 섬겼다. 그것은 인간의 잃어진 상태를 계시하고 유일한 해결책인 구속자 예수 그리스도를 가리키는 것이었다. 율법은 사람들을 유일한 해답이신 예수님에게로 인도하는 몽학선생이 되었다. 이런 의미에서 율법과 선지자는 영광스럽고 절대적으로 완전하다. 그러나 그것의 적용 시기는 그때였지 지금이 아니다. 나는 사람들이 왜 예수께서 계시하시기 위해 오신 복음을 수용하는 대신에 우리를 벌거벗기는 율법을 택하는지 그 이유를 모르겠다.

나를 놀라게 하는 또 다른 것은 정말 많은 사람들이 예수님을 따르기 위해 자신의 모든 것을 버리는 사람들에게 화를 낸다는 사실이다. 예수님의 모범을 바라보는 대신에 그들은 세례 요한이나 엘리야 혹은 심지어 모세를 보라고 한다. 이 사람들은 당시에 모두 완전했다. 그러나 예수님은 그들 모두가 위해서 살았던 것을 성취하러 오셨다. 그분은 그들이 할 수 없었던 것을 계시하시기 위해 오셨다. 그 계시는 사람들을 사랑하셔서 자기 아들의 희생을 통해 그들을 구속하시려고 값을 치르신 아버지 하나님이셨다. 그것은 역사상 가장 위대한 소식이었다. 그리고 그것은 많은 사람들이—율법에서 조금, 은혜에서 조금 취한— '균형 잡힌' 메시지라 부르는 것으로 인해 흐려질 필요가 없다. 예수 그리스도가 메시지이시다. 그분이 복음이시다. 그분보다 나은 것은 있을 수 없다. 그것은 너무나 좋은 것이지만 사실이다.

세상에서 하나님의 손(hands)을 구할 때는 예수님께서 세상 지도자들에게 행하신 것을 보라. 하나님께서 자연 재해를 일으키셨는지 아닌지를 보고 싶을 때는 예수님께서 폭풍우를 어떻게 다루셨는지를 보라. 만일 어떤 사람의 병이 고침을 받는 것이 하나님의 뜻인지 아닌지를 알려고 한다면 곤경에 처한 사람들을 예수님께서 어떻게 다루셨는지 보라. 병을 고치는 것이 그분의 뜻이 아니기 때문에 그분께서 물리친 사람들이 얼마나 되는가? 예수님은 참으로 완벽한 신학이시다.

지금 나는 여러 가지 떠오르는 많은 문제들에 답하고자 이 책을 쓴 것이 아니다. 나는 생각과 의도의 방향을 놓으려고 하는 것이지 해답을 제공하기 위해 이 책을 쓰고 있지 않다. 모든 건설현장에서 기초는 튼튼하고 곧아야 한다. 시작부터 곧지 않으면 건물이 올라갈수록 그 벌어짐은 더욱 심해질 것이다.

기도

하늘에 계신 아버지, 저는 성경 전체에 대해 감사를 드립니다. 그 안에 있는 모든 것은 저에게 너무나 소중합니다. 지금 당신께서 저에게 말씀하고 계신 것을 온전히 깨닫기 위해 과거로부터 제가 이해해야 할 것을 알 수 있는 지혜를 주시옵소서. 저는 당신의 아들을 저의 아버지이신 당신께로 가는 길, 유일한 길로 인식합니다. 당신의 영광을 위하여 그분의 생명을 잘 드러낼 수 있는 은혜를 간구합니다.

선언

나는 성경이 하나님의 말씀인 것과 또한 그 모든 것이 나를 교훈하기에 유익하다고 믿는다. 나는 구약성경이 교훈하기에 유익하지만 그 메시지가 결코 주님이 말씀하시고 행하시고 우리가 따르도록 모범이 되어 주신 것보다 더 중요해서는 안 된다고 믿는다. 나는 예수 그리스도께서 아버지 하나님을 계시하기 위해서 오셨으며, 또한 그분께서 아버지를 완전하게 계시하신다고 믿는다. 이제 내 차례다. 아버지께서 예수님을 보내신 것처럼 예수님은 지금 나를 보내신다.

52

믿음

믿음은 문제가 존재한다는 것을 부인하지 않는다.
믿음은 문제가 영향력을 미치는 것을 거부한다.

는 신자들이 믿음이 그들의 노력의 산물인 것처럼 그것
을 얻기 위해 스스로 결단하는 모습을 너무나 자주 보
면서 슬퍼진다. 믿음은 선택이 아니다. 그것은 열매다. 사과나
무가 건강하고 건강한 환경 가운에 거하면 그 나무는 사과를 맺
는다. 싸울 필요가 없다. 애씀도 없다. 아무것도 할 필요가 없
다. 그것은 본성과 환경의 자연스러운 결과로 발생한다.

우리는 믿는 자들이다. 그것이 우리의 본성이다. 우리의 죄
는 용서되었고, 우리는 예수님을 우리 자신의 본성으로 받아들
였다. 믿는 것이 예수님의 본성 안에 있는 것과 마찬가지로 믿
는 것이 우리의 본성 안에 있다. 우리는 믿음을 창조할 수 없지
만, 우리는 하나님이 우리가 어떤 존재라고 말씀하신 것과 상반
되게 살아감으로써 믿음이 생성되는 것을 방해할 수는 있다. 그

리스도 안에 거하는 것은 우리가 상상할 수 있는 것보다 훨씬 더 많은 것들에 대한 답을 준다.

가끔 신자들이 불신앙으로 약하게 보이길 두려워할 때 그들은 자신들이 큰 믿음을 가지고 있다는 것을 입증하기 위해 분투한다. 문제는 믿음은 그와 같은 방법을 통해 나타나지 않는다는 사실이다. 믿음은 가두행진을 하지 않는다. 믿음은 자기를 높이지 않으며 자신을 증명할 필요도 없다. 믿음은 애씀이 아니라 안식에서 태어난다. 믿음은 우리가 불가능한 것들을 직면할 수 있는 기초가 된다.

사람들이 자신의 믿음을 입증하려고 애를 쓸 때 그들은 종종 문제가 있다는 것을 부정한다. 왜냐하면 문제는 불신앙의 표처럼 보이기 때문이다. 그러나 그렇지 않다. 예수님은 문제가 있을 때 이를 인정하셨다. 사도 바울과 성경의 다른 기자들도 그랬다. 실제로 믿음의 모든 영웅들은 그들이 자연적 해결책이 없는 무언가에 직면했을 때 문제를 인식했다. 열쇠는 그 문제가 영향력을 미치는 것을 허락지 않는 것이다. 우리는 어둠에 반응하며 살지 않는다. 우리는 하나님께 반응하며 산다.

어떤 경우에 사람들은 문제를 부인하지 않지만 그 문제를 마음속에 하루 종일 담고 다닌다. 어떤 이들은 이것을 **중보적 부담**(intercessory burden)이라고 부른다. 그러나 하나님은 대부분의 경우에 이를 **걱정**이라 부르신다. 참된 중보는 문제의 무게를 인정하지만 하나님의 말씀 안에 있는 약속들로 인해 불이 붙는다. 두 세계가 긴장 가운데 있다가 결국 문제가 떠나간다(어떤 문제들은 배후에 인격적 요소가 있으며 우리는 이를 처리해야 한다).

내 아내는 아버지 하나님 앞에 문제를 가지고 가서 "이 문제를 우리가 어떻게 할까요?"라고 여쭙는다. 그녀는 그분의 마음과 인도를 구한다. 그녀가 응답을 얻으면 그녀는 그분의 권위를 가지고 나가서 이 땅에서 그분의 뜻을 행한다. 이것은 기본적으로 우리가 문제에 대해 아버지 하나님의 마음을 얻을 때까지만 문제를 가지고 다닌다는 것을 의미한다. 우리는 문제의 크기에 인상을 받는 시점까지 결코 그것을 가지고 다니지 않는다. 그럴 경우에 그것은 하나님을 떠나 문제를 향해 사는 대신에 문제를 떠나 생명을 향해 사는 것이 될 것이다.

당신과 관련된 모든 문제에 대해 하나님의 마음을 인식하는 법을 키우기 위해 애쓰라. 당신은 문제의 크기에 결코 다시 인상을 받지 않을 것이다.

기도

아버지, 제 주변의 모든 사람들에게 제 문제들의 심각성을 반드시 알리려 했던 저를 용서해 주소서. 제가 당신을 인식한 것보다 제 마음의 문제들을 더 크게 만들어서 죄송합니다. 당신의 마음에서부터 생명을 향해 살도록 저를 도우소서. 오직 당신에게만 인상을 받는 삶을 살도록 도우소서. 제가 예수님의 이름을 가장 존귀히 여기도록 저를 도와주시길 간구합니다.

선언

나는 신자다. 하나님을 믿는 것은 나의 본성이다. 나는 어둠의 세력들에게서 나오는 위협들이나 공격에 인상 받기를 거부한다. 내 안에 살아 계신 부활하신 그리스도께서 이미 이 모든 세력들과 계략들을 파하셨다. 지금 나는 하나님의 영광을 위해 살아 있다.

53

소망

소망이 없는 우리 삶의 영역은 거짓의 영향 아래에 있다.

하나님은 완전한 아버지이시다. 맡기신 임무의 완수를 위해 그분이 우리 손에 맡기신 자원은 무한하다. 또한 그분은 미래를 볼 수 있는 능력을 소유하고 계셔서 우리에게 어떤 것이 오고 있는지를 아신다. 그분은 무언가를 우리에게 명하신 후에 무기력하게 우리를 방치하고 그분의 임무를 우리가 알아서 하도록 내버려두지 않으신다. 그분의 은혜는 그분께서 능력으로 우리와 함께하신다는 것이다. 그분께서 내게 무언가를 명령하신 후에 내가 그분의 명령에 순종하면 실제로 그분께서 나를 통해 자기의 일을 행하시는데, 이는 내게 매혹적이다. 불가능을 가능케 하시는 분은 내 안에 계신 예수님이시다.

그분은 부지런하시고 신실하시며 지혜로우시다. 그분은 완전한 사랑이시며, 아름다우시고, 모든 일에 경이로우시다. 이와 같은 그분은 우리의 내일을 위하여 오늘 우리를 준비시키기 위해 먼 길을 가시는 궁극의 아버지이시다. 그분은 우리 삶을 향하신 그분의 목적의 빛 가운데 우리의 능력을 미리 철저히 고려하셨다. 그분은 우리를 부르실 때 우리의 약점과 실패를 고려하셨다. 우리의 성공이나 실패, 약점이나 강점 중 그 어느 것도 그분을 놀라게 하지 못한다. 그분은 우리와 지구를 위한 그분의 전체 계획에 이 모든 것을 일일이 미리 계산해 넣으셨다. 그분은 그분이 가지고 계신 모든 소유의 궁극의 관리자이시다. 모든 것은 그분의 것이다. 그분이 목적하신 모든 것을 성취하기 위해 그분과 협력 관계를 갖는 이 신비스러운 동역의 가능성도 모두 그분의 손아귀에 들어 있다. 그중에 우리가 힘써 얻을 수 있는 것은 없다. 모두가 은혜로 말미암는다.

하나님은 승리의 삶을 사는 데 필요한 모든 연장 없이 우리를 내버려두지 않으신다. 우리의 연장함에 들어 있는 도구 가운데 가장 중요한 것 중 하나는 그분의 약속이다. 그분이 우리에게 주신 약속들을 인식하면서 살면 우리는 소망 가운데 살 수 있게 된다. 인생의 다음 시절에 필요한 것을 주시는 '약속의 땅'의 하나님을 추구하는 것은 우리의 몫이다. 우리는 구걸할 필요가 없다. 그것은 이미 우리를 향하신 그분의 생각과 마음에 들어 있기 때문이다. 그러나 심령을 가난하게 유지하면서 그분의 나라를 갈망해야 하는 중요성은 아무리 강조해도 지나치지 않다. 이러한 마음의 조건을 갖추면 하나님 나라의 자원을 무한히 끌어다 쓴다.

이 모든 것을 이제 다 말했지만 요점은 이것이다. 즉 내게 당면한 모든 문제를 그분은 이미 고려하셨고, 이를 직면하여 승리하도록 나에게 연장들을 이미 주셨다는 것이다. 우리는 생명 가운데 왕 노릇하도록 지음 받았다. 그러나 원수는 두려움과 협박, 불안을 일으켜 우리로 하나님이 우리에게 주신 약속들을 보지 못하게 한다. 이러한 절망은 우리를 거의 무기력하게 만들며, 모든 능력에 다가갈 수 있도록 허락을 받은 우리에게 큰 장애물이다.

나는 이와 같은 약속의 문제를 다음과 같이 보고 싶다. 즉 그것은 마치 하나님께서 나의 미래로 가셔서 나로 그곳에 서도록 하기 위해 필요한 것을 다시 가져오신 것과 같다. 그리고 그것은 그분의 약속들이다.

인생의 모든 것에 대해 앞서 미리 우리를 준비시키실 수 있는 하나님을 사랑의 아버지로 알기에, 우리는 인생에서 큰 확신 가운데 세움을 입을 수 있다. 우리는 우리의 위대함과 의미 혹은 심지어 위대한 믿음도 의지하지 않는다. 우리는 모든 것을 미리 생각하신 완전하신 하나님 아버지를 의지한다.

기도

하늘에 계신 아버지, 저를 당신의 가족으로 그렇게 완전하게 받아 주셔서 감사합니다. 저의 현재와 미래를 완벽하게 책임져 주셔서 감사합니다. 제 삶의 어떤 부분에서도 결코 소망을 잃지 않도록 저를 도우소서. 저의 생각이나 혹은 당신을 저의 아버지로 생각하는 것에 있어서 여전히 존재하는 어떤 경솔함이 있다면 가르쳐 주소서. 저는 당신의 아들 예수를 잘 대표하기 위해 이 모든 것을 구합니다. 그리고 이 모든 것을 통해 당신께 영광을 돌리게 하소서. 위대한 영광을 돌리게 하소서!

선언

나의 아버지는 모든 면에서 완벽하시다. 그분은 모든 것을 돌보시며, 내 삶에 대해서 무관심하지 않으시다. 나에겐 큰 소망을 가질 이유가 있다. 왜냐하면 큰 소망을 주시는 이는 나의 아버지이시기 때문이다. 나는 원수가 주는 거짓말과 산란함으로부터 내 마음을 지킬 것이다. 나는 예수님과 함께 "사탄은 나와 상관할 것이 없다"라고 말할 수 있다. 나는 그분의 영광을 위해, 그리고 내 인생을 하나님께 제사로 드리기 위해 이것을 행한다.

54

사랑

하나님께서 그분의 영광을 위해 죄를 사용하실 수 있다고 해서
그분이 죄를 인정하지 않으시는 것처럼,
자기의 영광을 위해 질병을 사용하실 수 있다고 해서
그것이 그분께서 질병을 인정하신다는 뜻은 아니다.

주 예수 그리스도와 동행하면서 우리가 계속해서 발견하
게 되는 것은 사랑의 모습이다. 그분은 언제나 우리를
위해 최선을 택하신다. 왜냐하면 그것이 사랑이기 때문이다.

하나님께서 자기의 영광을 위해 악한 것들을 사용하시는 능
력 때문에 어떤 이들은 그분이 이와 같은 악한 것들의 저자라고
생각한다. 이러한 믿음은 보통 소위 하나님의 주권이라 불리는
신비로운 카펫 아래에서 쓸려 간다. 나는 주권자이신 하나님의
경이로움을 사랑하고 기뻐하지만, 우리 삶에서 정말 많은 부분
이 예수님의 삶과 일치하지 않으면서도 그것을 하나님의 신비
로운 뜻으로 규정하는 모습을 보면 마음이 슬퍼진다.

하나님은 주권자이시다. 그것은 진정 아름다운 진리이며 이

해를 초월하는 것이다. 그러나 예수님이 용납하지 않으시는 것들을 이 카테고리에 집어넣고 이를 하나님의 뜻이라 부르는 것이 합법적인가? 결코 그렇지 않다! 분명 나는 이 주제에 있어서 조심하고 싶다. 그러나 또한 나는 그리스도를 닮고 싶다. 즉 예수님처럼 되고 싶다는 말이다. 그분은 우리가 허락하는 것 중 많은 것을 허락하지 않으셨다. 사람들은 위로를 위해 그분의 기적에 대한 복음서 이야기를 읽을 때가 많지만 이를 따라야 할 모범으로 읽지는 않는다.

하나님은 죄를 사용할 수 있으신가? 그렇다. 절대적으로 그렇다. 솔로몬은 다윗의 아들이었다. 하나님은 솔로몬을 사랑하셨고 그를 이스라엘의 왕으로 임명하셨다. 다윗/솔로몬 시대는 이스라엘 역사에서 **황금기**였다. 그러나 솔로몬의 어머니는 밧세바였다. 다윗은 그녀와 간음을 하고 그의 남편인 우리야를 살해한 후에 그녀와 결혼했다. 그것은 죄의 절정이었다! 그러나 주권자이신 우리 하나님은 그처럼 무서운 다윗의 행동을 취하여 이스라엘에서 가장 위대한 왕 중 한 사람을 낳으셨다. 다윗의 간음과 살인 행위가 하나님의 뜻이었는가? 아니다. 하나님은 그분의 목적을 이루시기 위해 그분 자신의 법을 어기지 않으신다. 그러나 내가 말한 대로 하나님은 이 두 사람을 가지고 승리하실 수 있다. 그분은 어떤 상황도 승리의 손으로 바꾸실 수 있다. 그분은 하나님이시다.

하나님은 질병을 사용할 수 있으신가? 그렇다! 나는 그런 경우를 수없이 보아 왔다. 가족들은 죽어 가는 사랑하는 자 주변에 함께 모인다. 그리고 깨어진 관계가 화목해진다. 하나님에 대해 전혀 생각이 없던 사람들이 거룩한 상담을 구하기 시작할 때가 많다. 그리고 어떤 사람들은 심지어 기도하기 시작한다. 이는 지켜보는 것만으로도 아름답다. 그것은 모두가 위대한 하나님, 위대한 사랑으로 충만하신 분, 그리고 그분의 영광과 우리의 유익을 위해 어떤 상황도 사용하실 수 있고 기꺼이 사용하시려는 그분에게서 온다. 그러나 질병을 하나님의 뜻으로 부르는 것은 마귀의 일을 그분께 돌리는 것과 같다.

나는 다음 구절을 앞서 인용한 바 있지만, 이 말씀이 이 점을 얼마나 아름답게 요약하고 있는지 다시 보라.

> "하나님이 나사렛 예수에게 성령과 능력을 기름 붓듯 하셨으매 그가 두루 다니시며 선한 일을 행하시고 마귀에게 눌린 모든 사람을 고치셨으니 이는 하나님이 함께 하셨음이라"(행 10:38)

예수님은 하나님의 뜻이 무엇인지를 보여 주신 분이시다. 그분은 두루 다니며 착한 일을 행하셨다. 그 선한 일은 치유와 축사였다. 그분이 이런 일들을 하신 것은 하나님께서 그분과 함께하셨기 때문이었다. 하나님이 어떤 삶에 함께하신다는 것은 어떤 결과를 기대하신다는 뜻이다. 치유와 축사 이 두 가지가 그 기대되는 결과 중에 속한다. 사랑이 하는 일이 바로 이것이다.

하나님은 선하시다. 마귀는 악하다. 건강과 치유는 선하다. 질병과 질환은 악하다. 그건 복잡하지 않다.

기도

하늘에 계신 아버지, 저는 당신의 영광과 우리의 유익을 위해 모든 것을 사용하실 수 있는 당신의 능력에 대해 감사하고 이를 찬양합니다. 당신은 너무나 놀라우시기 때문에 당신은 저를 놀라게 만드십니다. 저의 생각이 너무 무심하여 마귀의 일을 당신에게 돌리는 일이 없게 도우소서. 그러나 또한 이상적인 상황이 아닐 때에도 당신의 손에서 결코 눈을 떼지 않게 도우소서.

선언

하나님은 선하시며, 언제나 선하시다. 하나님은 또한 영원히 크시며, 그분은 자기의 영광을 위해 어떤 상황도 구속하실 수 있다. 하나님의 은혜로 나는 마귀의 일을 결코 그분에게 돌리지 않을 것이다. 대신에 나는 가장 불가능한 상황에서 하나님의 구속의 사랑을 바라보기로 마음을 정할 것이다. 나는 하나님의 영광을 위해 이것들을 행할 것이다.

55

믿음

믿음은 응답을 가져다주지만
인내하는 믿음은 응답과 더불어 성품을 가져다준다.

신자의 삶에서 가장 흥분되는 것 중에 하나는 기도의 응답을 목도하는 것이다. 그리고 문제가 불가능하면 할수록 응답은 그만큼 더 기억할 만하고 충격을 준다. 기도 응답은 예수님을 따르는 자의 놀라운 특권이다. 그것은 우리와 하나님과의 동역의 산물이며, 이해가 안 되는 명예(honor)다.

하나님은 각 사람과 각 상황마다 다르게 기도에 응답하신다. 그러나 그분이 어떻게 움직이시는지를 알지 못하면 우리는 커다란 가능성을 지닌 돌파 도중에 좌절하고 만다. 신자들은 종종 하나님이 어떻게 움직이시는지를 알지 못해서 그들이 기도한 응답을 유산시킬 때가 많다.

하나님께서는 우리가 기도하는 순간 우리의 기도에 응답하신다. 하지만 우리가 원하는 완성된 응답 대신에 씨앗의 형태로 응답하시는 때가 얼마나 많은지 알았으면 좋겠다. 우리는 주요한 돌파를 부르짖어 구하지만 하나님은 그 대신에 그 돌파의 씨앗을 주신다. 우리는 참나무를 구하지만 그분은 도토리를 주신다. 그 나무는 그 씨 안에 들어 있다. 이 진리를 알게 되면 우리는 우리의 기도 방식과 우리가 하나님 안에서 갖는 순간들을 관리하는 방식 모두를 바꾸게 될 것이다. 하나님은 씨를 창조하셨고, 씨들은 적절히 보살펴 주면 자라난다. 그것이 그분의 방식이다.

때로 우리의 가장 큰 필요는 응답이다. 그리고 우리는 실제로 그 응답을 가져오는 과정이 필요할 때가 가끔 있다. 우리는 갑작스러운 개입을 원한다. 그러나 그분은 순복한 신자의 삶에 그 응답의 씨를 안전하게 심기를 원하신다. 그분의 개입은 기도하는 자의 개인적 발전을 통해 유지된다. 다른 말로 하면, 그분은 왕이신 그분의 방법들을 익힌 신자의 삶 가운데서 응답이 안전한 집에 거하길 원하신다.

종종 우리는 바른 것들을 위해 기도하지만, 만일 응답들이 즉시 주어지면 그로 인해 우리의 삶은 실제로 파괴될 것이다. 이런 이유로 인해 인내하는(enduring) 믿음은 하나님께 중요하다.

우리가 집중해서 인내심을 가지고 기도하는 기술을 습득할 때 등척 운동(isometrics, 몸을 움직이지 않은 채 신체 각 부위에 힘을 주거나 빼면서 하는 훈련 방법―옮긴이)을 통해 우리 근육이 발달하는 것처럼 우리 마음도 강해진다. 성품(character)은 근육이 되는데, 이는 집중적으로 계속해서 기도하면서 응답을 기다리는 동안에 발달된다. 응답을 확신하는 기다림은 예수님의 제자들의 삶 가운데 성품을 개발시켜 준다.

기도 응답은 위대하다. 성품의 성장을 동반한 기도 응답은 훨씬 더 위대하다. 하나님은 언제나 큰 그림을 보신다. 우리가 그분의 그림 가운데 들어 있다는 사실은 우리 모두를 놀라게 만든다.

기도

아버지, 당신께서 저에게 주신 순간들을 잘 관리하게 도우소서. 저는 당신께서 저를 위해 제공해 주신 씨앗을 놓치지 않길 원하고, 그것이 제 마음에 부르짖어 간구하는 것으로 성장해 가는 것을 목도하지 못한 채 놓치기를 원치 않습니다. 저는 당신의 모든 영광을 위해 제 마음이 강해지길 원합니다.

선언

나는 기도 응답을 얻도록 지음을 받았다. 나는 응답이 여러 다른 형태로 온다는 사실을 받아들인다. 도토리는 참나무로 자란다. 그리고 나는 작은 응답들이 내가 갈망하던 완전한 응답들로 발전하는 모습을 볼 수 있는 기회를 수용한다. 나는 이 목적을 위해 지음을 받았으며, 이는 하나님께서 영광을 받도록 하시기 위함이다.

56

소망

후회 가운데 살면 더 큰 후회를 하게 될 것이다.

내가 후회할 때마다 나는 현재에 영향을 미치고 미래에 씨를 뿌릴 수 있는 시간을 빼앗긴다. 우리로 하여금 후회 가운데 살도록 만드는 것은 분명히 마귀의 궤계이며, 그것은 현재 우리의 힘을 약화시킨다. 궁극적으로 마귀는 이 궤계를 사용하여 우리로 예수님의 보혈의 참된 효력을 간접적으로 의심하게 만들며, 또한 우리로 하여금 우리 믿음의 온전한 영향력을 보지 못하도록 만든다.

후회는 교활하다. 우리는 주님을 온전히 기쁘시게 해 드리는 삶을 살길 원하기 때문에 대부분의 경우에 후회가 존재한다. 후회는 양심을 먹고 산다. 그래서 후회는 계속해서 남아 있을 수 있는 허락을 받아 낸다. 양심은 하나님이 주신 놀라운 선물이지만 성령님의 영향력 아래 있을 때에만 유용하다. 그리고 성령님은 결코 재검토를 위해 예수님의 보혈 아래에서 우리 과거의 것

237

들을 제거하지 않으셨다.

나는 자신이 '과거에 많은 것을 다르게 다뤘으면 좋았을 걸' 하고 생각하지 않는 사람이 있는지 의심이 간다. 나도 아쉬운 것들이 많다. 내가 이런 것들에 대해 골똘히 생각하면 할수록 그만큼 내 머리 위에 구름이 자리 잡으며, 그로 인해 내 감정과 생각은 왜곡된다. 후회의 분위기가 소망을 감염시킨다. 모닥불을 피워 놓고 당신이 바람을 맞으며 서 있다고 상상해 보라. 모닥불 자리를 떠나도 오랜 동안 당신의 옷과 머리카락에서 연기 냄새가 날 것이다. 마찬가지로 후회는 우리가 하는 모든 일에 배어든 냄새와 같다. 후회는 오직 회개만이 제거할 수 있는 냄새를 남긴다. 우리는 이것을 원수로 인식하고 이에 따라 그것과 싸우는 법을 배워야 한다.

후회는 우리에게서 소망을 앗아간다. 그것은 우리를 탈골시킨다는 의미에서 우리를 실격시킨다. 탈골된 팔을 마음에 그려 보라. 그 팔은 골절되었다. 그래도 그것은 여전히 살아 있다. 그러나 몸의 여러 지체들 중 하나이지만 기능을 제대로 하지 못한다. 과거 문제들을 추억하면 예수님의 보혈의 변화의 역사에서 눈을 뗀 사람들에겐 커다란 고통을 준다. 나는 그들이 과거에 초점을 맞출 때 비록 그들의 죄들을 회개하고 고백했더라도 소망을 잃어버리는 것을 목격했다. 그것은 마치 그들이 후회 가운데 살면서 그들이 참으로 죄에 대해 미안해한다는 사실을 스스로에게 확신시키길 바라는 것처럼 보였다.

이런 일이 일어날 때 후회는 사람들로 하여금 용서를 얻기 위해 애쓰게 만든다. 당신은 선물을 애써서 얻을 수 없다. 그럴 경우에 그것은 삯이 된다. 용서는 하나님이 주시는 놀라운 선물이다. 그리고 그 선물은 우리로 하여금 우리가 변화시키고 싶어 하는 것들에 대해 놀라운 약속을 준다. 그 약속은 "우리가 알거니와 하나님을 사랑하는 자 곧 그의 뜻대로 부르심을 입은 자들에게는 모든 것이 합력하여 선을 이루느니라"는 말씀이다(롬 8:28).

하나님은 그분의 영광을 위해 우리 삶에서 최악의 상황을 사용하실 수 있다. 이것은 내가 이해 못하는 것이지만 사실임을 난 알고 있다. 그분은 장인 중의 장인이시며, 우리가 쓰레기라고 생각하는 것을 취하여 걸작품으로 만드실 수 있다. 이것이야 말로 완전한 사랑이신 아버지 하나님의 영광스러운 작품이며, 그분은 우리 각 사람을 위해 이런 일들을 계획하셨다.

기도

사랑하는 하늘 아버지, 저는 당신의 방식대로 계속해서 저의 인생을 바라볼 수 있도록 당신의 도움이 필요합니다. 저는 당신을 불쾌하게 하거나 혹은 당신께서 제게 주신 삶에서 효과적이지 못하게 하는 과거를 볼 수 있는 여력이 없습니다. 당신의 영광과 저의 유익을 위해 당신께서 이런 것들을 합력해서 선을 이루신다는 사실을 크게 확신하면서 실패들을 바라볼 수 있는 당신의 능력을 제게 주시옵소서. 저는 이 모든 것들에 대해 당신을 신뢰하며 당신을 찬양합니다!

선언

하나님은 나를 용서하셨다. 그러기에 나는 나 자신을 용서한다. 나는 그분께서 비난하지 않는 누군가를 비난하지 않겠다. 심지어 그 누군가가 나라고 할지라도 말이다. 내가 용서하는 것은 그분의 영광을 위한 것이다. 후회는 더 이상 내 인생에 속하지 않을 것이다. 나는 나를 과거에 묶기를 원하는 내 영혼의 원수에게 나의 미래를 내어 주지 않을 것이다. 나는 해방되었다. 그리고 나는 하나님의 영광을 위해 예수님의 자유 안에서 살고자 한다.

57

사랑

하나님 나라에서는 다른 사람의 위대함을 소중히 여기지 않고서는
참된 위대성을 달성하기가 불가능하다.

나는 아직도 만왕의 왕께서 제자들의 발을 씻기시려고 자기 팔에 수건을 두른 모습을 떨쳐 버릴 수가 없다. 겸손은 하나님 나라다. 모든 악한 것의 뿌리에는 교만이 있다. 그러나 위대함을 추구하는 것이 반드시 악한 것은 아니다. 실제로 예수님과 시간을 보낸 사람들은 자기 자신의 의미에 대해 그들 안에 잠자고 있던 갈망들을 일깨웠다. 그 결과 예수님은 제자들의 위대해지고 싶은 욕구에 대해 그들을 한 번도 책망하지 않으셨다. 주님은 단지 어린아이를 가리키시면서 그 개념을 재 정의하셨다.

이 주제에 관해 내가 가장 좋아하는 구절 중 하나를 살펴보자. "그러므로 하나님의 능하신 손 아래에서 겸손하라 때가 되면 너희를 높이시리라"(벧전 5:6). 학대받는 가정에서 자란 사람에게 "손 아래에서"란 표현은 무서운 그림일 수 있다. 그러나 우리가 완전하시고 사랑이신 아버지 하나님의 손 아래 우리 자신을 두었다는 것을 깨달을 때 우리가 얼마나 놀라운 특권의 기회를 가지고 있는지를 알게 된다. 이 손은 보호와 덮어 줌의 손이다.

이 방정식에서 겸손이란 항은 우리 모두에게 좋은 것이다. 최소한 이 개념은 때로 행하기가 어렵긴 하지만 수용된다. 우리에게 어려운 것은 우리의 겸손에 반응하시는 하나님의 방식이다. "너희를 높이시리라." 이럴 경우에 우리는 어떻게 하는가? 우리 중 많은 사람들은 당황하거나 우리가 받은 명예를 손상시키는 어떤 말을 한다. 그러나 만일 명예를 제대로 받는 법을 알지 못한다면 우리에겐 그분 발 앞에 던질 면류관이 없을 것이다.

그러나 더 큰 도전은 다른 누군가에게 명예가 주어질 때다. 많은 신자들이 하나님의 과정을 이해하지 못하고 그 사람의 높임에 불법성을 드러냄으로써 그것에 손상을 가하려고 한다. 어떤 문화에서 사람들은 이것을 '부자 헐뜯기'(tall poppy syndrome)라 부른다. 만일 어떤 양귀비가 다른 양귀비들보다 키가 클 때 그 양귀비는 당신이 잘라 내는 양귀비가 된다. 이것은 비극이지만 교회 문화 가운데 겸손이란 미명하에 정기적으로 일어나는 현상이다. 이것은 사랑과 정면으로 반대되는 것이다. 성경은 너희를 낮추라고 했지 주변 사람들을 낮추라고 말하지 않았다.

나는 자기를 스스로 높이는 것을 경멸한다. 이런 행위는 하나님이 높여 주시는 거룩한 기회를 유산시키며 그것을 모조품으로 대치한다. 신자는 사람들에게 인정과 영예를 얻으려 할 때 하나님 안에 있는 그들 자신의 순간을 망친다. 슬픈 일이다. 그러나 만일 내가 조심하지 않으면 나는 스스로를 높이는 것을 혐오함으로써 하나님께서 다른 사람을 높이시는 것을 인식하고 그분께서 축하해 주시는 자를 축하해 줄 수 있는 기회를 망치게 될 것이다. 우리는 그분께서 존중하시는 자를 비난하는 일이 없길 바랄 것이다.

우리는 너무나 빨리 겸손의 신학을 인정하지만 축복과 위대함의 신학에 대해서는 그러지 않는다. 아마도 우리는 '누군가가 인생에서 더 위대한 지위를 얻으면 얻을수록 그 사람이 그만큼 더 영적이다' 라는 개념을 인정하는 것 같다. 그러나 실제로 그런 개념은 거짓이다. 그럼에도 불구하고 오해에 대한 잘못된 반응은 또 다른 오해를 낳는다. 그 결과 교회는 부유함보다는 가난을 영적 표식으로 인정할 때 더 편안함을 느낀다. 그러나 이것도 사실이 아니다.

문제는 누군가가 축복을 받았다는 데 있는 것이 아니라 하나님께서 누군가를 높이실 때 겸손을 유지하는 우리의 능력이 왜곡되었다는 데 있다. 하나님께서 누군가를 높이시면 우리는 높아지려고 애썼던 우리의 마음을 높아진 그 사람의 삶에 투사한다. **높이다**(exalt)라는 이 단어의 의미를 생각해 보라. 이 단어는 '위로 세우거나 크게 만들다' 라는 뜻이다. 신약성경의 언어를 연구하는 데 사용되는 훌륭한 사전 중 하나(Thayer Greek Lexicon)는 이 단어를 '부와 번영의 정점에까지 올리다' 라고 정의한다. 이것은 복음의 메시지에 대한 우리의 이해와 무척 멀어 보인다.

그러나 이는 성경적으로 건전하고 참되다. 때로 성경의 선언들은 너무나 장엄해서 우리는 하나님께서 우리가 천국에 가면 그 의미를 알려 주실 거라고 생각하는 경향이 있다. 그러나 이 구절을 그렇게 해석하면 매우 초라할 것이다. 이 구절은 현재에 대해 말씀하고 있다. 사랑은 이 말씀을 믿는 데 문제가 없다. 왜냐하면 사랑은 하나님께서 다른 사람들을 축복하시는 모습을 보면 더 번성하기 때문이다.

나는 인터넷이 교회 안에서 일어나는 일을 항상 정확하게 드러내는 것은 아니라는 사실을 깨닫는다. 그러나 얼핏 그 안을 들여다보게는 해 줄 수 있다. 이제 지난 몇 년 동안 내가 깨달은 것을 설명해 보겠다. 하나님께서 사람들을 명백한 방법으로 비범하게 높이실 때 교회 안에 많은 이들은 이를 위험한 성공자들(tall poppies)에 대한 경고로 받아들인다. 예를 들어, 만일 한 신자가 좋은 책을 내서 수천 권이 팔리면 문제가 없다. 사람들은 통상적으로 그 저자를 가만히 내버려 둔다. 그러나 수백만 권의 책이 팔리면 사람들은 웹 사이트와 유투브 비디오를 만들어서 그 책이 이단이라고 광고한다. 질투는 잔인한 주인(taskmaster)이다. 그것은 현실을 왜곡하고 하나님께서 자신의 사람을 축하해 주실 때 동참하는 기회를 우리에게서 앗아 간다. 이는 우리가 수용하고 잘 관리해야 할 너무나 소중한 기회다.

하나님께서 우리를 축복하실 때 우리는 우리를 그곳에 서게 하신 겸손의 분량을 유지하고 또한 증가시켜야 한다. 축복은 우리 자신의 왕국을 건설하기 위해 주신 것이 아니다. 그것은 단지 다른 사람들을 위해 그분의 은총을 사용해야 하는 우리의 책임을 증대시킬 뿐이다. 하나님의 나라는 이러한 영향력과 충격 속에서 자라 간다.

기도

하늘에 계신 아버지, 사람들의 삶에서 당신께서 행하신 일을 훼손하지 않기 위해 이 문제에 있어 저를 계속 도와주셔야 합니다. 당신께서는 어떤 사람이든지 그를 존귀히 여기길 원하신다는 사실이 놀랍습니다. 그래서 저는 이를 축하합니다. 너무나 많은 사람들의 삶을 파괴하는 의심에서 저를 자유케 해 주시고 당신께서 높이시는 자를 볼 수 있도록 도우소서. 저는 당신께서 축복하시는 자들과 당신이 축복하시는 일을 축복하길 원합니다. 저는 당신께서 이 모든 것을 통해 높이 존귀함을 받으시길 갈망합니다.

선언

나는 하나님께서 축하해 주시는 자를 그의 약점이나 잘못을 지적하지 않고 축하할 것이다. 나는 그분께서 축복하시는 것을 축복하고, 다른 사람의 유익을 위해 나에게 주신 은총을 사용할 것이다. 하나님은 내가 그분의 은혜를 사용하도록 만드셨다. 이는 내가 이 일에 성공하도록 하기 위함이며, 이 모두가 그분의 영광을 위한 것이다.

58

믿음

기적은 불편함의 이면에 있을 때가 많다.

기적의 삶은 즐겁고 흥분되는 한편으로 좌절감을 준다. 즐겁고 흥분되는 이유는 다음과 같이 명백하다: 사람들이 자유를 얻고 예수님의 이름이 높임을 받으신다! 그러나 기적은 기적이 필요한 사람들을 당신의 삶에 끌어들이지만, 모든 사람이 그들이 원하는 것을 가지고 떠나는 것은 아니기 때문에 좌절감을 준다.

기적이 없는 경우에 우리는 두 가지 선택을 할 수 있다. 첫째, 나는 기적이 없는 것에 만족할 수 있다. 둘째, 나는 해결책과 해답과 이해를 구할 수 있다. 그래서 나는 예수님께서 나를 부르신 이 삶에서 보다 더 효과적이 되는 법을 배울 수 있다. 나는 후자를 택했다. 그것은 내가 언제나 배움의 학교에 다닌다는 것을 의미한다.

이런 여정 가운데 배우게 되는 엄연한 사실 중 하나는 하나님께서 그들에게 오셔서 기적을 베푸시길 기도하고 기대하는 사람들이 너무나 많다는 것이다. 이러한 기대감을 갖게 해 준 전례가 성경에 분명히 있다. 그러나 우리가 예수님의 기적 사역을 열린 마음으로 읽는다면 우리는 어떤 기적도 다른 기적과 동일한 방식으로 일어나지 않았다는 것을 알게 될 것이다. 때로 예수님은 소경의 눈에 침을 뱉고 그에게 안수하는 것과 같은 행동을 요구하셨다(막 8:23을 보라). 그리고 때로 주님은 고침을 받고자 하는 소경에게 실로암 연못으로 가서 씻으라는 행위를 요구하셨다(요 9:6을 보라). 이 이야기를 잠시 생각해 보라. 예수님께서 소경을 실로암 연못에 보내신 것이 다소 이상하게 보이지 않는가? 그는 앞을 보지 못한다! 그 여정은 그에게 쉽지 않았을 수 있다. 그리고 어떤 경우에 사람들은 가는 도중에 병이 나았지만 이 사람은 그렇지 않았다. 그는 지시를 받은 대로 연못에서 씻었을 때 비로소 나았다.

예수님의 기적 이야기를 읽을 때 우리는 때로 예수님께서 사람들에게 기적을 베푸셨지만 때로는 사람들이 자기들이 필요한 것을 얻기 위하여 무언가를 해야 했다는 것을 보게 된다. 그리고 그들의 행동 때문에 그들이 기적을 얻을 자격을 갖춘 것은 결코 아니라고 말할 수 있지만, 또한 그들의 순종함으로 인해 그것을 얻게 되었다고도 말할 수 있다. 연못으로 가는 여정은 소경에게 있어 분명 불편한 것이었을 것이다. 그러나 균형 잡힌 시각으로 본다면 그것은 하나님께서 소경을 조롱하시는 잔인한 시험이 아니었다. 예수님께서 행하신 모든 것은 지혜에서 나온 것이었다. 이 경우에 주님은 지혜를 그의 임무를 통해 보여 주셨다.

다른 경우에 예수님은 한 여인의 딸에게 필요한 기적에 관해 그녀와 이야기하셨다(막 7:24~30을 보라). 와! 이 대화는 너무 심해 보인다! 교회는 이보다 훨씬 못한 모욕적 언사 때문에 갈라졌다. 그러나 예수님이 이방인들을 만나신 전 과정을 보면 우리는 그들의 때가 주님이 부활하실 때까지 도래하지 않았지만 주님 께서는 그들의 마음에 믿음이 있을 때 언제나 움직이셨다는 것을 알 수 있다. 어떤 면에서 아마 주님은 아버지 하나님께서 행하시는 것을 아셨기 때문에 그러신 것이 아닌가 싶다. 그분은 아버지 하나님에게서 온 은사가 이방인의 삶 가운데도 역사한다는 것을 깨달으신 것 같다. 어쨌든 주님은 여인과 그 여인이 요구한 기적 사이에 장애물을 두셨다. 만일 그녀가 그 모욕이라는 장애물을 넘으면 그녀는 기적을 받을 수 있었다. 그리고 그녀는 넘었다. 그러자 예수님은 그녀의 비범한 믿음을 특별히 언급해 주셨다.

핵심은 다음과 같다. 하나님께서 우리에게 다가오실 때 아무것도 요구하지 않으신다고 생각하면 우리는 하나님께 가장 교만한 태도로 접근할 수 있다. 삶 가운데 우리가 소리쳐 간구하는 것 중 많은 것들은 불편함의 이면에 있다. 모욕을 극복하고 담대한 행동을 취하는 법을 배우려면 때로 기적을 위해 바른 위치에 서는 것이 우리에게 요구된다. 이제 그분께서 행하시는 것을 듣고 볼 때이며, 이는 우리로 돌파를 위한 기회들을 놓치지 않게 하려는 것이다.

기도

아버지 하나님, 당신께서 제 방식대로 일하시길 요구할 권리가 제게 있다고 생각지 않도록 도우소서. 저는 당신의 마음이 이미 저를 향하고 있음을 압니다. 그러므로 제가 당신의 음성을 듣는 능력을 가리는 두려움이나 걱정에서 멀리 떨어져 머물도록 도우소서. 저는 당신의 평화와 당신의 약속을 받고 당신께서 그리스도 안에서 저를 위해 획득하신 승리 때문에 저와 함께하신다는 것을 인정합니다. 저의 승리의 돌파에 대해 미리 당신께 감사드립니다!

선언

하나님의 마음은 나를 위하시며 나를 거스르지 않으신다. 나는 예수님의 보혈이 모든 것의 값을 치렀으며, 나는 내게 필요한 돌파와 표적과 기사 그리고 기적을 얻을 위치에 서 있음을 선언한다. 나는 하나님께서 그분의 음성을 들을 능력을 내게 주셨다는 것을 선언한다. 그러므로 나는 하나님께서 나를 위해 준비하신 모든 것 안으로 충만하게 걸어 들어가기 위해 말씀을 듣는 자가 되기로 뜻을 정한다.

59

소망

예수님께서 전쟁과 전쟁의 소문이 있을 것이라고 선언하셨을 때
그분은 우리에게 약속을 주신 것이 아니었다.
그분은 마지막 날에 그분의 군대를 보내실 때의 상태들을
설명하신 것이었다.

오늘날 많은 이들이 세뇌를 당해 오직 악만을 보고 악이 창궐할 것이라 예상하고, 그래서 주님이 약속하신 재림에 안위를 얻는다고 앞서 언급했다. 그분의 재림은 어느 누구도 상상할 수 없을 정도로 위대할 것이지만, 결코 구출 작업(rescue mission)은 아니다. 나아가 예수님께서 우리에게 성공할 수 없는 미션을 주시면서 우리를 파송하시거나 아무런 소망이 없는 미래로 우리를 이끄실 것이라고 생각하는 사람이 정말 있을까? 그것은 예수님의 명령과 위임에 나타난 모든 것과 일치하지 않는다.

예수님은 많은 것들을 미리 말씀해 주셨다. 그중에는 지구를 강타할 재앙들도 포함되어 있다. 주님은 말하자면 말을 아끼면

서 말씀하지 않으셨다. 또한 주님은 자신이 핍박을 받는다면 제자들도 그럴 것이라는 사실을 알려 주셨다. 그것은 전체 공식에서 논리적으로 너무나 당연한 것이었다. 종교 지도자들이 예수님을 싫어했다면 그들은 주님을 따르고 닮으려는 자들도 좋아하지 않을 것이다.

나는 냉장고에 핍박에 대한 이와 같은 약속을 붙여 놓은 사람을 아직 보지 못했다. 그것은 우리가 좋아하여 매일 읽는 약속들과 어울리지 않는다. 그러나 예수님은 내가 소위 '좋은 약속들'이라 부르는 것 바로 옆에 이런 종류의 약속을 놓곤 하셨다. 주님께서는 제자들에게 그들이 주님을 따르기 위해 포기하면 지금 살고 있는 이 세상에서 백배 이상을 받을 것이라고 말씀하셨다. 그런 후에 주님은 **박해를 겸하여** 받는다고 덧붙이셨다(막 10:28~30을 보라). 나는 주님께서 이런 말을 하신 것은 우리로 하여금 **백배의 축복**을 천년왕국으로 미루지 못하도록 하기 위함이라 생각한다. 우리는 가장 좋은 것—우리는 이에 대해 믿음이 거의 없거나 아주 없다—을 취하여 우리가 잘 모르는 것—천년왕국—안에 밀어 넣는다.

예수님께서 자기의 모든 제자들에게 주신 위임(commission)을 보면 왜 주님께서 다가오는 재앙들과 고난들을 선포하셨는지 알게 된다. 주님의 위임은 우리가 기도하고 섬김으로써 가치, 현재(presence)와 목적에 있어서 이 세상이 천국처럼 되게 하는 것이었다. 주님은 사람들에게 사역을 베푸실 때 이렇게 행하셨다. 한번은 주님께서 자신이 귀신을 쫓아내면 하나님의 나라가 그 사람에게 임한 것이라고 말씀하셨다(마 12:28을 보라). 다른 말로 하면, 그분의 세계는 그분이 구원하시는 이 세상의 잘못된 모든 것을 제압하셨다. 그것은 더 강한 자가 약한 자를 지배하는 엄숙한 공격이었다. 어둠은 그때마다 항복했다.

우리의 위임도 마찬가지다. 예수님은 자신의 구속(atoning)의 죽음을 제외하고 그분의 임무를 우리에게 전해 주셨다. 오직 예수님, 하나님의 의로운 어린 양, 하나님의 영원한 아들만이 이 일을 하실 수 있었다. 비록 내가 하나님이 주신 임무를 잘 감당하지 못한다 할지라도 내 삶에 대한 느낌을 좋게 하기 위해 그것을 내가 잘하는 것으로 바꿀 수는 없다. 나의 임무에 대해 좋은 느낌을 갖는 것은 내가 추구하는 바가 아니다. 내가 추구하는 바는 그분의 뜻이다. 그리고 그 과정에서 나는 성취한다.

전쟁, 재앙, 자연 재해는 우리의 임무다. 만일 우리가 이런 것들 가운데로 보내심을 받는다면 그분이 우리를 사용하심으로써 그분의 평화와 임재 그리고 능력뿐만 아니라 구속의 영향력을 전해 줄 수 있을 것이라는 기대감이 생긴다. 그것은 마치 상대 팀이 자기 선수들이 알고 있는 방법을 행하지 못하도록 방해할 것을 미리 말해 주는 축구 코치와 매우 유사하다. 옛날에 우리는 이를 **발자국 듣기**(hearing footsteps)라 부르곤 했다. 와이드 리시버(wide receiver, 미식축구의 한 포지션의 이름—옮긴이)가 패스한 공을 받으러 갈 때 수비수는 그가 볼을 보지 못하고 단지 자기 발자국 소리만을 듣길 원하는데, 이는 그가 자기에게 잡힐 거라 생각하도록 만들기 위함이다. 마찬가지로 어둠의 세력들도 우리가 발자국 소리를 듣고 우리 눈을 공에서 떼기를 원한다.

예수님은 그분이 맡기신 임무 성취에 필요한 천국의 모든 권세와 능력이 우리에게 있다고 말씀하셨다. 전쟁과 전쟁의 소문은 무엇인가? 그것은 발자국 소리다. 우리는 공을 가지고 있다.

기도

하늘에 계신 아버지, 저는 우리 삶과 이 세상을 향한 당신의 약속과 계획을 사랑합니다. 당신은 선하시며 당신의 모든 계획도 선합니다. 제가 이것들의 한 부분이 되게 하신 것을 감사합니다. 저는 참으로 이생에서 저의 목적을 성취하길 원하며, 너무 쉽게 이런저런 일들로 인해 산만해지길 원치 않습니다. 제가 마귀의 궤계에 결코 인상을 받지 않도록 도우소서. 그리고 제가 이 땅에서 성취해야 할 당신의 목적만을 위해 온전히 살게 하시며, 당신만이 영원히 영광을 받는 삶을 살게 하소서.

선언

예수님께서 모든 권세를 가지고 계시며 위대한 영혼 추수를 위해 우리를 세상에 보내셨다고 선언하셨을 때 그분은 자신이 공을 가지고 계심을 선언하셨다. 하나님의 은혜로 나는 결코 마귀의 궤계에 인상을 받지 않을 것이다. 왜냐하면 그는 공을 가지고 있지 않기 때문이다. 나는 그분께서 영원히 영광을 받으시도록 하기 위해 내 삶을 향하신 하나님의 목적들을 받아들인다.

60

사랑

하나님에 대한 우리의 사랑은
간혹 우리가 미워하는 것에서 명백히 나타난다.

사랑이 있으면 미움이 있게 마련이다. 모든 것을 사랑하는 것, 심지어 우리가 사랑하는 것을 파괴하는 것들까지 사랑하는 것은 사랑이 아니다. 사랑이란 이름으로 감정을 무시하고 모든 것을 용납하는 것은 전혀 사랑이 아니다. 이는 이웃이 와서 자기 자녀들을 학대하는 것을 지켜보면서도 이를 허용하는 부모와 같다. 그들은 자기 자녀들을 사랑한다고 정당하게 주장할 수 없다. 대신에 그들은 무정함과 모든 것을 제대로 관리해야 하는 책임감을 무시하는 죄를 범한다.

누군가가 내 아내를 위협하고 있는데 내가 곁에 서서 하나님께서 그분의 영광을 위해 모든 것을 사용하실 것이라 말하면서 아무 조치도 취하지 않는다면 당신은 내 아내에 대한 나의 사랑을 정당하게 의심하고 내가 제정신인지 정당하게 물을 것이다.

사랑의 본질은 보호다. 만일 피부에 종양이 자라면 우리는 의사에게 도려내 달라고 한다. 왜 그런가? 우리는 자신의 건강뿐 아니라 심지어 생명을 위협하는 것을 미워하기 때문이다. 이것이 사랑이다. 사랑은 미워한다.

시편 기자는 수백 년 전에 다음과 같이 기록했다: "여호와를 사랑하는 너희여 악을 미워하라"(시 97:10). 구약성경에서조차도 사람을 미워하라고 명령하지 않았음에 주의하라. 만일 이 말씀을 그렇게 해석한다면 그것은 이 말씀을 제대로 표현한 것이 아닐 것이다. 하나님은 사람을 사랑하신다. 하나님은 악을 미워하신다. 악은 하나님이 사랑하시는 사람들을 파괴한다.

신자인 우리는 때로 감정, 특히 부정적인 감정을 두려워한다. 그러나 성경은 우리에게 화를 내되 죄를 범하지 말라고 가르친다(엡 4:26을 보라). 우리 시대의 풍조는 이를 도전적인 명령으로 만들어 버렸다. 이런 풍조는 **정치적 정당성**(political correctness)이라는 문구에 잘 요약되어 있다. 이 말은 근본적으로 우리가 무언가를 책임지고 있는 자들이 옳다고 생각하는 것과 유행과 미디어에 따라 우리의 가치를 조정해야 한다는 것을 의미한다. 만일 그렇지 않으면 우리는 불쾌감을 줄 수 있다. 이런 일이 사회에서 일어나고 있다는 것이 신기하다. 정치적 정당성 아래에서 움직이는 사람들은 정치적으로 정당한 지위를 획득한 3퍼센트의 사람들의 기분을 상하지 않게 하기 위해서 40퍼센트의 사람들의 기분을 기꺼이 상하게 만들려 한다. 정치적 정당성을 위반할까 두려워하기 때문에 전 세계 나라들은 **누군가의 기분**

을 상하지 않게 한다는 미명하에 그들의 도시에서 명예를 대체하는 가장 큰 위험을 자초하고 있다. 정치적 정당성은 가치로 움직이는 문화를 두려움으로 움직이는 문화로 대체하기 때문에 악하다.

최근에 세상의 주목을 받는 멋진 말 중에 하나는 "죄인을 사랑하되 죄는 미워하라"는 말이다. 지금은 이런 가치가 중심이 되어야 하는 시대다. 왜냐하면 이 말 속에는 사랑/미움의 조합이 아주 분명하게 들어 있기 때문이다. 노련한 외과의사가 메스를 조심스럽게 사용하듯이 우리도 오직 악을 미워하고 사람들은 미워하지 않는 조심성을 가져야 한다. 실제로 사람들을 향하신 하나님의 마음은 너무 크시다!

아마 성경에서 가장 위대한 구절은 "하나님이 세상을 이처럼 사랑하사 독생자를 주셨으니 이는 그를 믿는 자마다 멸망하지 않고 영생을 얻게 하려 하심이라"는 말씀일 것이다(요 3:16). 하나님의 사랑은 희생적이다. 우리는 사랑을 주는 데서 찾아야 한다. 그리고 주어진 것은 받을 만해서 준 것이 아니다. 예수님은 누군가에게 그가 수고했기에 무언가를 주는 것은 참으로 특별한 것이 아니라고 우리에게 가르치셨다. 그러나 마땅히 받아야 할 심판과 반대로 무언가를 줄 때 우리는 잘 사랑하고 잘 준 것이다. 이 놀라운 진리는 죄를 미워하라는 말씀과 잘 어울린다. 하나님의 친절하심을 계시해 주고 사람들을 회개로 이끄는 것은 이와 같은 놀라운 사랑이다.

기도

하늘에 계신 아버지, 저는 당신께서 악을 미워하신다는 것을 압니다. 저는 이 시대의 정신에 빠져 정의로운 모든 것에 대한 열정을 잃길 원치 않습니다. 그러나 또한 저는 사람들, 심지어 악한 사람들을 미워하는 함정에 빠지고 싶지 않습니다. 사람들이 사랑을 얻을 만하기 전에 먼저 그들을 사랑하고 줌으로써 당신을 잘 나타내게 도우소서. 저는 당신의 영광을 위해 이 특권에 대해 뜻을 정했습니다.

선언

나는 하나님을 사랑하고 사람을 사랑하고 악을 미워하도록 지음 받았다. 나는 이 시대의 정신과 영합하여 하나님의 마음에 대한 나의 관점을 잃지 않을 것이며, 나아가 사람들에게서 생명을 빼앗아 가는 바로 그것들에 대해서도 그러할 것이다. 나는 하나님의 영광을 위해 이에 뜻을 정한다.

61

믿음

하나님은 당신의 삶 가운데 필요한 대부분의 것을
가져다주실 것이다.
그러나 당신이 원하는 대부분의 것은
당신이 힘써 얻어야 할 것이다.

기적의 영역에서 사람들이 자주 하는 실수 중 하나는 하나님께서 그들에게 오시길 기다리는 것이다. 그들은 다음과 같이 말한다: "하나님께서는 제가 부흥에 굶주려 있다는 것을 아십니다. 만일 그분께서 제가 부흥을 경험하길 원하시면 그분은 저를 찾아오실 겁니다." 아니면 다음과 같은 말을 더 자주 한다: "왜 제가 그 교회를 방문하기 위해 그 도시까지 여행을 해야 하나요? 하나님은 여기에도 계시는데요. 만일 우리가 하나님의 위대한 역사를 경험하는 것이 그분의 뜻이라면 그분은 우리가 그것을 원한다는 것을 아십니다." 이런 말들은 영적으로 들리지만 실제로는 교만한 말이다. 우리가 하나님께 우리를 찾아오시라고 요구할 수 있다고 생각하는 것은 어리석다. 일전에 누군가가 말한 대로 지혜로운 사람은 여전히 여행을 떠난다.

오해가 있을까 해서 하는 말인데, 우리 모두는 하나님께서 우리를 찾아오셨기 때문에 구원을 받았다. 이에 대해선 의문의 여지가 없다. 우리가 예수님을 찾았는가? 아마 그럴지 모르겠다. 하지만 그분께서 우리를 찾으셔서 그분 자신을 우리 자신에게 알려 주신 후에 그랬을 것이다. 우리가 살 동안 하나님은 어떤 것들은 우리에게 가져다주신다. 하지만 하나님과 그분이 우리를 향해 가지신 모든 것을 정직하게 추구하지 않으면 우리의 목적(purpose)과 운명(destiny)을 성취하는 것은 불가능하다. 완전하고 충만한 공급에 대한 약속의 말씀과 더불어 "구하고 계속해서 구하라. 두드리고 계속해서 두드리라. 찾고 계속해서 찾으라"는 명령이 나란히 놓여 있다.

우리는 금괴를 결코 거실에서 찾지 않을 것이다. 우리는 뒷마당에서 거대한 파도를 타려고 결코 시도하지 않을 것이다. 우리는 화장실에서 연어를 낚을 생각을 결코 하지 않을 것이다. 이런 예화들이 어리석게 들리는 만큼 이것들은 우리가 구하는 것을 발견하기 위해 우리가 어디든 가야만 한다는 사실을 잘 알고 있음을 보여 준다. 하나님은 우리에게서 동일한 것을 기대하신다. 고귀한 행동이 아니라 더 많은 것에 대한 참된 굶주림을 보여 주는 그런 움직임만이 요구될 때가 많다. 믿음은 행동을 통해 나타난다.

예수님은 귀신을 쫓아낼 권세를 제자들에게 주셨다(막 3:14~15를 보라). 그러나 그들은 마가복음 9장에 나오는 소년의 귀신을 쫓아내지 못했다. 예수님은 금식과 기도가 필요하다고 설명하셨다. 만일 제자들이 이미 권세와 능력을 충분히 가지고 있었다면 금식과 기도는 뭐란 말인가?

그것은 그들을 위한 것이었다. 뜨거운 기도와 금식 그리고 계속해서 하나님의 목적을 추구하는 행위는 그들을 빚어 가는 일을 했다. 그런 것들이 우리를 변화시킨다. 이런 것들로 굶주림을 표현할 때 우리는 하나님이 우리에게 주시는 것을 담을 수 있는 그릇으로 변화된다. 이런 변화를 경험하지 못하면 우리는 하나님께서 우리에게 주시는 그것들을 잃어버리기가 쉽다.

정제된(refined) 성품이 그 결과이며, 그것은 하나님께서 이 땅에 그분의 역사의 무게를 풀어내시도록 자리를 만들어 드린다. 그것은 그분의 영광이다. 인내를 통해서만 형성될 수 있는 정제된 성품이 없으면 우리는 하나님께서 우리에게 주신 바로 그 선물을 신속하게 잃어버린다. 잠언 20장 21절은 처음에 속히 잡은 산업(inheritance)은 결국 축복을 받지 못한다고 우리에게 경고한다. 그리고 하나님은 약속을 통해 모든 것을 단번에 우리에게 주시지만 오직 믿음을 사용해서 인출해 쓸 수 있다. 내 손 안에 있는 것과 내 통장에 있는 것은 다르다.

기도

아빠 하나님, 저는 인생의 모든 행동이 당신께 달렸다고 생각하고 싶지 않습니다. 저는 당신께서 약속하신 모든 것 안에서 살기 위해 어디든 가고 어떤 것이든 행하고자 합니다. 단순하고 겸손한 삶을 살며, 다음 단계로 가는 데 필요한 모든 것을 언제나 기꺼이 행할 수 있도록 저를 도우소서. 저는 더 많은 것을 갈망합니다. 그리고 영원히 예수님의 이름에 영광을 돌리기 위해 당신께서 저의 삶에 '더 많은 것'을 부어 주시길 원합니다.

선언

예수님은 이제부터 영원까지 나의 성공에 필요한 모든 것을 이미 나에게 주셨다. 그분은 이 일을 갈보리에서 행하셨다. 나는 믿음으로 살고, 이생에서 나를 위해 그분이 가지신 모든 것을 추구함으로써 그분께 영광을 돌리는 데 필요한 모든 자원을 인출해 쓰기로 뜻을 정했다.

62

소망

하나님과 동행하지 않는 자들이 기적을 행할 수 있다면
하나님과 동행하는 자들은 말할 것도 없다.

하나님께서 우리 가운데 여전히 기적을 행하시는가 아닌 가에 대한 토론은 많은 종교 캠프 안에서 불처럼 번져 가고 있다. 하나님의 능력이 점차 전 세계 모든 곳에서 점점 더 많이 나타나고 있기 때문에 적대적인 캠프의 숫자가 감소하고 있다는 사실에 감사를 드린다. 하지만 불행하게도 아직도 많은 사람들의 삶 가운데 의심의 잔재가 남아 있다. 내가 가장 염려하는 자들은 새 신자들이다. 그들은 거짓말을 듣고 자라 가면서 결국 그들의 존재의 목적을 거절한다. 그들은 그들의 부르심에 대한 소망을 놓친다. 그 소망은 그들이 어떤 계절에 있든 상관없이 그들로 하여금 생생함을 유지하고 번성케 해 주는 것인데도 말이다.

성경은 예수님께서 바뀌셨을 때를 제외하곤 어제나 오늘이

나 영원토록 동일하시다는 개념을 조금도 가르치지 않기 때문에 기적이 없다고 주장하는 자들은 자신들이 원하는 것을 말하기 위해 성경을 왜곡할 수밖에 없다. 이를 위해 내가 가장 많이 듣는 구절은 마태복음 7장 21~23절의 말씀이다.

> "나더러 주여 주여 하는 자마다 다 천국에 들어갈 것이 아니요 다만 하늘에 계신 내 아버지의 뜻대로 행하는 자라야 들어가리라 그 날에 많은 사람이 나더러 이르되 주여 주여 우리가 주의 이름으로 선지자 노릇 하며 주의 이름으로 귀신을 쫓아 내며 주의 이름으로 많은 권능을 행하지 아니하였나이까 하리니 그 때에 내가 그들에게 밝히 말하되 내가 너희를 도무지 알지 못하니 불법을 행하는 자들아 내게서 떠나가라 하리라"

비관론자들이 의미하는 바는 이것이다. 즉 우리가 오늘날 예수님이 기적을 행하시는 것을 보았고 또한 그 기적에 대해 증거하면 우리도 천국에 들어가지 못하는 사람들 가운데 속한다는 것이다. 왜냐하면 이 구절은 우리, 즉 우리와 같은 사람들(기적을 행하는 자들―옮긴이)에 대한 것이기 때문이라는 것이다.

이 말씀에서 예수님이 실제로 가르치신 내용을 한번 자세히 들여다보자. 주님은 이 강론에서 두 그룹의 사람들에게 말씀하시면서 세 가지 중요한 사실을 규명하셨다. 첫째 그룹은 단지 그분을 주님이라 부르고 말기 때문에 천국에 들어가지 못하는 사람들이다. 우리가 그분을 뭐라 부르든 우리 삶에서 그분의 뜻을 행하는 일이 뒤따르지 않으면 우리가 그분을 주님이라 고백해도 의미가 없다. 그분의 뜻은 무엇인가? 그것은 하늘에서 뜻이 이루어진 것 같이 땅에서도 이루어지는 것이다. 예수 그리스도께서는 오셔서 아버지 하나님의 뜻을 행하셨기 때문에 이것을 완벽하게 보여 주셨다(요 6:38을 보라). 문둥병자가 낫기를 원했을 때 그는 예수님에게 원하시면 자기를 고치실 수 있다고 말했다. 이에 예수님은 원하신다고 말씀하셨다. 그것은 그분의 뜻이었다(마 8:2~3을 보라). 성경은 그분이 모든 자를 고치셨고 귀신을 쫓아 주셨다고 거듭 반복해서 말한다. 예수님이 행하신 것을 행할 때 결코 잘못될 수가 없다.

그분께서 언급하신 두 번째 그룹의 사람들은 첫 번째 그룹의 사람들이 놓친 것을 행했다. 그들은 주님의 뜻을 행했다. 그들은 예언했고, 귀신을 쫓아내고 기적을 행했다. 그러나 그들이 이것들을 행할 때 그들의 삶에는 중요한 두 가지 우선순위가 없었다. 그들에게 없는 첫째 것은 하나님과의 친밀함이었다. 주님은 자신이 그들을 전혀 알지 못한다고 말씀하셨다. 하나님은 우리에 대해 모든 것을 아시지만 우리가 자신을 그분께 여는 정도만큼의 친밀한 지식을 가지고 우리를 아신다. 그래서 고백은 하나님과 우리 사이의 관계의 시작점이다. 둘째로, 이 그룹의 사람들은 불법을 행했다. 그들의 삶은 그들이 행하는 기적의 목적과 일치하지 않았다. 기적은 사람들을 그리스도와 자유로 인도하기 위한 표적이다. 불법은 자유의 반대말이다. 이런 이유로 인해 이 두 그룹의 사람들은 주님을 떠나야 했다.

참 선지자들이 있으면 거짓 선지자들이 설 자리가 없다. 거짓 표적과 기사를 참된 것과 비교할 수 있으면 거짓 것들은 설 자리가 없다. 진품이 먼저 존재하지 않았다면 모조품도 존재하지 않았을 것이다. 표적과 기사를 행하지 않는 자들이 이에 대해 반대 주장을 하는 것은 우스꽝스럽다. 불이 없는 자들에게 모든 불은 이상한 불이다. 만일 불법을 자행하며 사는 자들이 기적을 행한다면 하나님과 바른 관계를 가지고 있다고 주장하는 자들은 기적을 더 많이 행해야 한다! 거기에는 변명의 여지가 없다.

예수님 이외에 누군가가 드린 기도 중에 가장 계시적인 기도는 에베소서 1장 18~23절의 기도임에 틀림없다. 여기 그 기도가 있다: "너희 마음의 눈을 밝히사 그의 부르심의 소망이 무엇이며 … 또 만물을 그의 발 아래에 복종하게 하시고 그를 만물 위에 교회의 머리로 삼으셨느니라 교회는 그의 몸이니 만물 안에서 만물을 충만하게 하시는 이의 충만함이니라." 우리의 소망은 모든 권세가 그분의 발아래 있다는 것과 또한 교회인 우리가 그분의 몸이라는 사실과 연결되어 있다. 불법의 삶에서 돌이켜 주님 앞에서 열린 마음과 정직한 마음을 가진 사람들을 통해 그분의 능력이 나타나는 것은 이 땅에서 예수님의 합당한 증인에게는 꼭 있어야 할 것이다.

그리고 예수님을 참되게 따르는 자들이여, 이것이 우리의 부르심이다.

기도

하늘에 계신 사랑하는 아버지, 당신께서 저를 생명으로 부르신 분이라는 사실은 모든 꿈과 갈망을 초월하는 소망입니다. 그러나 당신께서 저를 부르셨기 때문에 저는 당신의 뜻을 실제로 보여 줌으로써 당신을 기쁘시게 하길 원합니다. 저는 사람들을 향한 당신의 마음을 알고 당신에게는 불가능한 것이 없다는 사실을 인식하며 살고 싶습니다. 저는 하나님의 모든 영광을 위해 제 안에 역사하는 은혜를 따라 당신의 뜻을 나타내는 일에 제 자신을 드립니다.

선언

나는 하나님의 뜻을 실제로 보여 주도록 지음 받았다. 내 주변 모든 사람들에게 그분의 뜻이 드러나길 원하고 갈망하는 하나님의 DNA가 내 안에 있다. 나는 이보다 못한 것에 안주하지 않을 것이다. 그리고 그분의 은혜로 말미암아 나는 그분이 영광을 받으시고 사람들을 자유케 하기 위해 이 모든 것을 드러낼 것이다.

63

사랑

다른 이의 죄에 대해 신랄하게 반응하는 것이
다른 이의 죄보다 더 나쁠 때가 많다.

이 말을 얼핏 보면 앞뒤가 맞지 않아 보인다. 역사 속에서 너무나 많은 잔혹한 행위들이 자행되었다. 실제로 악에 대해 신랄하게 반응하는 것이 본래 악한 행위보다 더 나쁘다고 상상하기란 쉽지 않다. 이처럼 내 말도 오해의 소지가 있다. 그러나 이 말을 다른 각도에서 보자. 완전하신 예수님은 용서받고 싶은 자는 용서해야 한다고 우리에게 가르치셨다.

이런 맥락에서 예수님이 드신 비유 중에서 가장 강력한 비유는 수백만 달러의 엄청난 빚을 탕감받은 자에 대한 이야기다. 하지만 그는 나중에 자기에게 20달러 정도 빚진 자를 용서하길 거부했다. 이 빚쟁이를 제일 먼저 용서해 준 사람은 그 결정을 철회하고 대신에 이웃의 작은 빚을 용서하길 거절한 것으로 인해 그를 감옥에 처넣었다. 요점은 분명하다. 용서받고 싶으면 용서해야 한다. 또한 예수님은 용서받은 자들은 당연히 용서해야 한다고 가르치셨다.

나의 모든 죄는 완전하신 하나님을 거슬렀다. 유일하게 순전하시며 용서하지 않으실 완벽한 권리가 있으신 그분께서 나를 용서하기로 결정하셨다. 완전하신 분에게 저지른 가장 작은 죄라도 죄인인 다른 사람에게 범한 가장 큰 죄보다 훨씬 더 크다. 이것이 예수님의 비유의 핵심이다. 거룩하시고 완전하신 하나님을 향해 지은 이처럼 무서운 죄를 용서받은 우리는 다른 사람들을 대하는 방식에서 동일한 용서를 보여 줘야 한다. 그것은 필수다.

누군가가 죄를 범하면 우리 삶에 황폐한 결과가 나타난다. 이를 더 악화시키는 한 가지가 무엇인가? 우리에게 죄를 지은 자를 용서하지 않는 것이다. 아마 당신은 다음과 같은 말을 들었을지 모르겠다: "다른 사람에게 고통을 줄 참으로 용서하지 않는 것은 다른 사람이 죽기를 바라면서 독배를 마시는 것과 같다." 이것이 신랄함과 용서하지 않는 마음의 본질이다. 그것은 그런 마음의 소유자를 죽인다.

이 주제에 대해 성경에서 가장 정신이 번쩍 나게 하는 말씀 중 하나가 히브리서 12장 15절이다: "너희는 하나님의 은혜에 이르지 못하는 자가 없도록 하고 또 쓴 뿌리가 나서 괴롭게 하여 많은 사람이 이로 말미암아 더럽게 되지 않게 하며." 한 가지 죄가 다른 많은 사람들을 더럽히고 감염시킨다. 이 말씀은 죄를 짓지 않는 무고한 자들도 더러워진다는 것을 암시한다. 다

른 곳에서 예수님은 다른 이들의 걸림돌이 되는 것에 대해 말씀
하셨다. 주님은 그럴 경우에 연자맷돌이 그 목에 매여 바다에
던져지는 것이 낫다고 하셨다(막 9:42). 신랄함(bitterness)은 사람들
을 더럽히고 서로에게 상처를 준다.

　내가 용서하지 않으면 나도 내가 경멸하는 동일한 죄의 영역
에 떨어진다. 바로 그 순간에 나는 내가 판단했던 바로 그 사람
처럼 된다. 이런 종류의 마음을 품으면 우리는 우리 마음 상태
에 대해 눈이 먼다. 만일 그렇지 않을 경우에 우리는 결코 이와
같은 더러움이 우리 삶에 들어오도록 허락하지 않을 것이다. 용
서하면 나는 정죄할 수 있는 나의 권리를 내려놓고 하나님이 내
게 주시길 원하시는 동일한 자비를 다른 사람에게 베푼다. 다른
사람들을 용서하는 것은 우리 미래에 대한 투자다. 왜냐하면 긍
휼을 베푸는 자는 긍휼하심을 얻기 때문이다(마 5:7을 보라).

　사랑은 용서한다. 사랑은 사람들이 자유를 원하거나 혹은 심
지어 그들에게 자유가 필요하다는 것을 알거나 그것이 불가능
하다는 것을 알기 전에 먼저 그들의 자유에 투자할 때가 많기
때문이다. 내가 이를 투자라 부르는 것은 축복—사람들이 자유
케 되는 것—으로 돌아올 가능성 때문에 그렇다. 용서를 원하기
전에 혹은 자신에게 용서가 필요하다는 것을 알기 오래전에 먼
저 용서를 받은 사람들은 하나님의 용서를 발견할 가능성이 더
높다. 이것이 인생의 아름다움이다. 즉 이 경우에 우리는 다른
사람들을 하나님의 용서 가운데로 데려갈 수 있다.

기도

하늘에 계신 사랑하는 아버지, 저를 용서해 주셔서 감사합니다. 저는 당신에게서 이렇게 소중한 선물을 얻을 만한 것이 전혀 없다는 것을 압니다. 제가 속히 용서함으로써 제게 신랄함이 없도록 도우소서. 그리고 당신의 영광을 위해 당신이 제게 주신 선물을 다른 사람들에게 줄 수 있는 이 놀라운 특권을 결코 잊지 않도록 도우소서.

선언

나는 하나님께 용서를 받았다. 나의 용서는 내 힘으로 얻은 것이 아니다. 하지만 나는 그것을 나눠 줄 수 있고, 나눠 줄 것이다. 그분 나라의 대사로서 나는 나에게 주신 용서의 선물을 거저 나눠 줄 것이다. 나는 속히 용서하고 다른 사람을 판단할 권리를 내려놓기로 결단한다. 나는 나를 통해 하나님께서 영광을 받으시도록 하기 위해 그렇게 살 것이다.

64

믿음

우리 믿음의 운동장의 크기는
하나님의 선하심을 인식하는 만큼 크다.

믿음은 예수 그리스도의 위격(Person) 안에서 발견되는 하나님의 약속들이 열어 준 영역들을 탐험한다. 이 약속들 안에는 인류가 지금까지 받은 계시 중에서 가장 위대한 것들이 들어 있다. 그분의 약속들은 하나님의 본성과 마음을 계시한다. 이것은 실존(existence) 가운데 가장 탐사되지 않은 지역이다. 그것은 평생 탐험해도 이해할 수 없을 정도로 영원히 광대하다. 그것은 다음 단계의 위대한 탐험이며, 영원히 계속될 것이다.

하나님의 선하심과 한 번도 연결되어 본 적이 없는 사람들은 비극을 예견하며 계속해서 분투한다. 이러한 분투는 문제의 근원을 분별하려 할 때마다 불필요한 갈등을 야기한다. 많은 이들이 명백한 마귀의 일을 하나님 탓으로 돌린다. 왜냐하면 앞서 살펴본 것처럼 그들은 하나님께서 우리의 선을 위해 나쁜 일들이 일어나게 만든다고 진지하게 믿기 때문이다. 다른 말로 하면, **목적이 수단을 정당화한다.** 우리는 인생의 어떤 분야에서도 이러한 논리의 기준을 수용하지 않을 것이다. 그러나 이런 신학은 많은 사람들에게 흔하게 나타나는데 이는 그들이 모든 신학의 초석, 즉 하나님이 참으로 선하시다는 사실을 이해하지 못하기 때문이다. 많은 사람들이 하나님께서 자기 자녀들에게 하신다고 말하는 것을 만일 내가 내 자녀들에게 행한다면 나는 아동 학대 죄로 체포될 것이다. 이것은 여기에 미혹이 담겨 있을 확률이 높다는 것을 보여 준다. 이것은 많은 사람들이 생각하는 것만큼 그렇게 복잡하지 않다. 천국의 선은 아무리 못해도 이 땅 지구의 선만큼은 선하다.

하나님의 선하심의 문제가 해결되면 우리의 임무가 보다 더 분명해진다. 이 진리를 설명해 줄 방법들이 많다. 어떤 사람이 하나님이 선하시다는 확신으로 불타기 시작하면 이전에 막혔던 것들이 이해가 되기 시작한다. 가능성의 영역들이 자기를 보여 주면서 탐험해 보라고 손짓한다. 그리고 하나님의 선하심을 통해 얻어진 가능성의 세계를 탐험하는 것은 그 자체가 믿음의 즐거움이요, 기쁨이다. 문제에 반응하며 사는 대신에 돌파와 해결책을 소망하면서 우리는 주도적인 삶을 살게 되고, 하나님의 사랑과 선하심이 드러나는 경우들을 기대하게 된다.

나는 우리 교회 가족들이 그분의 이름으로 문제가 해결되길 기대하는 모습을 매일 목도한다. 그리고 신자들이 하나님 안에서 내가 가지고 있는 것을 보호하면서 수동적인 태도를 취하기

보다는 이런 태도를 취할 때 일어나는 일들을 보면 정말 놀랍다. 예수님께서 하신 한 달란트를 받은 사람의 이야기를 기억하는가?(마 25:24~26을 보라) 그가 가진 것을 보호한 것은 최악의 선택이었다. 하나님 나라는 진군하며 앞으로 나아갈 것을 요구한다. 내가 주장하는 바는 이렇다. 즉 우리는 하나님의 완전한 선하심을 이해하고 확신하는 분량만큼 믿음으로 전진한다.

이로 인해 우리는 시대의 도전에 직면한다. 즉 한 번도 가 본 적이 없는 곳에서 하나님의 선하심을 추구하며 사는 삶이 가능한가? 하나님의 목적이 고통(affliction)이 아닌 구원(deliverance)에 있다는 것을 알기 때문에 일부러 문제들을 찾아다니는 것이 가능한가? 하나님의 선하심을 믿는 믿음을 구미가 당길 정도로 활성화시켜서 예수 그리스도의 지식에 도전하며 교만한 머리를 드는 이런 문제들이 변화되는 것을 목도하는 것이 가능한가?

나는 이 모든 질문들에 대해 "그렇다"고 답한다. 지금 우리 시대는 선의 문제를 해결할 때다. 그리고 이런 확신 가운데서 우리는 우리의 믿음이 선함의 영역들을 탐험할 기회들이 오길 기대할 수 있다. 그 영역들은 우리가 상상할 수 있는 것보다 훨씬 더 지극히 크다.

기도

아버지, 저는 당신의 의심할 수 없는 선하심에 대한 확신으로 불타오르는 자가 되길 갈망합니다. 저는 모든 성경이 말하는 가장 근본적인 초석인 당신의 선하심에 대해 의심하거나 이를 더

럽히는 일에 진절머리가 납니다. 이 진리에 관해 저의 마음을 고치소서. 저는 당신의 성품을 세상에 드러내는 데 필요한 모든 것을 맡기신 사람들에게 속하고 싶습니다. 그들은 이 일을 사모합니다. 그리고 저는 세상으로 하여금 당신이 진실로 어떤 분이신지 보게 하기를 원합니다. 당신은 측량할 수 없을 정도로 선하신 완전한 아버지이십니다.

선언

나는 하나님이 언제나 완전히 선하신 분임을 내 입술로 고백하고 내 마음으로 믿는다. 어떤 악이나 어둠도 그분 안에는 존재하지 않는다. 하나님께서는 혼자서 몰래 인류의 고통이나 형벌을 기뻐하시지 않는다. 그러므로 나는 날마다 하나님의 선하심을 드러내라는 부르심을 받아들이며, 그분의 영광을 위해 그분의 이름으로 문제들이 해결되길 기대한다.

65

소망

하나님은 열방을 그들의 목적 가운데로 부르시기 위해
예배자들을 특별한 자리에 두신다.

시 편은 예배의 노래다. 다윗이 규정한 예배 표현의 본질
을 우리는 십자가의 양편에서 발견한다. 그것은 사도행
전 15장에 나오는 제1차 예루살렘 공회에서 확증되었으며, 우
리가 부르는 음악 이상의 것을 형성한다. 그것은 신자인 우리의
본질을 정의해 준다. 즉 우리는 무엇보다도 먼저 예배자이다.

시편은 성경의 신학 책들의 보조가 아니다. 시편은 우리가
생각하는 것보다 훨씬 더 많은 계시들로 가득하다. 이것들은 하
나님의 영광 가운데 쓰인 노래들이다. 시편에는 성경 다른 곳에
서 찾아볼 수 없는 통찰들이 들어 있어서 만일 우리가 신경 쓰
지 않으면 보지 못하는 것들에 대해 소망을 준다. 그리고 이 책
에는 시편이 기록된 시절에 분명 합당한 심판의 선언이 많이 들
어 있지만, 다가오는 시대, 즉 우리 시대에 대해 예언적으로 노

래한 새 언약의 주제들을 담은 노래들도 많이 있다. 우리는 이런 노래들을 세계 역사의 노선을 형성할 수 있는 것들로 소중히 여겨야 한다.

열방을 향한 예수님의 마음을 담은 말씀들을 몇 가지 살펴보자.

"땅의 모든 끝이 여호와를 기억하고 돌아오며 모든 나라의 모든 족속이 주의 앞에 예배하리니" (시 22:27). 이 말씀은 우리에게 한없이 중요하다. 왜냐하면 시편 22편은 가장 중요한 메시아 시편 중 하나이기 때문이다. 예수님의 십자가의 수난에 대한 많은 세부 사항들이 이곳에서 발견된다. 예수님께서 자신의 고난의 보상을 받으시는 모습이 너무 당연해 보인다. 그 보상은 예배 가운데 순복하는 족속, 곧 열방이다.

"온 백성은 기쁘고 즐겁게 노래할지니 주는 민족들을 공평히 심판하시며 땅 위의 나라들을 다스리실 것임이니이다" (시 67:4). 이 구절의 맥락은 열방에 이른 구원이다. 우리는 이 기쁨을 그들의 구원 속에서 발견하고, 이 기쁨으로 인해 그들은 그분의 목적으로 인도된다. 그러나 이 위대한 사건에 대한 계시는 자기 자녀들을 축복하길 갈망하시는 사랑의 하나님을 아는 자들에게 주어졌다(시 67:1~3을 보라).

"주여 주께서 지으신 모든 민족이 와서 주의 앞에 경배하며 주의 이름에 영광을 돌리리이다" (시 86:9). 열방은 그들을 지으신 목적을 발견할 것이다. 그들을 지으신 목적은 그들의 구원 가운데 계시되었고, 그들은 다시 원점으로 돌아와 예배한다. 이런 통찰력은 새 언약이 세워지기 훨씬 전에 영광 가운데 있는 자들에게 주어졌다.

"이에 뭇 나라가 여호와의 이름을 경외하며 이 땅의 모든 왕들이 주의 영광을 경외하리니"(시 102:15). 이 모든 것이 끝나기 전에 열방이 그들의 지도자들과 함께 나아와 하나님을 합당하게 경외할 것이다. 이 경외는 지혜의 시작이며, 지혜는 그 효과에 있어서 개혁적(reformational)이다. 이러한 개혁의 그림은 영광 가운데 하나님을 섬기는 자들에게 주어졌다.

"여호와여 내가 만민 중에서 주께 감사하고 뭇 나라 중에서 주를 찬양하오리니"(시 108:3). 이 말씀은 건강하게 하나님을 찬양하고 높이는 세상 사람들을 놀랍게 표현하고 있다. 이 경우에 열방은 그들의 사랑하는 하나님께 순복하는 사람들로 구성되어 있다.

"너희 모든 나라들아 여호와를 찬양하며 너희 모든 백성들아 그를 찬송할지어다"(시 117:1). 이 구절은 이 장에서 처음 시작한 말을 분명하게 설명해 준다. 이것은 열방을 하나님께로 부르는 예배자의 모습을 보여 준다.

이 노래들은 문자 그대로 하나님의 영광에서 나왔다. 임재의 그 자리, 더럽지 않은 예배의 그 자리가 바로 열방을 향한 하나님의 마음을 계시해 주는 모태였다. 우리가 우리의 책임이 무엇인지를 발견하는 곳은 바로 그 임재의 자리다. 우리의 책임은 열방을 향한 하나님의 목적과 뜻을 노래하며 선포하는 것이다.

건전한 신학이 중요한 것처럼 이런 목적(destiny)의 노래들을 부르고 선포하는 배후의 목적(purpose)도 성경적으로 옳은 차원 이상의 의미를 지닌다. 그것은 열방을 그들의 존재 이유로 부르되 전능하신 하나님의 보좌에서 그렇게 부르는 행위다. 이는 예배자의 특권인 동시에 책임이다. 영광과 위대한 소망으로 가득한 마음에서 우리는 아버지 하나님께서 지금 말씀하고 계신 것을 열방에 선포한다.

기도

하늘에 계신 아버지, 깨끗한 마음으로 당신을 예배하는 이 위대한 영예를 주신 것에 대해 감사를 드립니다. 당신께서 이 모든 것을 가능케 하셨습니다. 그리고 그 과정에서 우리로 하여금 당신의 마음을 느끼게 허락하신 것을 감사합니다. 저는 당신께서 말씀하시는 것을 말하고 열방을 그들의 목적과 뜻 가운데로 부르길 간절히 원합니다. 당신의 모든 영광을 위해 제가 이 일을 효과적으로 할 수 있도록 도우소서.

선언

나는 열방과 이 세상의 모든 민족들을 향한 하나님의 마음을 품는 특권을 받아들인다. 그리고 내 안에서 역사하시는 하나님의 은혜로 나는 세상 열방을 향한 그분의 마음을 선언한다. 이는 하나님의 어린 양이 그 고난의 보상을 받도록 하기 위함이다. 나는 이 모든 것을 하나님의 영광을 위해 한다.

66

사랑

자신에게 사역하는 법을 배우지 않고서는
우리의 잠재력에 도달하기란 불가능하다.

삶 에서 우리가 배워야 할 가장 중요한 교훈 중 하나는 자
신에게 사역하는 법이다. 이것은 너무 중요하다. 너무
중요해서 하나님께서는 우리의 가장 가까운 친구들의 눈을 가
리시고 귀를 막으시는데, 이는 우리로 하여금 그분께서 우리에
게 이미 가르치셨지만 놓쳐 버린 것을 다시 발견하도록 하기 위
함이다. 그것은 징벌이 아니라 오히려 하나님이 주신 힘으로,
이는 우리를 인도하시는 그분의 친절함이다. 종종 이런 종류의
사랑으로 인해 우리는 가장 큰 진보를 이룬다.

우리 자신에게 사역하는 법을 아는 것은 하나님께서 우리에
게 하신 말씀에 닻을 내리는 것이다. 우리 자신에게 사역을 하
면 우리는 하나님의 사랑의 마음에서 흘러나오는 것으로 우리
자신에게 직접 적용한다. 그것은 하나님의 말씀을 이용하여 힘

과 명철에 다다르거나, 우리가 약하거나 혹은 혼란스러워하는 곳에서 확실한 믿음을 얻는 것이다.

많은 교회들이 성경적인 묵상의 기술을 잃어버린 것 같다. 아마도 모조품—동방의 명상—때문에 이 기술을 두려워하는지 모르겠다. 사람들의 마음을 비우게 이끄는 이단적인 명상은 사람들로 하여금 외부 세력에 마음을 열도록 만든다. 그리고 많은 경우에 그것은 마귀적이다. 성경 묵상의 경우에 우리는 하나님께서 말씀하시는 것으로 우리 마음을 채운다. 그 과정에서 우리는 안에서 밖으로 이해가 증가될 때까지 그 말씀을 우리 마음과 생각에서 계속해서 반추한다. 이상하게 들릴지 모르겠지만 우리 생각(mind)보다 우리 마음(heart)이 먼저 이해할 때가 많다. 아직 완전하게 말로 정확히 표현할 수는 없지만 내 마음은 어떤 진리로 인해 흥분하여 폭발할 수 있다. 그래도 괜찮다. 이미 그 과정이 시작된 것이다. 그것은 거룩한 과정이다. 우리 영이 우리 생각보다 먼저 진리를 인지한다는 것을 발견했다고 해서 놀랄 필요는 없다.

주님의 임재 앞에서만 나오는 심오한 치유와 신선한 무언가가 있다. 감사와 찬양을 드리면 그곳으로 들어가는 데 도움이 된다. 때로 우리가 실패, 문제 혹은 약함의 자리에 있더라도 그분을 높이기로 결심하면 우리 마음에 어떤 일인가가 일어난다. 그분께 찬양을 드리면 우리의 관심이 우리에게서 그분에게로 옮겨 간다. 그것은 결코 나쁜 방법이 아니다. 이렇게 해서 내 삶에 정말로 힘이 생길 때는 내가 당면한 문제들 때문에 의심하고 있는 바로 그 문제들로 인해 그분을 찬양할 때다. 예를 들어, 질병의 위협에 당면했을 때 나는 그분을 치유자로 높여 드린다. 이것이 단지 감사의 표현 정도가 되지 않도록 주의하라. 실제로 나는 내 머리 위의 먹구름이 어두우면 어두울수록 그분을 향한 내 마음을 그만큼 더 많이 표현해야만 한다.

우리는 이것을 편리함을 한 발자국 넘어선 희생(sacrifice)이라 부른다. 이 시점에서 내가 자연 세계에서 가장 하고 싶지 않은 것이 기뻐하는 것이다. 그러나 나는 자연 세계에 갇혀 살기를 거부한다. 그래서 나는 믿음의 영역이라 불리는 탁월한 영역으로 옮겨 가기로 선택한다. 그곳에서 나는 기뻐하고, 기뻐하며 또 기뻐한다. 우리가 이 세상에서 있을 때 기뻐하려면(rejoicing) 즐거움(joy)이 선행되어야 한다는 것을 안다. 그러나 천국에서는 기뻐하면 즐거움이 뒤따른다.

내 자신을 스스로 강화하는 과정의 마지막 부분은 내가 계속해서 교제하는 교제권이다. 나는 의도적으로 위대한 믿음과 소망과 사랑을 가진 사람들과 교제한다. 어떤 사람들은 당신의 힘을 빠지게 만든다. 당신의 믿음이 가장 취약할 때는 당신에게 영향력을 줄 수 있는 사람들에게 가장 집중해야 한다. 이를 우리는 지혜라 부른다. 지혜는 필요하다. 특히 영적 면역 체계가 약해졌을 때에는 더욱 그렇다. 이런 상황에서 내가 내 자신에게 사역하는 것처럼 보이지 않을지라도 실제로 나는 내가 의도적으로 살고 싶어 하는 환경을 선택하고 있는 것이다. 이것은 건강 방정식의 하나다.

이런 방식을 독립과 반역으로의 초청으로 여기는 사람이 혹 있을지 모르지만 그런 것들은 진짜 문제를 악화시킨다. 하나님은 우리 서로를 지체, 즉 이 땅에서 그분 몸의 지체로 묘사하신다. 이 그림은 아름답고 이해를 초월한다. 나는 사람들을 독립과 반역으로 인도하는 어떤 가르침에도 저항한다. 그분의 몸에서 떨어져 나오면 많은 사람들이 더러워진다.

이 점에 있어서 다윗은 나의 영웅이다. 그는 사울에서부터 시작하여 그의 형제들, 그가 섬겼던 블레셋 사람들, 그리고 그가 자멸로부터 생명을 구해 준 능한 용사들에 이르기까지 그들로부터 일련의 거절을 경험했다. 각 계절마다 그는 자신의 인생을 향하신 하나님의 목적—이스라엘의 왕이 되는 것—에서 점점 더 멀어져 가는 것 같았다. 그를 보좌로부터 멀어지게 하는 것처럼 보이던 것이 실제로는 그 보좌가 있는 방의 뒷문으로 그를 데려가고 있었다는 것을 그는 전혀 알지 못했다. 그러나 그 문을 여는 열쇠는 주 안에서 자신을 강하게 하는 것이었다(삼상 30:6을 보라). 자신에게 사역하는 법의 습득은 다윗이 자신의 거룩한 잠재력에 도달하기 위한 마지막 교훈이었다.

기도

하늘에 계신 사랑하는 아버지, 저는 제가 이해하지 못하고 통제하지 못하는 것에 압도되어 살길 원치 않습니다. 대신에 저는 당신의 눈을 통해 보길 원합니다. 당신은 제가 보는 것과 다르게 보시며 저는 변화해야만 합니다. 그래서 당신을 더욱 의지하고 기뻐할 수 있게 저에 대해 당신께서 말씀하시는 것을 볼 수 있도록 저를 도우소서. 저는 당신의 영광을 위해 이것을 구합니다.

선언

하나님이 나의 힘이시기에 그분의 힘은 나의 분깃이며 내 유업의 일부다. 나는 내 인생을 향한 그분의 목적 안으로 걸어 들어감으로써 그분이 영광을 받으시도록 그분의 힘을 나타낼 것이다. 내 삶에 임하신 하나님의 은혜가 그분을 영원히 영화롭게 하시길 기도한다.

67

믿음

믿음은 계시가 계시한 것을 탐험한다.

수백만 평의 땅을 유산으로 받았다고 상상해 보라. 변호사와 함께 언덕 위에 서 있는데 그가 멀리 산마루를 가리키며 "여기서부터 저기까지가 다 당신 소유입니다"라고 말하는 모습을 그려 보라. 그런 뒤에 그가 다른 방향을 가리키며 여기서 저 강까지가 다 당신의 소유라고 선언하는 모습을 상상해 보라. 그리고 그는 그 땅의 여러 곳을 가리키며 당신의 유업의 경계를 계속해서 설명한다. 그는 이 모두가 다 당신 것이라고 선언한다. 이것은 참으로 놀라운 소식일 것이다. 당신은 어떨지 몰라도 나는 유업으로 방금 받은 그 땅을 구석구석 탐험하고 싶다. 멀리서 그 땅을 구경하며 단지 소유권으로만 만족한다면 그것은 큰 대가를 치르고 나의 기쁨을 위해 무언가를 남긴 사람들에게 모욕적일 것이다.

하나님의 나라도 마찬가지다. 예수님께서 우리에게 주신 것,

그분의 모든 것을 희생해서 주신 그것을 우리는 철저하게 탐험해야 한다. 그리고 믿음은 그 위대한 탐험에 필요한 도구다.

너무나 많은 신자들이 그 언덕에 서서 인생을 허비한다. 그들은 그들의 소유를 고백하지만 결코 실제로 그것을 직접 경험하지 않는다. 매번 소유권을 고백할 때마다 교만의 요소가 가미되고 그들은 자신들의 위대한 권세와 목적을 선포한다. 처음에 그렇게 하는 것은 괜찮지만 우리가 계속 그곳에 머문다면 참으로 비극이다. 하나님이 우리에게 주신 것은 단지 고백으로 전락하기 위해 주신 것이 아니다. 반대로 그것은 추구하고 이해하고 즐거워하라는 초청이다! 그것은 모험, 즉 궁극의 여행에 대한 초청이다. 왜냐하면 예수님께 속한 모든 것은 우리의 것이며, 즐거움을 위해 주신 것이기 때문이다. 그 크기는 무한하기 때문에 이생에서 결코 다 탐험할 수 없다. 그러나 그렇다고 그것이 게으름의 변명이 되어서는 안 된다. 우리는 이 나라를 즐거워해야 한다.

이곳이 바로 내 인생에서 가장 보람찬 비밀의 장소다. 하나님과 독대하여 나의 간구를 상세하게 말씀드리는 책임과 특권이 있는 곳도 바로 이곳이다. 내가 부도난 사람들을 만나면 그곳에 나의 임무가 있다. 당뇨병에 걸린 사람들을 만나면 거기에 나의 임무가 있다. 내 주변에서 결혼생활이 무너진다면 나는 그런 상황에서 승리를 가져올 수 있는 통찰력과 기름 부음을 소리쳐 구해야 한다.

주님은 내 주변 사람들의 필요를 사용하셔서 그들을 위해 내가 추구할 때 내게 주신 것이 무엇인지를 일깨우신다. 나는 주님께서 단지 내가 그들의 짐을 지기만을 원치 않으신다고 믿는다. 긍휼과 자비를 보이는 것이 필요하지만 해답을 얻는 것도 중요하다. 예수님은 문제에 처한 사람들을 위로하신 후에 그들 스스로 그 문제를 해결하도록 놔두신 것으로 알려져 있지 않다. 왕의 통치 영역인 그 나라에는 인류가 지금까지 직면한 모든 문제에 대한 답이 있다. 그리고 '먼저 그의 나라를 구하는' 자들은 상황과 사람들을 변화시키는 데 필요한 해답을 위임받은 자들이다.

이것이 이 유업의 광대함을 발견한 자들의 아름다운 특권이다. 우리는 믿음이 없으면 결코 들어갈 수 없는 하나님 안의 자리로 믿음이 우리를 데려가도록 허락해야 한다.

기도

아버지, 저는 예수 그리스도 안에서 제게 주신 모든 것에 놀라며 압도됩니다. 그것은 저의 이해의 능력을 초월합니다. 그리고 제가 받은 유업이 너무 광대하지만 현재의 상태에 만족하지 않는 거룩한 은사를 구합니다. 저는 저의 삶뿐만 아니라 다른 이들의 삶까지도 영원히 바꿀 수 있는 당신 세계의 실체들을 맛보는 대신에 이론들로 만족하길 원치 않습니다. 저의 눈을 열어 제가 추구하도록 주신 것과 제가 이해하도록 주신 것, 그리고 제가 즐기도록 주신 것을 보게 하소서. 저는 당신의 이름을 높이고 사람들이 제가 맛본 모든 것을 통해 자유케 되길 소리쳐 간구합니다. 당신은 참으로 선하시며, 언제나 선하십니다. 감사합니다.

선언

나는 이론과 교실의 이상에 만족하길 거절한다. 나는 주님의 선하심을 맛보고 알아야 한다. 나의 유업은 광대하고 모든 이해를 초월한다. 그러나 그것을 맛보고 보는 것은 나의 능력 밖의 것이다. 그러므로 나는 하나님께서 영광을 받으시고 사람들이 내 안에서 예수님을 보게 하기 위해 탐험의 삶에 나 자신을 드린다.

68

소망

하나님께서 아니라고 말씀하시면 더 좋은 것이 오고 있다.

하나님의 선하심의 풍성함을 항상 이해하며 사는 사람은 일상의 일들을 다른 모든 사람들과 다르게 해석한다. 기도는 신자의 삶에 있어야 할 필수 요소 중 하나이며, 그것은 때로 고통스럽기도 하지만 또한 보람이 있다. 나에게 가장 큰 기쁨을 가져다준 것은 나의 기도의 삶이었음을 나는 정직하게 인정할 수 있다. 하지만 나의 가장 큰 기쁨은 나의 가장 큰 좌절과 대비를 이룬다.

그 좌절스러운 여행의 일부는 하나님께서 '아니다'(no)라고 하시는 말씀을 어떻게 다룰지를 배우는 것이다. 그리고 때로 더 심각한 것은 하나님께서 **침묵**하실 때다. 나의 경우엔 '아니다' 라고 말씀하실 때보다 침묵이 더 고통스럽다. 나는 시편에서 위로를 얻는 법을 배웠다. 왜냐하면 시편 기자는 하나님의 침묵에 대해 그가 좌절한 내용을 자주 언급하기 때문이다. 거절과 침묵

모두는 우리보고 잘 관리하라고 주신 것이다. 그것은 성숙이라 불리는 과정에서 너무나 중요한 부분이다. 만일 하나님께서 나를 무시하시거나 나에게 관심이 없다고 말씀하시거나 그런 뜻을 암시하신다면 그것은 옳지 않은 말일 것이다. 내가 그렇게 느끼더라도 나는 진리로 돌아가 그분께서 완전하신 사랑의 아버지이시며 나의 아버지 되시는 일에 있어서 내가 가장 멋지게 생각해도 그보다 더 훌륭한 분이라는 사실을 받아들여야 한다. 그분은 아빠 하나님이시다. 그분은 내게 닥친 그 어떤 상황이나 꿈에 대해 나보다 더 배려하는 분이시다. 그분은 그렇게 좋으시다.

하나님께서 침묵하시는 것은 그분께서 그 상황에 대해 방향, 통찰력이나 능력을 이미 주셨다는 것을 의미한다. 당신은 누군가가 당신을 '묵살'(silent treatment)한다는 말을 들어 본 적이 있을 것이다. 그것은 그 사람이 취하는 형벌이다. 하나님의 침묵은 결코 형벌이 아니다. 오직 침묵하실 때 나는 그분께서 이미 내 마음에 다운로드해 놓으신 것을 발견할 것이다. 그곳에서 침묵하지 않으셨으면 들을 수 없던 것들이 수면 위로 떠오른다. 그것은 마치 하나님의 깊은 것이 내 안에 자리한 깊은 것을 불러서 그렇지 않으면 열 수 없었던 것들을 표면 위로 떠오르게 하는 것 같다. 이 작업은 고통스럽지만 필요하다.

나는 하나님의 '아니다'가 매혹적이라는 것을 알았다. 특히 예수님께서 제자들에게 계속 반복해서 말씀하신 것과 비교해 보면 더욱 그렇다는 것을 알 수 있다. 그들은 구하는 것마다 가질 수 있었다. 하지만 야고보와 요한이 하늘에서 사마리아인들에게 불을 내릴 권리를 요청했을 때 예수님은 그들을 책망하시며 '안 된다' 고 말씀하셨다(눅 9:54~56을 보라). 거절은 하나님의 으뜸 패로서, 더 좋은 '예' (yes)가 오고 있을 때나 아니면 어떤 것을 허락했을 때 그것이 그분의 영원한 목적을 약화시킬 때 사용하신다.

이 점과 관련이 있는 위대한 이야기가 요한복음 11장에 나온다. 나사로는 병들어 죽어 가고 있다. 마리아와 마르다는 예수님에게 전갈을 전한다: "사랑하시는 자가 병들었나이다"(3절). 다른 말로 하면, 이는 주님이 이미 관계를 가지고 있는 사람이 도움이 필요하니 지금 함께하고 계신 낯선 자들을 섬겨야 하는 주님의 의무보다 이를 더 중요하게 여겨야 한다는 뜻이다. 예수님은 이 병이 죽을병이 아니라고 선언하신다. 그러고 나서 계신 곳에서 이틀을 더 유하신다(4~6절). 이 구절은 예수님께서 이 가족을 사랑하신다는 점을 강조한다. 그러고 나서 주님께서는 그들의 요청에 아랑곳하지 않으시고 이틀을 더 머무셨다고 말한다. 우리 중에 어떤 사람이 위기의 순간을 맞았는데 멀리 떨어져 있는 것을 사랑으로 해석할 사람은 거의 없다. 그러나 그것이 바로 하나님의 사랑이다.

만일 예수님께서 즉시 가셔서 나사로를 돌보셨다면 분명 고침을 받았을 것이다. 하지만 주님께서 지체하셨기 때문에 부활이 있었다. 어느 날 '아니다' 라고 하신 것이 다른 날에 더 큰 '예' 가 되었다.

하나님의 본성과 약속에 닻을 둔 소망을 가지고 살면 우리는 하나님을 아버지로 알 때 부요함을 발견하고 허둥대지 않고 살 수 있다. 우리 마음을 잘 관리하면 우리는 모든 일이 우리 힘으로 할 때보다 훨씬 더 잘된다는 것을 알고 사는 법을 배우게 된다.

기도

하늘에 계신 사랑하는 아버지, 모든 이해를 초월하는 당신의 선하심에 대해 감사를 드립니다. 저는 당신께서 아버지의 사랑의 마음으로 저를 찾으신다는 사실을 알고 소망 가운데 안식합니다. 일이 제가 생각하는 대로 되지 않을 때 허둥대는 경향이 있는 저를 도우소서. 특히 당신께서 돌보지 않으신다고 생각한 때가 있었는데 저를 용서하시고 도우소서. 저는 그런 일이 있을 수 없다는 것을 압니다. 결코 다시 그런 자리로 가지 않는 은혜를 제게 주소서. 당신의 영광을 위해 이 모든 것을 기도로 간구합니다.

선언

하나님은 언제나 선하시다. 그분은 완전하신 사랑의 아버지이시며 언제나 나의 최선을 염두에 두신다. 나를 돌보지 않으신다고 그분을 비난하는 대신에 나는 내 마음을 잠잠케 하여 더 혼란스러운 나의 상황들 가운데서 그분의 목적을 발견할 것이다. 나는 내가 하나님의 뜻을 사랑하고 그분의 영광을 위해 그분의 목적에 항복할 것을 선언한다.

69

사랑

가장 순수한 형태의 전도는 흘러넘치는 예배다.

이 두 가지 주제는 우리가 처음에 얼핏 보는 것보다 훨씬 더 마음속에서 아주 복잡하게 서로 얽혀 있다. 한 가지 차이가 있다면 위급함(urgency)의 정도다. 예배는 절대적으로 합당하고 지금 필요하지만 영원히 계속되는 반면에, 전도는 단지 이생에서만 필요하다.

이로 인해 어떤 이는 전도가 신자에게 가장 중요한 것이라고 생각할지 모르겠다. 결국 우리가 이 땅에 사는 동안에는 영혼 구원이 가장 중요하다. 그러나 사랑의 모든 표현과 뉘앙스와 함께 하나님을 먼저 사랑할 때 실제로 우리가 애쓰는 전도가 정의되고, 힘과 임재가 더해진다.

하나님을 사랑하는 것과 사람을 사랑하는 것 사이에는 강력한 연관성이 있다. 전도는 사람을 종종 프로젝트로 전락시키며, 사람들은 누군가의 프로젝트가 되는 것을 싫어한다. 누가 어떤 종교적 열심당원의 프로젝트가 되어 그 사람이 자신이 하나님께 헌신했다고 생각하여 기분 좋게 하길 원하겠는가? 어느 누구도 누군가의 성경 뒷장에 전도 대상자로 체크되길 원치 않는다. 아마도 전도가 그렇게 부당한 평가를 받는 이유 중 하나는 이 때문일 것이다.

그러나 전도는 실제적이고 필요하며, 또한 우리 하나님 아버지의 열정적인 기쁨이다. 그분은 모든 자들이 그분의 가족이 되길 원하신다. 예수 그리스도를 통해 주신 신약 메시지의 주요 주제는 우리가 서로 사랑하는 것이었다. 예수님에게 **다른 한 사람**은 단지 우리 가족 중 한 지체나 우리 교회 가족의 한 지체 이상의 의미를 지녔다. 예수님에게 있어서 그 한 사람은 강도를 만나 죽은 사람처럼 버려졌다가 마침내 선한 사마리아인의 구조를 받은 자다. 예수님에게 그는 그분을 더 잘 보려고 나무에 올라간 세리나 혹은 간음하다 현장에서 잡힌 여인이었다. 예수님에게 **다른 한 사람**은 그분을 석방하길 거절한 빌라도였으며, 십자가에 달린 그분 옆에 있던 강도였고, 그분의 목적에 반하여 일한 종교 지도자들이었다. **다른 한 사람**은 그분이 위해서 죽으시려 했던 사람들을 대표한다.

우리 마음에서 하나님을 향한 사랑보다 더 큰 사랑은 있을 수 없다. 그분보다 더 사랑하는 것이 있다면 그것은 우상 숭배다. 그러나 우리의 열정적인 예배를 통해 나타나는 하나님을 향한 우리의 사랑은 사람들을 향한 우리의 사랑에 불을 붙이고, 사랑을 정의해 준다. 사랑은 전도를 더 강하게 만든다.

자기 여자 친구를 무척 사랑한 스웨덴 출신의 한 청년과 나 눴던 대화가 기억난다. 그는 그리스도에게 순복하기(surrender)를 두려워했다. 만일 그렇게 할 경우에 그녀를 사랑하는 자신의 능력이 사라질 것이라 생각했기 때문이다. 여자 친구를 하나님보다 더 중요하게 생각하는 이처럼 명백한 문제 말고도 그는 하나님을 더 사랑하면 그의 남은 인생이 얼마나 영향을 받게 되는지 그 놀라운 실체를 놓치고 있었다. 나의 경우에 아내를 제일 소중히 여기면서 아내를 사랑하는 것보다 하나님을 더 사랑하면 실제로 나는 아내를 더 많이 사랑할 수 있다. 이것은 하나님 나라의 역설의 진리를 보여 주는 또 다른 명백한 예다. 우리가 죽음으로써 살고 우리 자신을 낮춤으로써 높아지는 것처럼, 하나님을 먼저 사랑함으로써 나는 아내를 더 많이 사랑한다.

전도에 관해서도 이 개념이 적용된다. 하나님을 가장 먼저 사랑하고, 가장 많이 사랑하고, 가장 열정적으로 사랑하면, 우리는 사람들을 더 많이 진실하게 효과적으로 사랑할 수 있다. 그럴 때 전도는 우리가 하나님을 사랑하는 연료가 된다.

이사야가 높이 좌정하신 주님을 뵈었을 때(이사야 6장을 보라) 우리는 압도적인 하나님의 임재감에 대해 읽는다. 그러나 나에게 가장 감동적인 부분은 이사야의 반응이다.

하나님께서 물으신다: "내가 누구를 보내며 누가 우리를 위하여 갈꼬."

이사야 말한다: "나를 보내소서."

하나님을 진정으로 예배하는 자는 누구나 하나님의 마음을 본다. 그리고 진정으로 하나님의 마음을 본 자는 누구나 이 위대한 선지자와 같은 반응을 보일 것이다: "나를 보내소서." 이 것은 전도가 추수할 밭으로 하나님께 보내심을 받는 것이며, 예배 가운데서 실제로 하나님의 마음을 본 예배자의 마음에서 나오는 것임을 뜻한다.

기도

나의 아버지, 나의 하나님, 저는 당신을 사랑합니다. 저는 당신을 예배하고 당신을 높여 드리길 정말 좋아합니다. 당신은 모든 영광과 존귀와 찬양을 받으시기에 합당하십니다. 이것이 저의 기쁨입니다. 저의 열정은 당신을 영화롭게 하며 당신의 마음을 만지는 것입니다. 그러나 아직도 가족이 되지 못한 자들을 무시하면서까지 당신에 대한 사랑에 만족하는 자가 결코 되지 않도록 도우소서. 잃어버린 영혼들을 향한 저의 열정이 뜨거워지기 위해 예배를 향한 열의를 강하게 하소서. 예수의 이름이 가장 존귀함을 받으시도록 이것들을 간구합니다.

선언

나는 예배를 위해 태어났다. 나의 모든 것은 하나님께서 나를 예배자로 지으신 것을 표현하기 위함이다. 그분은 내가 그분을 효과적으로 섬길 수 있도록 나를 무장시키셨다. 나는 이것을 삶의 특권으로 받아들이며, 이는 예배와 또한 내 사랑으로 그분에게 인도될 사람들을 통해 하나님을 영화롭게 하기 위함이다.

70

믿음

어느 누구도 그분의 선물을 구한 것 때문에
예수님께 비난과 야단을 맞거나 틀렸다고 교정을 받은 적이 없다.

사람들이 하나님의 손보다 그분의 얼굴을 구해야 한다는 말을 하는 것을 자주 보게 된다. 나는 이 말 뒤에 숨어 있는 개념을 이해한다. 그것은 하나님과의 관계가 물리적 기적보다 훨씬 더 중요하다는 말이다. 그러나 성경에 기록된 예수님과의 대화를 살펴보면 어디에서나 그런 추론을 찾아볼 수 없다. 이 비유에서 하나님의 얼굴은 관계를 대표하고, 그분의 손은 그분이 우리에게 주시는 선물을 대표한다. 그러나 나의 경우에 정보가 너무 과해 보인다. 나는 사람들에게 그들이 그분의 얼굴이 아니라 그분의 손을 지금까지 구했다면 그저 한 단계 위를 쳐다보라고 말한다. 이 둘은 그리 멀리 떨어져 있지 않다. 예수님의 말씀에 따르면 손을 구하면 얼굴을 보게 되어 있다.

경험이 없는 사람들은 때로 기적이 필요한 사람들에게 가장 기괴한 조언을 한다. 능력이 없으면 어리석은 종교적 추론이 난무한다. 소경인 거지 바디매오는 예수님께 "다윗의 자손 예수여 나를 불쌍히 여기소서"라고 외쳤다(막 10:47). 그는 치유를 구했다. 예수님은 그를 야단치시면서 치유보다 치유자를 아는 것이 더 중요하다고 말씀하지 않으셨다. 물론 이것이 사실이지만 예수님께서 바디매오나 성경에 나오는 다른 사람들에게 사역하실 때 취하신 방식은 아니다. 그런데 우리는 왜 그런가? 아마도 우리가 바디매오를 위해 기도한 후에 그가 여전히 눈을 뜨지 못한 경우가 너무 많아서 그런 것이 아닌가 싶다.

나와 무척 가까운 부부가 이번 주에 그들의 신생아가 전혀 듣지 못한다는 것을 발견했다. 그것은 그들과 우리에게 참담한 소식이었다. 물론 어떤 이는 그들이 당한 어려움을 돕고 귀가 안 들리는 것이 너무나 큰 축복이라는 사실을 알려 주려 생각했을지 모른다. 귀가 안 들리면 다른 부분의 삶이 발달하여 듣지 못하여 놓치게 될 것을 채워 주기도 하니 말이다. 물론 이것도 사실이지만 이는 어리석은 추론이다. 기적이 없으면 기껏해야 이런 종류의 생각밖에 떠오르지 않는다. 예수님은 우리가 따라야 할 모범을 보여 주셨다. 주님은 위로부터 오는 동일한 권세에 다가갈 수 있는 권세를 우리에게 위임하셨다. 어떤 면에서 나머지는 우리 몫이다.

예수님은 다른 접근 방식을 취하셨다: "내가 (아버지의 일, 즉 기적을) 행하거든 나를 믿지 아니할지라도 그 일은 믿으라 그러면 너희가 아버지께서 내 안에 계시고 내가 아버지 안에 있음을 깨달아 알리라"(요 10:38). 예수님은 사람들이 그분이 하시는 일을 믿으면 자기를 믿지 않아도 괜찮으셨다(이렇게 말하는 것이 매우 이상하지만 말이다). 일, 즉 기적을 믿으면 그들은 아버지 하나님께서 주님 안에 계시고 주님께서 아버지 안에 계신 것을 알게 될 것이다.

그것은 놀라운 깨달음이다. 예수님은 아버지 하나님을 계시하기 위해 오셨으며, 기적을 행하지 않고서는 이를 적절하게 수행할 수 없으셨다. 그래서 주님은 사람들이 기적에 대해 의심하지 않는 한 자신에 대해 의심해도 괜찮으셨다. 기적은 아버지 하나님을 계시한다. 이런 사실을 깨달으면 그 결과 그들은 자연스럽게 예수님을 믿을 것이다.

다른 말로 하면, 주님의 손에서 나온 것이 그들을 그분의 얼굴로 데려갔다.

기도

하늘에 계신 아버지, 사람들로 하여금 당신에게 부르짖을 용기를 막는 모든 변명거리나 추론을 멀리하도록 저를 도우소서. 위로부터 오는 능력으로 저를 옷 입히시고, 입히시고, 또 입히소서. 기적이 삶을 통해 아버지를 계시하고, 모든 선한 아비가 그렇듯이 사람들의 삶에 실제적인 해결책을 제시할 수 있도록 저를 도우소서. 하나님의 영광을 위해 이런 삶을 살도록 저를 도우소서.

선언

예수님은 내가 그분의 발자취를 따라갈 수 있도록 필요한 모든 것을 이루셨다. 그리고 나의 노력이 그분의 것과 같지 않지만 나는 내 삶에서 기대치를 낮추길 거절한다. 나는 기적과 표적과 기사를 통해 아버지 하나님을 계시하는 특권을 받아들인다. 나는 이 모든 것을 하나님의 영광을 위해 한다.

71

소망

하나님은 우리의 의지를 처리하시기 위해
우리 마음(mind)을 새롭게 하시길 원하신다.

나는 이 말이 약간 초점이 안 맞는다는 것을 안다. 하지만 솔직히 이 말을 생각해 보라. 나는 그 어느 때보다 이 말이 우리 각 사람을 향한 하나님의 마음이라고 더 확신한다.

이것은 신자로서의 우리 권리를 잡으려는 노력도 아니다. 또한 '하나님에게 당신의 뜻을 관철시키는 방법' 에 대한 새로운 가르침도 아니다. 그와 완전히 반대다! 전능자께서는 우리 주변의 모든 것을 변화시키기 위해 우리를 변화시키신다. 우리 모두에게 정말로 필요치 않은 것은 자기의 의지로 자신이 원하는 것이나 받기에 합당하다고 생각하는 것들을 얻기 위해 분투하는 것이다. 자기중심적인 복음은 전혀 복음이 아니며, 우리가 주장해야 할 기쁜 소식도 아니다.

또한 우리는 하나님께서는 우리를 프로그램에 따라 자동으로 행하는 로봇으로 만드시는 데 관심이 없으시다는 것을 안다. 만일 그렇다면 그건 쉬울 것이다. 의도적인 동역은 하나님에겐 너무나 소중하다. 피조 세계에서 인간만이 하나님의 형상대로 지음을 받은 유일한 존재라는 것을 생각하면 더욱더 그렇다. 우리 존재의 목적은 하나님과 동역하며 우리 세계의 본질을 투영된 그분의 형상으로 바꾸는 것이다.

하나님께서 우리를 구원하셨을 때 그분은 동역과 공동 통치라는 그분의 목적을 우리에게 회복시켜 주셨다. 나는 이것이 우리에게 아직 성취되지 않았다고 생각하지만, 우리를 부르신 소망은 우리가 그리스도 안에 있다는 것과 또한 지금까지 존재한 모든 이름과 권세를—순전히 바로 그 임재의 자리에서—다스릴 권세를 가지고 있다는 사실과 연결되어 있다. 이것이 바로 우리가 깨닫길 원했던 바울의 기도였다. 그 구절을 다시 살펴보자.

"너희 마음의 눈을 밝히사 그의 부르심의 소망이 무엇이며 성도 안에서 그 기업의 영광의 풍성함이 무엇이며 그의 힘의 위력으로 역사하심을 따라 믿는 우리에게 베푸신 능력의 지극히 크심이 어떠한 것을 너희로 알게 하시기를 구하노라 그의 능력이 그리스도 안에서 역사하사 죽은 자들 가운데서 다시 살리시고 하늘에서 자기의 오른편에 앉히사"(엡 1:18~20)

상상할 수 있겠지만 만일 우리가 정말로 소망의 방정식에서 이 부분을 획득한다면 우리는 나머지 부분에 대해 걱정을 덜어도 된다.

우리의 인생 전체는 통치법을 배우는 것과 상관이 있다. 기도의 목적도 통치법을 배우는 것이다. 훈련과 경건의 삶의 배후의 목적도 통치법을 배우는 것이다. 가족, 사업, 건강 그리고 총체적인 웰빙(well-being)과 관련해 우리에게 거룩한 질서가 필요한 이유도 우리가 통치법을 배우기 위함이다. 사도 바울은 이를 설명하면서 우리가 "한 분 예수 그리스도를 통하여 생명 안에서 왕 노릇 하리로다"라고 말했다(롬 5:17). 잠언서 패션 성경 번역(The Passion Translation of Proverbs)도 페이지마다 이 '생명 가운데의 통치' 개념을 상당히 잘 그리고 있다. 생각만 해도 전율이 느껴진다! 하나님의 이러한 계획을 참으로 아는 자는 어느 누구도 교만하거나 거만할 수 없다. 나는 그것이 가능하다고 생각지 않는다. 이 생명의 통치 개념에는 과분한 은총을 받는다는 압도적 느낌이 있으며, 이 개념 때문에 우리는 예배 가운데 하나님께 사랑받는 존재가 된다. 그것은 가장 높은 수준의 특권이다.

예수님은 기초 원칙들을 세우신 분이다. 그분은 제자들에게 돌이키셔서 그들과 일생일대의 합의를 하셨다. 기억하라. 주님은 그들이 무엇이든지 구하는 것을 받을 수 있다고 수없이 말씀하셨다. 이 약속은 조건이 없는 것처럼 보이지 않는다. 예를 들어, 한 약속을 하시면서 주님은 "너희가 내 안에 거하고 내 말이 너희 안에 거하면 무엇이든지 원하는 대로 구하라 그리하면 이루리라"고 말씀하셨다(요 15:7). 그런 뒤에 예수님은 계속해서 이 과정을 통해 하나님 아버지께서 영광을 받으신다고 말씀하셨다. 아버지 하나님께서 그분의 계획을 이루심으로써 영광을 받으신다는 이 사실을 생각해 보라. 그분의 계획은 당신이 구하는 것을 당신이 받는 것이다. 우리가 기도 응답을 받을 때마다 그것은 동역과 공동 통치라는 하나님의 계획이 실제로 이뤄진다는 증거가 된다.

에베소서 3장 10절의 의미 중에 이 뜻이 담겨 있는 듯하다: "이는 이제 교회로 말미암아 하늘에 있는 통치자들과 권세들에게 하나님의 각종 지혜를 알게 하려 하심이니." 모든 피조물로 하여금 그분을 통해 하나님의 위대하심을 알게 하는 것은 쉬운 결정이 아니다. 하나님은 하늘에 속한 자들이 구속 받은 자들에게서 배우길 원하신다. 그들은 모든 일에 있어서 그분의 마음을 대표한다. 이것이 하나님의 지혜의 증거다. 그분의 계획은 이뤄진다.

이를 요약하면 다음과 같다: 우리는 마음을 새롭게 해야 하는데, 이는 우리가 이처럼 과분한 권위와 책임의 위치를 이용하여 그분께 영광을 돌리게 하려 함이다. 그분은 그들이 원하는 모든 것을 구하면서도 그것을 이 땅을 향한 그분의 뜻과 온전히 일치시킬 수 있는 세대를 보길 원하신다. 그리고 이를 통해 그분은 영광을 받으신다.

기도

하늘에 계신 아버지, 저는 더 크게 생각해야 합니다. 저의 인생을 향한 당신의 계획과 목적은 제가 상상하는 것보다 훨씬 더 큽니다. 당신께서 생각하시는 것과 생각하시는 방법을 제게 가르치소서. 저는 제 인생을 잘 사용하여 당신의 지혜를 하늘의 모든 권세들에게 나타내길 원합니다. 이것이 바로 제가 갈망하는 것이며, 이는 당신의 영광과 명예를 위한 것입니다.

선언

나는 내가 결코 내 힘으로 얻을 수 없는 위치에 있다는 사실 때문에 하나님이 주신 임무를 행하지 못하는 일이 없도록 할 것이다. 그것은 나에 대한 것이 아니라 그분에 관한 것이다. 그분은 존재하는 모든 것을 통해 영광을 받으셔야 한다. 왜냐하면 그분께서 자기 백성과 동역하는 계획은 지혜로운 것으로 이미 판명되었기 때문이다. 나는 이 목적을 위해 살 것이며, 이는 또한 하나님께서 영원히 영광을 받으시도록 하기 위함이다.

72

거짓 겸손은 우리로 우리의 목적에 도달하지 못하게 막지만
참된 겸손은 우리를 그리로 데려간다.

자기비하(self-abasement), 자기비판(self-criticism) 그리고 자기정
죄(self-condemnation) 가운데서도 거짓 겸손을 볼 때가 많
이 있다. 여기서 자기(self)라는 단어는 이런 종류의 겸손이 어떤
것인지 우리에게 실마리를 제공해 준다. 그것은 겸손의 모조품
이다. 그것은 가장 위험한 형태의 교만이다. 왜냐하면 거기에는
영적 가치가 있다고 생각되고 이로 인해 이런 교만이 계속 머물
수 있도록 허락되기 때문이다. 그 결과 이것은 경건한 성품인
양 보호와 지킴을 받는다.

예수님은 이웃을 내 몸과 같이 사랑하라고 우리에게 가르치
셨다. 이것은 이기심이 없는 예수님의 삶의 방식을 수용한 자들
에게는 하나의 도전이다. 그것은 거의 모순처럼 보인다. 그러나
그렇지 않다. 그것은 우리의 웰빙에 필요한 명백한 성경의 역설

중 하나다. 우리는 이 문제의 양면을 동시에 수용할 때에만 건강을 유지한다.

예수님의 설명대로 우리 자신을 사랑한다고 해서 우리가 자기중심적이거나 이기적이 되지는 않는다. 그렇게 할 때 우리는 하나님의 것들 안에서 건강과 힘을 유지하게 된다. 예수님은 이를 두 번째 큰 계명으로 가르쳐 주셨다. 바울은 이렇게 하는 것이 자기 육체를 **양육하여 보호하는 것**이라고 말했다(엡 5:29를 보라). 우리는 감정적으로 건강을 유지하기 위해 많은 면에서 본능적으로 이렇게 한다.

나는 주변에서 자기 자신에게 무척 비판적인 사람들을 주의한다. 쉽게 자신을 판단하는 자들은 아마도 그런 일이 발생할 때 내게도 동일하게 행동할 것이다. 왜냐하면 우리는 자신을 사랑하는 방식으로 다른 사람을 사랑하는 경향이 있기 때문이다.

성경은 "타인이 너를 칭찬하게 하고 네 입으로는 하지 말며"라고 말한다(잠 27:2). 자기를 높이는 행위는 좋은 삶의 방식이 아니다. 자신을 칭찬하는 것은 세 살짜리가 하지 않는 한 역겨운 행위다. 세 살짜리가 하면 귀엽다. 그러나 성숙함이란 우리가 세상이 우리를 중심으로 돌아간다는 관점에서 벗어나 세상을 위해 가장 유용한 사람이 되는 위치에 서는 것을 의미한다. 나는 우리가 이 말씀의 의미를 잘 알고 있어서, 우리 중 대부분은 자신을 높이면, 심지어 마음속으로 그렇게 생각만 해도 불편함을 느낀다고 생각한다. 우리는 사교 기술이 너무 좋아서 그렇게 행하지 않는다. 그러나 어느 날 이 말씀의 전반부가 나의 뒤통

수를 쳤다: "타인이 너를 칭찬하게 하고." 솔직히 말하겠다. 이것도 내게는 불편하다. 그러나 이것은 명령이다. 그리고 우리는 이것을 배워야 한다.

사람들은 그림의 질을 인정할 때 예술가에게 경의를 표한다. 그 그림은 예술가를 보여 주며, 그 예술가에게 속한 영광을 받는다. 만일 그림이 스스로를 비판하는 일이 가능하다면 그럴 경우에 예술가는 영광을 받지 못한다. 마찬가지로 우리가 사람들에게 경의를 표할 때 우리는 하나님께 경의를 표하는 것이다. 그분은 그것을 개인적으로 받아들이신다. 이는 누군가가 나에게 경의를 표할 때 나는 하나님 앞에서 책임이 있다는 것을 의미한다. 무엇보다도 나는 그분의 이름 때문에 높아지는 특권에 대해 하나님께 감사를 드려야 한다. 둘째, 나는 모든 선한 것이 내게서 난 것이 아니라는 점에서 내게 주어진 모든 영예가 과분한 것이라는 사실을 깨달아야 한다. 셋째, 나는 그분께 경의를 표해야 한다. 왜냐하면 그분이 실제로 이 모든 것을 받으시기에 합당하신 분이기 때문이다. 내가 하지 말아야 할 것은 나를 칭찬하는 사람에게 "오, 제가 아니라 예수님이 하셨습니다"라고 말하는 것이다. 나를 칭찬함으로써 하나님을 높이려는 그들의 노력을 외면하는 것은 그들과 하나님, 그리고 나 자신에게 불명예가 된다. 명예를 받아들이라. 그리고 그것을 내 힘으로 얻었다고 생각지 말고 그것을 즐거워하며, 마침내 그것을 합당한 주인에게 드려라.

어떤 시점에서 우리는 우리 삶에서 역사하시는 하나님의 은혜를 인정해야만 하는데, 이는 우리로 하여금 그분의 목적 가운데 더욱더 충만하게 들어가게 하기 위함이다. 이러한 확신을 우리는 사도 바울의 삶 가운데서 종종 보게 된다. 그리고 나는 우리 중에 그가 교만하거나 자기중심적인 사람이라고 말할 사람이 있을지 의심스럽다. 하나님의 은혜에 대한 그의 확신은 하나님께 영광이 되었고, 그에겐 안정감을 주었다. 일전에 누가 말한 대로 참된 겸손은 자신을 못한 존재로 생각하는 것이 아니라 자신을 덜 생각하는 것이다. 다른 사람들은 두려워 가지 못하는 곳을 하나님의 은혜를 확신함으로 그곳에 가게 되는 사람들은 그들의 목적(destinies)에 도달한다.

기도

하늘에 계신 아버지, 저는 제 삶의 좋은 모든 것이 당신 때문임을 압니다. 당신이 그 근원이시며 당신이 그 이유입니다. 자기비판이라는 종교적 관례에 빠지지 않도록 도우소서. 저는 궁극적으로 그것이 당신의 명예를 실추하는 것임을 압니다. 저는 단지 제가 하는 모든 것과 저의 모든 존재로 당신을 영화롭게 하길 원합니다. 저는 모든 일을 선하게 행하시고 제 안에서 당신의 일을 행하시는 분으로서 당신을 찬양합니다. 감사합니다.

선언

나는 자기비판을 영적으로 가치 있는 것으로 보호하길 거부하며, 대신에 내 안에 역사하시는 그분의 은혜를 인정하기 위해

일할 것이다. 내가 영예를 얻는다면 나는 모든 영광을 하나님께
돌릴 것이다. 왜냐하면 그분이 내 안에 있는 모든 선한 것의 저
자이시기 때문이다. 하나님의 은혜로 나는 내가 받는 영예를 피
하지 않는 대신 나에게 영예를 주는 그 사람에게 존경을 표할
것이며, 다시 하나님을 높여 드리겠다. 나는 하나님의 영광을
위해 이렇게 한다.

73

믿음

하나님의 것들을 사람의 이성에 굴복시키면
결과로 불신앙과 종교가 생겨난다.
우리가 사람의 이성을 하나님의 것들에 굴복시키면
결과로 기적과 새로운 마음이 생겨난다.

성경은 최소한 두 번 하나님께서 하늘에 앉아 웃으신다고
말한다. 내가 아는 이 두 번의 경우에 그분은 원수가 그
분의 기름 부은 자를 대적하여 그분의 목적에 반하여 세운 계략
을 보시고 그러하셨다. 유한한 존재들이 그분과 싸워 이길 수
있고 그분을 대항하여 주효한 전략을 짤 수 있다고 생각하는 모
습은 하나님께 분명 우스워 보인다.

어리석은 자는 그의 마음에 이르기를 하나님이 없다 한다는
말씀은 얼마나 진실한가!(시 14:1) 그리고 조금의 과장도 없이 이
시대의 가장 위대한 지성으로 여겨지는 자들이 이런 말을 하는
모습은 흥미롭다. 사람들이 평생 우주와 신체 혹은 생명이 어떻
게 디자인되었는지를 연구하면서 결국에는 그것을 디자인한

분이 없다고 생각하는 것도 흥미롭다. 디자이너가 없는 디자인이란 있을 수 없다.

때로 무신론적 사고방식이 교회에 영향을 미친다. 나는 신자들이 하나님이 없다는 결론을 내린다는 뜻이 아니다. 우리는 그렇게 어리석지 않다. 내 말은 사람들이 삶의 문제들을 무신론자인 이웃처럼 반응하면서 자신들의 사고 과정이 그들과 그리 다르지 않다는 것을 인식하지 못한다는 뜻이다. 그리고 우리의 신학이 무신론을 허용하지 않지만, 때로 우리의 삶의 방식이 이를 허용한다. 우리의 감정과 추구의 중심에 불가능한 것을 공격하는 하나님이 안 계신 상태에서 삶을 직면하는 것은 괜찮지 않다. 예수님을 주로 고백하는 자들에게 이런 태도는 바람직하지 않다.

내 말을 오해하지 말라. 기적을 확증하는 의사의 보고서는 언제나 힘이 된다. 우리는 하나님의 역사를 확증하는 의학계의 증언을 환영할 수 있다. 그러나 우리가 믿기 위해 보고서가 필요하다는 사실은 지적으로 강하다는 표시가 아니다. 그것은 약하다는 표시다. 그것은 우리 마음에 하나님이 안 계시다는 생각이 깊이 박혀 있다는 것을 보여 준다. 수천, 수만의 사람들을 하나님의 나라로 이끄는 돌파를 추구하는 사람들이 되는 대신에 우리는 그분이 자신에 대해 말씀하신 대로—그분은 어제나 오늘이나 영원토록 동일하시다—정말 그런 분이신지 증거를 원한다. 그분은 존재하시지만 많은 사람들은 그분이 단지 어떤 힘(force)이며, 인격이나 관심 혹은 의도가 없으시다고 생각한다.

이보다 더 진리가 아닌 것은 없다. 그분은 하나님이시며, 아버지 하나님이시다. 그분은 사람들을 사랑하시되 진정으로 사랑하시는 참된 아버지이시다.

하나님의 것들을 이런 사고방식에 굴복시키면 역사가 잘 일어나지 않는다. 왜냐하면 우리는 우리가 요구할 권리가 없는 것들을 하나님께 요구하는 경향이 있기 때문이다. 그분은 우리를 고무하여 세상을 변화시킬 정도로 그분의 성품과 마음에 대한 증거를 충분히 보여 주셨다. 문자 그대로 그렇다. 그러나 우리가 우리 마음을 하나님이 하시는 것에 굴복시킬 때마다 정말로 변혁이 일어난다. 생각(mind)이 성령의 역사의 영향을 받는 모습은 아름답다. 변혁이 일어나면 그것은 그분의 광휘를 드러내는 영광스러운 예가 된다. 믿음은 생각(mind)에서 나오지 않지만, 생각이 믿음의 삶을 설명해 주고 향상시키는 모습은 놀랍다.

기도

하늘에 계신 사랑하는 아버지, 저보다 지력이 더 강한 자들에게 결코 위협을 받지 않도록 저를 도우소서. 저의 믿음이 저의 사고방식에 온전히 영향을 미치는 모습을 보게 도우소서. 저는 당신의 훌륭한 대표자가 되어 저의 삶의 방식에 대해 당신께서 어떻게 생각하시는지를 보여 주길 원합니다. 저는 당신의 영광을 위해 이것들을 행하고자 합니다.

선언

새로워진 마음은 그리스도 안에서 나의 분깃이며 나의 유업이다. 나는 그분께서 어떻게 생각하시는지를 내게 가르쳐 주시는 것이 아버지의 선하신 즐거움임을 선포한다. 그리고 그렇게 하심으로써 그분은 내가 그분의 영광을 위하여 계속 순전하도록 도우실 것이다.

74

소망

하나님은 우리를 훈련시키시는데
이는 그분의 축복으로 우리가 죽지 않도록 하기 위함이다.

우 리 대부분은 아마도 상상하기 힘들겠지만, 하나님은 정
말로 우리가 축복받길 원하는 것보다 더 많이 우리를 축
복하고 싶어 하신다. 즐거움, 기쁨, 사랑과 아름다움은 그분이
만드신 것들이다. 그것들은 모두가 그분의 아이디어다. 그리고
이런 것들이 우리의 삶 가운데 갖는 역할의 가치는 측량할 수 없
다. 그것들은 그분의 성품과 그분의 세계를 완벽하게 보여 주는
예다. 하나님으로부터 온 축복들은 지상에서 맛보는 천국의 맛
보기다.

하나님 나라에서 축복은 곧 책임이지만 징벌적인 의미는 없
다. 오히려 하나님에게서 오는 축복은 그분의 성품을 더 많이
인식하게 만들고, 그분을 즐거워할 수 있는 능력을 증가시킨다.
"뜻이 하늘에서 이루어진 것 같이 땅에서도 이루어지이다"라

고 하신 말씀의 의미는 무엇인가? 이는 이 땅에 있는 것 중에 있어서는 안 되는 것들이 있다는 뜻은 아닐까? 나는 그렇다고 생각한다. 그리고 우리에겐 이것들을 제거할 권세와 책임이 있다. 질병은 하늘에서 존재하지 않는다. 그러므로 질병은 여기에 존재해서는 안 된다. 만일 내가 기도하는 모든 암 환자가 낫는다면 어떻게 되겠는가? 내게 무슨 일이 일어나겠는가? 그것을 사람들이 축복으로 여기겠는가? 무엇보다도 한 달도 안 돼서 나는 세계적으로 유명한 사람이 될 것이다. 개인 전용 제트기들이 내가 사는 지역 공항에 착륙하고 사람들이 거액의 돈을 들고 와서 너무 아파서 오지 못하는 사랑하는 자들을 위해 기도하러 와 달라고 나를 설득할 것이다.

나를 돈으로 살 수 없고, 아무리 많은 돈도 하나님이 나를 부르셔서 시키시는 일을 단념시키지 못한다고 하자. 그래도 여전히 문제가 있다. 내가 누군가를 위해 기도할 때마다 병이 나으면 부정적인 말이 쏟아진다는 것을 깨닫는다. 매체들은 분명 내게 한동안 은혜를 베풀면서 행해지는 놀라운 일들을 자랑할 것이다. 그러나 얼마 안 가서 그들은 내 인생의 더러운 것들을 찾아내고 나의 쓰레기통을 뒤져서 수표가 부도가 난 것과 교회 구역 식구가 화가 나서 보낸 편지나 고등학교 동창들의 이야기를 보도할 것이다. 논란거리가 생기면 신문이나 텔레비전 프로그램이 잘 팔리고, 이런 산업에 종사하는 많은 이들이 필요하다면 이런 것들을 지어 내기도 한다.

다른 유혹도 있다. 아마 대부분의 사람들은 이것이 문제가 되지 않는다고 생각할지 모르겠다. 그것은 나를 특별한 존재로 생각하는 유혹이다. 결국 전 세계 사람들은 나의 암을 고치는 은사 때문에 내 말을 듣고 싶어 한다. 날마다 이런 문제에 직면해야 하는 압력은 너무 커서 많은 사람들은 이를 제대로 다루지 못한다.

그렇다면 당신은 그런 종류의 은사를 누군가에게 주는 것이 하나님의 뜻이라고 생각하는가? 나는 절대적으로 그렇다고 믿는다. 예수님도 그러셨다. 그러나 하나님께서 너무 조급하게 나에게 그런 은사를 주신다면 그 은사가 나를 망가뜨릴 것이다. 다른 말로 하면, 그와 같은 책임의 무게가 하나님의 영광을 위해 신실하게 이를 수행할 나의 능력보다 더 크다. 그래서 우리가 예수님처럼 행하려면 은혜가 필요하다. 그리고 그분이 훈육하시는 목적은 이 때문일 것이다. 이를 통해 그분은 내가 구한 것의 무게를 내 마음이 충분히 감당할 정도로 나를 다듬으신다. 그분은 우리가 그분의 축복 가운데서 생존할 수 있도록 우리를 훈육하신다.

기도

하늘에 계신 사랑하는 아버지, 당신께서 말씀으로 저를 훈육하시는 때마다 당신의 친절함을 보게 도우소서. 저는 당신을 기쁘시게 하길 원합니다. 그리고 저는 성장하여 반석과 같은 안정감을 가지고 무거운 것들을 짊어질 수 있기를 갈망합니다. 저는 당신께서 저에게 주신 은사들과 축복들로 인해 당신을 높여 드리길 원합니다. 당신의 영광을 위해 제가 이 일에 성공할 수 있도록 도우소서.

선언

나를 축복하시고자 하는 하나님의 갈망은 내가 축복받고자 하는 갈망보다 더 크시다. 그분이 나를 훈계하시는 이유는 나를 축복하고자 하시는 그분의 열정 때문에 그렇다. 그러므로 나는 하나님의 자녀로서의 내 위치에 서서 나의 하늘 아버지를 진지하게 기뻐하는데, 이는 그분께서 내 안에서 행하신 모든 것으로 인해 그분께 영광을 돌리기 위함이다.

75

사랑

아첨은 경의(honor)의 위조품이다.
그것은 궁극적으로 자기를 섬기는 것이며
다른 사람의 위대성을 인정하는 특권을 천하게 만든다.

다른 사람에게 경의를 표하는 것은 그 사람과 하나님을
향해 우리가 줄 수 있는 사랑을 가장 풍부하게 표현한
것이다. 만일 아름다운 건물을 보았다면 나는 건물을 칭찬하지
않는다. 나는 그 아름다움을 인정하지만 공로는 건축가나 건설
자에게 돌린다. 마찬가지로 경의를 표하는 것은 우리가 하나님
께 영광을 돌리는 방법 중 하나다. 모든 신자가 다른 사람 안에
서 이뤄진 하나님의 위대한 역사를 인정하는 것은 큰 특권이
다. 이런 인정이 사실이 되려면 정직해야 하며, 무언가를 대가
로 바라서도 안 된다.

사도 바울은 우리가 하나님의 만드신 바(workmanship)라고 가
르친다(엡 2:10을 보라). 이 단어(헬라어로는 '포이에마' 다─옮긴이)에서 우

리가 쓰는 시(poem)라는 단어가 유래했다. 우리가 사람들에게 경의를 표할 때마다 우리는 하나님의 걸작품인 시를 읽는다. 그것은 하나님께서 그 사람의 인생에서 쓰신 시다. 그 시는 그들을 격려하며, 우리와 다른 사람에게 힘이 되라는 우리의 임무를 연결시켜 주고, 하나님께 영광을 돌린다. 경의는 아름다운 것이다.

반대로 아첨은 본질상 정직하지 않다. 그것은 경솔하고, 오해의 소지가 있으며, 대가로 무언가를 바란다. 때로 경의를 받기를 원하지만, 내적으로 다른 사람들을 귀히 여기지 않는 자들은 자신의 라이프스타일에 대해 좋은 느낌을 갖기 위해 이런 모조품을 의지한다. 아첨은 공허하고 헛되며, 참된 경의가 이룰 수 있는 것을 이루지 못한다.

경의가 정말 진정성을 가지려면 어떤 특정 분량의 분별력과 예언적 은사가 필요하다. 그리고 이 두 가지는 모든 신자들의 영적 DNA에 들어 있다. 그것은 우리 안에 있기 때문에 우리는 그렇게 할 수 있다.

우리는 몇 가지 영역에서 사람들에게 경의를 표한다. 첫 번째 영역이 직위와 직책이다. 우리가 사람들의 직책을 인정해 주는 것은 중요하다. 왜냐하면 하나님께서 그들을 높이기도 하시며 낮추기도 하시기 때문이다. 하나님께서 존중하시는 자를 존중하지 않는 것은 어리석다. 또한 그 사람의 인격이 그의 직책에 못 미치는 때도 사실 있다. 예를 들어, 경찰관이 법을 어긴 나에게 차를 갓길로 세우라고 하는데 우연히 나는 그가 술을 너무 많이 마신다는 사실을 알게 된다. 하지만 그것으로 인해 그를 무시할 수는 없다. 나는 그의 배지(badge)를 존중하여 차를 갓 길에 세워야 한다. 우리는 직위 때문에 그 사람을 존중한다.

우리는 업적 때문에 경의를 표한다. 때로 우리가 그들에게 박수를 보내는 이유는 그들이 놀라운 방식으로 하나님께 순종 하거나, 탁월함을 가지고 은사 가운데 일했거나, 그들이 참으로 어떤 일에 분투했기 때문이다. 그것은 인생의 아름다운 부분이 다. 나는 하나님께서 이러한 순간들을 기뻐하신다고 믿는다. 왜 냐하면 그분은 이런 업적들을 가능케 만드신 분이시기 때문이 다. 그분은 자기 자녀들이 할 수 있는 모든 일 가운데 기뻐하시 는 아버지이시다.

나는 "싸울 날을 위하여 마병을 예비하거니와 이김은 여호 와께 있느니라"는 말씀을 참 좋아한다(잠 21:31). 이 말씀은 우리 의 노력과 하나님의 성취를 연결해 주며, 우리에게 비밀을 알려 준다. 즉 하나님께서 우리의 승리에 관여하신다는 사실이다. 그 러므로 최종적으로 우리는 그분께 모든 영광을 돌려 드린다.

우리는 하나님께서 어떤 사람의 마음 깊은 곳에서 행하시는 일을 인정하는 특권을 가지고 있다. 우리는 그 사람의 **인격** 때 문에 그에게 경의를 표한다. 그것은 그 사람의 **존재**다. 이것은 얼핏 보면 보이지 않는다. 대신에 오직 하나님께서 지금 행하고 계신 것을 축하해 주려는 사람만이 이를 분별할 수 있다.

내 인생에서 가장 중요한 **시를 읽어 준** 사람은 나의 친한 친 구였다. 그는 자신이 하나님께서 내 안에서 **어린 태아처럼** 빚고 계신 것들을 내게 말해 주었다. 그는 내가 스스로 읽을 수 없었던 내 안의 시를 읽어 주었다. 다른 말로 하면, 이런 것들은 살아 있지만 아직 직위나 업적을 통해 분명히 나타나지 않았다. 그것들은 아직 보이지 않기 때문에 나가서 이 말들을 성취하고픈 유혹이 없었다. 대신에 나는 사랑 가운데 내게 준 이 말들에 대해 믿음과 소망을 모태로 삼았다. 오늘날 나는 30년 전에 내게 한 그 말의 내용대로 살고 있다.

기도

나의 아버지, 나의 하나님, 저는 당신께서 저를 위해 행하신, 그리고 지금도 행하고 계신 모든 것으로 인해 당신을 찬양합니다. 저로 하여금 당신께서 다른 사람들 가운데 행하고 계신 것을 볼 수 있는 능력을 더하여 주셔서 그들을 축하함으로 당신을 높이게 하소서. 저는 당신께서 지금 그들의 삶 가운데 쓰고 계신 시, 즉 걸작품을 읽고 싶습니다. 이는 그들이 용기와 힘을 얻고, 당신께서 행하신 이 위대한 일로 당신이 높임을 받으시도록 하기 위함입니다. 저는 당신의 영광을 위해 이를 구합니다!

선언

나는 희생적으로 다른 이들에게 경의를 표할 것이다. 예수님을 따르는 자로서 이런 능력이 내 안에 있기 때문에 나는 그렇게 할 것이다. 그것은 나의 유익을 위한 것이 아니다. 그것은 다른 이들을 높이고, 강하게 하고 격려하기 위한 것이며, 하나님의 영광을 위한 것이다.

76

믿음

희생적이지 않은 사람들은 마귀에게 중요하지 않다.

예수님은 우리를 부하게 하시기 위해 가난하게 되셨다. 그분은 영생으로 가는 우리 길을 확보하시고 그 값을 치르시기 위해 모든 것을 주셨다. 하나님에게서 사랑과 은총과 구원을 얻기 위해 우리가 할 수 있는 것은 아무것도 없다. 그것은 죽임 당한 어린 양이신 예수 그리스도의 공로로 우리 각 사람에게 주신 선물이다. 구원은 단지 예수님께서 우리의 죄로 인한 아버지 하나님의 요구를 만족시키셨다는 것을 믿음으로써 우리에게 전가되었다.

나의 어떠한 희생과 내 죄에 대한 대가를 치르기 위해 행한 나의 어떤 노력으로도 하나님에게서 오는 나의 구속을 얻게 해주지 못한다. 오직 예수님만이 그 값을 치르실 수 있다. 그러나 편리함과 희생은 공존할 수 없다. 믿는 자는 은총을 받았기 때문에 더 높은 차원의 생명으로 부르심을 받는다.

"우리가 사랑함은 그가 먼저 우리를 사랑하셨음이라"(요일 4:19). 그분의 사랑을 받으면 우리는 그분이 행하신 것처럼 행할 수 있도록 무장된다. 그분은 사랑의 모습이 어떠한지에 대한 표준을 세우셨다. 이에 대한 우리의 반응은 다음과 같다: 즉 그분께서 우리를 사랑하신 것처럼 우리도 그렇게 사랑한다. 그분께서 우리를 위해 그분의 모든 것을 주신 것처럼 우리도 그분을 위해 우리의 모든 것을 드린다. 그러나 이것은 우리 구원을 조금이라도 얻기 위한 노력이 아니다. 나는 은총을 받았기 때문에 모든 것을 그분께 드린다. 내가 결코 받을 자격이 없는 선물을 받은 후에 어떻게 다른 방식으로 반응할 수 있단 말인가?

나에겐 믿음의 영웅들이 많은데 그 숫자가 거의 매일 늘어나고 있다. 그들의 삶에는 세상을 변화시키는 자에게만 보이는 독특한 것들이 여러 가지가 있다. 예를 들면, 그들은 희생적이지만 그들 중에 자신의 희생에 인상을 받는 자는 없다. 바울은 우리 몸을 산제사로 드리라고 가르쳤다. 그런 뒤에 그는 이것이 우리가 합당하게 드려야 할 제사, 곧 영적 예배(reasonable form of worship)라고 말했다(롬 12:1을 보라). 하나님 나라에서 지적으로 행해야 할 것(저자가 '지적으로'란 말을 사용한 것은 영어 성경에 'reasonable'이란 단어를 사용하여 제사를 표현했기 때문이다—옮긴이)이 우리 몸을 제사로 드리는 것이라는 사실은 흥미롭다. 그런 제사는 우리의 죄를 속하지 못한다. 그것은 우리 죄가 사함을 받았기 때문에 드리는 우리의 제사다. 그것은 우리가 합당하게 해야 할 일이다. 하나님에게서 무언가를 힘써서 얻어야 한다는 압박감은 동이 서에서 먼 것 같이 신자의 삶에서 완전히 멀어져야 한다. 그것은 선물이다.

나는 예수님께서 우리를 위해 모든 것을 다 이루셨기 때문에 희생 없는 삶을 살아도 괜찮다고 생각하는 사람들을 자주 발견한다. 그들은 예수님께서 희생을 치르셨기 때문에 우리는 그렇게 할 필요가 없다고 생각한다. 이것은 사실이지만 부분적으로만 그렇다. 나는 용서를 내 힘으로 얻을 수 없다. 하지만 사랑을 돌려 드리지 않는데 사랑을 얻을 수 있을까? 하나님께 은총을 받았는데 그 은총을 가지고 아무것도 하지 않을 수 있을까? 우리가 던져야 할 질문은 내가 마치 죄를 한 번도 짓지 않은 것처럼 살 수 있도록 허락을 받았는데 그분을 위해 무엇을 이뤄 드릴 수 있을까 하는 것이다.

어둠의 세력들을 가장 떨게 만드는 것은 이 땅에 하나님의 목적을 이루기 위하여 사람들이 어떤 대가도 기꺼이 치르려 하고 어디든 가려고 하는 것을 보는 것이다. 원수의 거짓말의 능력은 죽음을 더 이상 두려워하지 않는 자들에게는 아무런 영향력이 없다. 희생하려는 자의 두려움 없는 삶의 양식은 예수를 위해 이 땅에서의 삶을 어떻게 살 수 있는지의 표준을 다시 세운다. 그것은 현대 사회에서 잃어버린 삶의 가이드라인을 재정립해 준다.

나는 자신의 삶에 대해선 생각하지 않고 오직 하나님의 목적과 영광을 위해서 사는 믿음의 용사들이 다시 일어나고 있어서 감사하다. 몇 년 전에 나는 삶을 어떻게 살아야 할지 기억하기 위해 다음과 같은 슬로건을 적었다: "사람을 두려워하지 말라. 하나님만을 두려워하라. 그리고 죽기까지 너의 삶을 사랑하지 말라." 나는 이런 삶의 방식이 어둠의 세력들을 제대로 떨게 만든다고 생각한다. 왜냐하면 하나님의 사람들은 실제로 하나님의 사람처럼 살 수 있으며, 그분의 영광을 위해 세상을 변화시킬 수 있기 때문이다.

기도

하늘에 계신 사랑하는 아버지, 저는 당신의 아들 예수님의 보혈로 이미 값을 주고 사신 것을 애써 얻으려고 하는 경향이 많기 때문에 당신을 바라보고 도움을 청합니다. 이처럼 소중한 선물로 인해 저는 단지 편안한 생활에 만족하지 못합니다. 저는 오늘 당신께, 그리고 날마다 산제사로 제 자신을 드립니다. 제가 갈망하는 한 가지는 예수님께서 치르신 대가에 응답하여 그분을 위해 제가 성취한 것으로써 당신께서 영광을 받으시도록 하는 것입니다. 나의 하나님이시여, 영원히 영광을 받으소서!

선언

하나님의 영광을 위해 모든 것을 드리는 것은 나의 특권이다. 나를 위한 그분의 희생은 사랑의 모습이 무엇인지에 대한 표준을 다시 세운다. 내가 어찌 그분의 사랑에 보답하지 않을 수 있단 말인가? 그러므로 나는 그분께서 영원히 영광을 받으시도록 내 자신을 희생으로 드린다.

77

소망

만일 하나님이 당신의 종이면
그분은 언제나 당신을 실망시키실 것이다.
만일 당신이 그분의 종이면
그분은 언제나 당신의 가장 큰 기대를 능가하실 것이다.

最근에 나는 교회가 이 땅에서의 목적을 발견하면서 일부 교인들이 이 기대를 이루기 위해 어떤 일을 성취하려는 의욕이 매우 넘친다는 걸 알아차렸다. 그들의 가르침과 행동은 실행 가능하고 고려할 가치가 있다. 하지만 여기에 허점이 있다. 하나님 나라에서 그들의 권리라고 여기는 것을 얻기 위해 열심히 일하고 의욕이 넘치는 자들은 보통 실망이나 환멸로 끝난다. 그리고 이것들은 치명적일 수 있다.

　나는 하나님의 약속들을 너무나 많이 암송하고 묵상하여 이로 인해 온전한 정신과 생생함을 유지한다고 말할 수 있다. 소망을 가지면 소망이 아침에 나를 깨운다. 그러나 내가 이 약속을 권리로 취급하는 순간에 나는 다소 강요를 하게 된다. 나의 목적(destiny)은 더 이상 하나님의 약속을 찾아가는 여행이 아니다. 대신에 그것은 하나님의 자녀인 내게 빚진 것을 소유하는 것이 된다. 이상하게 내가 이 글을 쓰는 지금 그들의 추론 방식이 깨달아진다. 왜냐하면 하나님의 자녀에겐 권리가 있기 때문이다. 그리고 약속된 것은 소유된다. 아마 내 마음을 심란하게 만드는 것은 이런 마음의 태도인 것 같다. 사람들은 자기들이 생각하고 기도하고 계획한 대로 일이 진행되지 않으면 인도함을 받기보다는 자기가 일을 주도하는 경향이 있다. 일을 자기가 주도하는 자들은 시스템에 뭐가 잘못되었는지를 먼저 질문한다. 그들은 1단계에서 3단계를 행하면 이미 처방된 답을 얻을 수 있다고 생각한다.

성경은 공식을 수천 번 반복해도 그때마다 같은 결과를 얻는 수학이나 화학 책이 아니다. 우리가 단순하게 하나님 나라의 원리들을 다룬다면 그것은 이런 식으로 작동할 것이다. 그러나 그렇지 않다. 우리는 왕 되신 그분과의 관계를 다룬다. 그분은 어떤 성품과 품성을 그분의 자녀들 안에 세우시길 기대하신다. 하나님은 지금 자녀들에게 그분과 함께 통치하는 훈련을 하고 계시다. 이러한 관계적 요소로 인해 모든 것이 바뀐다. 관계 목표보다 성취 목표에 끌려가는 자들은 계속해서 좌절을 맛볼 것이다. 우리가 그분이 우리를 위해 일하시길 원할 때 그분은 너무나 실망스러우시다.

그러나 우리가 그분의 종이 되어 그분의 나라에서 섬길 기회를 주신 것에 감사하면 모든 것이 달라진다. 우리의 시선도 달라진다. 아주 작은 모든 축복이 정말 축복이 된다. 그 어떤 것도 당연하게 여기지 않는다. 그뿐 아니라 이 놀라운 왕께서는 실제로 우리를 따로 불러서 그분이 우리를 친구로 여기신다는 것을 말씀해 주신다. 와! 상상할 수 없는 결과가 생긴다. 즉 영광의 왕께서 우리를 그분의 친구라고 부르신다. 그분이 우리를 위해 혹은 우리를 통해 하시는 모든 일은 이제 보너스가 된다. 그분은 결코 실망시키지 않으신다. 왜냐하면 우리의 기대는 그분을 더 아는 것이기 때문이다. 그리고 우리가 기도하고 계획하거나 기대한 대로 일이 잘 풀리지 않을 때에도 우리는 더 가까이 다가간다. 왜냐하면 그분과 함께하는 것이 이처럼 상처 받은 마음에 유일한 치유임을 알기 때문이다.

하나님은 우리의 외침에 응답하신다. 예수님께서 수건을 팔에 걸고 발을 씻기신 것처럼 그분도 우리를 섬기신다. 그러나 그분은 여전히 영광의 왕이시다. 내가 그분의 궁정에서 신뢰받은 친구로서 섬기는 특권을 붙들면 그분은 결코 나를 실망시키지 않으신다. 그렇다. 그분은 결코 실망시키지 않으신다.

기도

사랑하는 아버지 하나님, 저는 당신의 약속들을 너무 사랑합니다. 그것들은 저의 양식입니다. 그것들로 인해 소망이 제 마음에 솟아오릅니다. 저의 뜻을 이루기 위해 당신을 거슬러 이것들을 결코 사용하지 않도록 도우시고, 대신에 당신의 목적이 제 안에서 이뤄지도록 이것들을 사용하도록 도우소서. 제가 이것들을 간구하오니 이는 하나님의 친구인 저로 말미암아 당신께서 영광을 받으시도록 하기 위함입니다.

선언

나는 지극히 높으신 하나님의 종이다. 그리고 비록 내가 하나님의 자녀이며 왕의 친구이지만 나는 영원히 그분을 섬길 것이다. 나는 하나님의 약속들을 개인적인 권리가 아니라 동역의 초청으로 받아들인다. 이는 그분의 목적들을 내 안에서 이루기 위함이다. 그리고 나는 하나님의 영광을 위해 이를 행한다.

78

사랑

믿음이 사랑으로 역사할 때 두려움은 잠잠해진다.

믿음과 사랑은 신자의 삶에서 흘러나올 것이 기대되는 두 가지 절대적인 것이다. 믿음이 없으면 하나님을 기쁘시게 할 수 없다(히 11:6을 보라). 그리고 그중에 제일은 사랑이다(고전 13:13을 보라). 믿음은 우리를 능력(power)의 문제와 연결 짓지만, 사랑은 덕(character)의 문제를 나타낸다. 능력과 덕 모두가 하나님이 의도하신 이 땅의 삶을 온전히 사는 데 필요하다. 이 둘은 결코 분리할 수 없다. 그것들은 우리가 서 있는 두 다리와 같다. 이것들은 동전의 양면이며, 덕은 언제나 능력이 타고 가는 차량과 같다.

우리는 성경에서 다른 그 어떤 계명보다 자주 반복되는 넘버원 계명을 가지고 있다. 그것은 두려워 말라는 계명이다. 어둠의 세력들의 넘버원 무기가 우리의 최고의 목적, 즉 사랑 안에서 움직이고 그분의 능력을 보여 주는 이것을 노리고 있다는 사실에 우리는 놀라지 말아야 한다.

두려움은 우리를 절름발이로 만든다. 우리는 이것을 알고 있다. 두려움이 있으면 균형 감각을 잃고 우리의 걸음걸이가 뒤틀린다. 보통 두려움은 처음에 나쁜 생각으로 시작되고, 우리는 시간을 내어 이를 숙고한다. 이런 생각이 비논리적임을 인식하지만 이를 해결하는 데 별로 도움이 되지 않는다. 왜냐하면 두려움은 영적이기 때문이다. 두려움은 영일 경우가 많다. 다른 말로 하면, 악한 영이 개입하여 두려움의 능력을 더하며, 우리가 이에 동의할 때 그것은 죽이고 훔치고 멸망시킬 수도 있다.

두려움은 혼란스럽다. 두려움을 오래 들으면 들을수록 나는 내 삶을 향한 하나님의 약속에 대해 그만큼 더 혼란스러워한다. 내가 두려움에 빠지면 하나님께서 내게 가르쳐 주신 것을 망각하고 그분이 나에게 주신 도구들을 보지 못하며, 더 이상 하나님께서 약속하신 목적(destiny)을 기대하지 않는다. 나는 하나님께 책임을 돌리는 게 아니다. 나도 그 정도는 안다. 두려움을 너무 인격화하면 나는 내 삶에서 하나님의 목적들의 충만함을 받을 자격이 없다는 것을 느낀다. 이런 마음 상태에서 나는 내가 충분히 영적이지 않다고 생각하거나 충분한 믿음을 가지고 있지 않다고 생각할 가능성이 높다.

두려움은 눈을 가리는 효과가 있다. 이상하게도 하나님께서 내 인생에서 이미 이루신 많은 것들을 더 이상 기억하지 못하는 장소로 갈 수가 있다. 두려움의 도구는 신자인 나로 하여금 어둠의 세력들보다 내가 열등하다고 느끼게 만든다. 그러나 실제로는 그 반대다.

두려움은 나의 관심을 하나님에게서 나 자신이나 나의 문제로 돌리게 만들어야만 성공할 수 있다. 그러면 그 다음부터는 저절로 모든 일이 진행된다. 그러나 두려움은 쉽게 물리칠 수 있다. "사랑 안에 두려움이 없고 온전한 사랑이 두려움을 내쫓나니 두려움에는 형벌이 있음이라 두려워하는 자는 사랑 안에서 온전히 이루지 못하였느니라"(요일 4:18). 해답은 하나님의 사랑 안에 있다. 나는 때로 기도 제목을 가지고 기도하는 것을 멈추고, 그분을 높여 드리기 위해 부르는 나의 애창곡을 멈추고, 신자에게 소중한 다른 모든 활동들을 멈춘다. 대신에 나는 한 가지 일을 한다. 즉 나는 하나님의 임재 안에 앉아서 다음과 같이 말한다: "제가 여기 잠잠히 있습니다. 이는 단지 당신께서 저를 사랑해 주시길 바라기 때문입니다." 그런 뒤에 나는 나의 사랑을 그분께 향하고 기다린다. 그분은 너무나 사랑이 많으셔서 우리가 잠잠할 때, 우리가 아무것도 하지 않고 집중할 때 다가오신다.

앞서 말한 것들을 하지 않고 다른 방도를 취하면 무언가가 일어난다. 즉 마귀의 생각을 생각지 않고, 일이 잘못될 수 있다고 생각하지 않으며, 사람을 두려워하는 마음을 키우지 않고 단순히 내 마음을 내가 믿는 하나님께 돌리면 무슨 일인가가 일어난다. 그 일이 일어나면 나는 내 영혼의 원수에게 커다란 어려움을 준다. 바울은 다음과 같이 말했다: "무슨 일에든지 대적하는 자들 때문에 두려워하지 아니하는 이 일을 듣고자 함이

라 이것이 그들에게는 멸망의 증거요 너희에게는 구원의 증거
니 이는 하나님께로부터 난 것이라"(빌 1:28). 내가 두려워하지
않을 때 나는 마귀에게 그가 심판을 받았으며 끝났고, 영원한
심판을 받았다는 사실을 상기시켜 주는 반면에, 나는 구속받은
자이며 예수님의 보혈로 구원을 받았고, 사랑의 하나님으로부
터 무제한의 축복을 받았다는 사실을 가지고 살아야 함을 상기
시켜 준다.

두려워하지 않으면, 내겐 상급이 있고, 어둠의 세력들에겐
고통을 준다. 나는 이 둘 중 하나의 결과만으로도 행복할 것이
다. 그러나 이 둘 모두를 가지는 것은 분명 보너스다.

기도

하늘에 계신 아버지, 원수가 당신의 약속들과 임재에서 저를 끌
어내리려 할 때 저로 깨닫게 도우소서. 저는 사랑으로 역사하는
믿음에 제 자신을 맡기며, 이는 당신께서 영원히 높임을 받으시
도록 하기 위함입니다.

선언

믿음과 사랑 모두는 하나님의 자녀인 나의 성품 안에 존재한다.
나는 마귀를 대적할 것이다. 왜냐하면 그가 나를 피할 것을 내
가 알기 때문이다. 그는 하나님 마음속에 있는 나의 자리 때문
에 나를 두려워한다. 나는 하나님의 영광을 위해 사랑으로 역사
하는 믿음 안에 살 것이다.

79

믿음·소망·사랑

하나님이 세상을 이처럼 사랑하사 독생자를 주셨으니
이는 그를 믿는 자마다 멸망하지 않고
영생을 얻게 하려 하심이라(요 3:16).

이는 성경 인용구 중에 인용구이며, 모든 선언 중에 선언이다. 이 말씀은 내가 이 책에서 다룬 모든 것—믿음, 소망, 사랑—의 심장을 담고 있다. 이런 요소들이 이 한 구절의 말씀 속에 아름답게 표현되어 있다.

사랑은 준다. 완전하신 하늘 아버지도 우리에게 자기의 아들을 주셨다. 믿음은 아버지 하나님의 선물인 그분의 독생자를 받는다. 예수님을 믿음으로써 우리는 영생을 유업으로 받고 하나님과 완전한 조화 속에서 영원히 산다. 소망은 지금과 영원한 삶에 대한 하나님의 약속을 먹고 산다. 몸과 혼과 영을 위한 구원이 예수 그리스도를 통해 주어졌다. 이 말씀은 가장 단순한 형태로 표현된 복음이다.

이 구절은 사랑의 아버지이신 하나님의 마음을 계시한다. 우리가 기도를 통해 하늘을 이 땅에 가져오는 것을 생각할 때 그것은 이 주제에서부터 시작된다. 즉 하나님께서 사람들을 사랑하시고, 사람들은 하나님께 응답하며, 우리가 그분께 응답할 때마다 그분의 나라가 임한다.

우리는 전능자의 이 나라를 순복을 통해 발견한다. 우리의 순복은 죄와 사망을 포기하고 의와 생명에 굴복하는 것이다. 그것은 어둠의 나라에서 빛의 나라로 옮겨지는 것이다. 그 나라에는 아버지가 계시며, 그것은 그 나라의 모든 것이 가족으로서 움직인다는 것을 의미한다. 그 나라의 모든 것은 건강하고 진보적이며 미래가 있다. 그러나 한 가지를 잊을 수 없다. 그것은 하나님께서 세상을 사랑하시되 온 세상을 사랑하셨다는 사실이다! 이는 소수의 운 좋은 사람들이 모여 복음의 소식을 들을 기회를 가졌다는 말이 아니다.

함축적으로 이 구절은 또한 위임에 관한 말씀이다. 왜냐하면 영생이 모든 믿는 자를 위한 것이라는 말씀을 듣고 나서 어떻게 그 자리에 가만히 머물 수 있단 말인가? 우리는 예수님이 그러셨던 것처럼 위임을 받았다. 그것은 마귀의 일을 멸하고 하나님 나라가 가까이 왔음을 선포하고, 그 나라가 삶의 깨어진 부분들을 만져 줄 때 그 나라의 모습이 어떤지를 드러낸다.

우리는 계속해서 사랑에 거하고 언제나 믿으며, 상황과 상관없이 소망을 견고히 붙든다. 이 아름다운 특권은 믿는 모든 자들에게 주어졌다. 영생은 영생을 얻는 데 사용된 동일한 수단을 가지고 이 현재 삶에 영향을 미친다. 그것은 믿음이다. 믿음은 소망의 분위기 가운데서 성장하며, 사랑의 수단을 통해 표현되어야 한다.

전능자시며 우리 아버지가 되신 하나님의 도전과 초청과 부르심을 받아들이라. 하나님의 나라여, 임하소서!

기도

하늘에 계신 놀라운 아버지, 저는 당신의 아들 예수 그리스도를 선물로 받아들이며, 저에게 주신 구원을 즐거워합니다. 제가 언제나 영원한 소망 가운데 닻을 내릴 수 있도록 도우소서. 그리고 제가 언제나 사랑으로 역사하는 믿음을 보이도록 도우소서. 저는 당신의 나라가 임하고 당신의 뜻이 하늘에서처럼 땅에서도 이뤄지도록 이렇게 살기로 뜻을 정합니다. 저는 당신의 영원한 영광을 위해 이것들을 기도합니다.

선언

나는 전심으로 하나님을 사랑한다. 왜냐하면 그분이 먼저 나를 사랑하셨기 때문이다. 나의 믿음은 온전히 예수님에게 있다. 그분은 신실하시다. 나는 그분의 목적들을 이루기 위해 내 삶을 산다. 뜻이 하늘에서 이루어진 것 같이 하늘에서도 이루어지길 원한다. 왜냐하면 하나님께서 내 안에서, 그리고 나를 통해 영광 받으시는 것이 나의 유일한 갈망이기 때문이다.